W0336808

BERTRAND GODIN

PILOTER SON AVENIR

BERTRAND GODIN

PILOTER SON AVENIR

CHARLES-ANDRÉ MARCHAND

ADA ÉDITIONS

Copyright © 2017 Bertrand Godin et Charles-André Marchand
Copyright © 2017 Éditions AdA Inc.
Tous droits réservés. Aucune partie de ce livre ne peut être reproduite sous quelque forme que ce soit sans la permission écrite de l'éditeur, sauf dans le cas d'une critique littéraire.

Éditeur : François Doucet
Correction d'épreuves : Nancy Coulombe, Émilie Leroux
Conception de la couverture : Matthieu Fortin
Mise en pages : Sébastien Michaud
ISBN papier 978-2-89786-221-3
ISBN PDF numérique 978-2-89786-222-0
ISBN ePub 978-2-89786-223-7
Première impression : 2017
Dépôt légal : 2017
Bibliothèque et Archives nationales du Québec
Bibliothèque et Archives nationales du Canada

Éditions AdA Inc.
1385, boul. Lionel-Boulet
Varennes (Québec) J3X 1P7, Canada
Téléphone : 450 929-0296
Télécopieur : 450 929-0220
www.ada-inc.com
info@ada-inc.com

Diffusion

Canada :	Éditions AdA Inc.
France :	D.G. Diffusion
	Z.I. des Bogues
	31750 Escalquens — France
	Téléphone : 05.61.00.09.99
Suisse :	Transat — 23.42.77.40
Belgique :	D.G. Diffusion — 05.61.00.09.99

Imprimé au Canada

Participation de la SODEC.
Nous reconnaissons l'aide financière du gouvernement du Canada par l'entremise du Fonds du livre du Canada (FLC) pour nos activités d'édition.
Gouvernement du Québec — Programme de crédit d'impôt pour l'édition de livres — Gestion SODEC.

Catalogage avant publication de Bibliothèque et Archives nationales du Québec et Bibliothèque et Archives Canada

Godin, Bertrand, 1967-

Piloter son avenir : le fabuleux périple d'un rêveur impénitent
ISBN 978-2-89786-221-3
1. Godin, Bertrand, 1967- . 2. Coureurs automobiles - Québec (Province) - Biographies. I. Marchand, Charles-André, 1961- . II. Titre.

GV1032.G62A3 2017 796.72092 C2017-941968-4

Préface

« Mon ami Bertrand, un vrai de vrai ! »
par Normand Legault, ex-président du GPF1

C'est avec beaucoup de plaisir et d'enthousiasme que j'ai accepté de signer la préface de cette autobiographie de Bertrand Godin, un homme de cœur et de passion dont je peux me targuer fièrement de le compter parmi mes amis. C'est un être d'exception, un homme authentique dont la ténacité, la détermination et surtout, la très grande honnêteté l'honorent tout autant qu'elles ont de quoi inspirer tous ceux qui ont la chance de le connaître. Il est de ceux qui nous réconcilient avec les iniquités de la vie, notamment de la chose sportive. Dans un univers aussi compétitif, voire impitoyable, que le sport automobile, peu d'individus peuvent se prévaloir d'être à la hauteur de Bertrand, d'être aussi droit, intègre et digne. C'est un vrai bon gars ! C'est un individu que tout le monde aime, même dans un milieu aussi compétitif et où les coups fourrés sont légion. Il sait communiquer son message d'espoir sans pour autant essayer de vous « vendre » sa vérité. N'allez pas croire pour autant que ce n'est pas un féroce compétiteur, loin de là. Il déteste autant perdre que tricher, mais Bertrand Godin est tout sauf un tricheur. Et c'est tout à son honneur ! Vous découvrirez, au fil de ces pages, que Bertrand Godin est un passionné, un homme qui aime plus que tout le sport automobile, d'un amour inconditionnel comme j'en ai rarement vu. Sa passion est contagieuse. Et Dieu sait qu'il ne l'a pas eu facile. Bien qu'il ne soit pas le pilote avec le palmarès le plus prestigieux de l'histoire de la course automobile québécoise ou canadienne, il vous dira que son ratio de victoires est le plus éloquent, en bon compétiteur qu'il est. Disons qu'il a un peu raison. Il a un palmarès des plus intéressants, mais surtout un parcours admirable. Parce que chaque victoire, chaque podium, chaque position de tête qu'il aura arrachés, qu'importe la série, auront été mérités à force de travail acharné, de dévouement inlassable, de sacrifices et d'efforts considérables. Il n'avait pas de parents riches pour l'appuyer. Il n'avait pas un grand réseau de contacts pour amorcer sa carrière. Jamais, au grand jamais, ça ne l'aura arrêté. Au contraire, il y puisait une motivation supplémentaire. Vous êtes sur le point de découvrir l'histoire d'un p'tit gars né d'une modeste famille de Sainte-Hélène-de-Bagot, en Montérégie, qui rêvait plus que tout de devenir pilote de course, convaincu que sa persévérance finirait par être récompensée.

Combien de pilotes québécois ont accepté de s'exiler en Europe pour essayer de gravir les échelons ? Très peu. Certes, il y a eu le regretté Bertrand Fabi. Claude Bourbonnais a fait les 24 Heures du Mans, Gilles s'est tapé une course de F3 à Pau, et Stéphane Proulx a couru en Formule 3 000 britannique. Mais ils sont les exceptions. Les gens oublient trop souvent que le succès se bâtit à coup de sacrifices énormes, qui ne le garantissent pas pour autant. Plusieurs aspirent au succès, mais peu sont prêts à payer le prix inévitable à la réalisation des rêves les plus fous. Bertrand Godin, lui, était prêt à payer ce prix.

Il n'a jamais été question pour lui de ne pas aller au bout de son rêve, d'abdiquer ou de se décourager. Il est un exemple de détermination. Mais il y a plus. C'est aussi un homme de cœur, un homme loyal qui n'a jamais triché, malgré les tentations, pour progresser. Il a trimé dur, il est resté fidèle à ses amis, et il a sacrifié les folles années de sa jeunesse pour atteindre son objectif de devenir pilote de course. Tous les amis de Bertrand ne cesseront de vous répéter sans hésiter à quel point, dans l'ivresse du succès ou la tragédie de l'échec, c'est un homme qui, au fil des ans, ne s'est jamais démenti. Bien sûr que je pourrais vous parler de sa carrière, de cette magnifique victoire qu'il a signée en Formule Atlantique sur le circuit Gilles-Villeneuve, ou de nos rencontres, alors qu'il courait en Formule 3 000, sur les circuits européens. L'entregent et la détermination sont des qualités que l'on ne retrouve que chez très peu d'individus. Bertrand Godin les possède et les manie avec brio. Il est toujours resté fidèle envers ses amis, ses commanditaires, envers ceux qui l'entouraient et le conseillaient, envers ses partisans, et surtout fidèle à lui-même. Il est humble, mais fier. Il est modeste, mais déterminé. Il est combatif, mais honnête. Ce gars-là est un exemple à suivre autant pour les jeunes que pour les moins jeunes. Il a eu et continue de connaître une formidable carrière à titre de commentateur et analyste tant du sport automobile que de l'évolution de l'industrie, ce qu'il réussit sans intentions cachées, sans aucun détour.

Voici donc mon ami, Bertrand Godin.

Normand Legault, ex-président du GPF1

Avant-propos

Je suis heureux de vous raconter mon histoire, de vous offrir mon autobiographie.

J'ai souvent le bonheur de la raconter dans le cadre de mes nombreuses conférences devant des gens du milieu des affaires, ou encore des groupes d'étudiants de tous les niveaux et, chaque fois, je constate que je peux puiser dans tout ce que j'ai vécu, tant sur le plan personnel que dans mon cheminement pour devenir pilote automobile afin de démontrer qu'il est possible de réaliser ses rêves. En vérité, nous avons tous un potentiel insoupçonné lorsqu'on y met les efforts, les sacrifices et la volonté, mais qu'il est tout aussi essentiel, pour réussir, de bien s'entourer, de bien communiquer et de fixer un objectif commun avec ceux qui partagent notre passion et notre recherche d'excellence.

Vous le découvrirez tout au long de ce livre, je ne suis ni le plus intelligent ni le plus athlétique, et je ne suis pas un ange non plus. J'ai aimé mon sport à la folie, au point d'être prêt à tout sacrifier pour réussir. Certains diront même, en lisant mon histoire, que je suis passé à côté de ma jeunesse, que je n'ai pas vécu mon adolescence comme les autres, et donc que je suis devenu un adulte trop rapidement. Je crois que c'est tout le contraire. Ma jeunesse a été riche en expériences enrichissantes, en voyages mémorables, en rencontres inoubliables. Je vois des jeunes qui s'interrogent sur le sens à donner à leur vie, certains n'ont aucun rêve auquel s'accrocher, alors que d'autres s'estiment incapables d'aller au bout de leurs rêves. Si ce livre permet de convaincre une seule personne que c'est possible, si mon message peut aider un seul enfant, un seul adolescent à croire qu'il a en main les outils pour réussir et que c'est à lui de prendre les moyens de piloter son avenir, alors le but aura été atteint, cet exercice aura été utile.

Ce livre s'adresse aussi à tous ceux qui ont des objectifs, mais qui se demandent souvent comment aller chercher le meilleur d'eux-mêmes et des gens qui les entourent. La course automobile, c'est d'abord un formidable travail d'équipe où chacun joue un rôle indispensable. Un écrou mal boulonné par un apprenti mécano peut provoquer une catastrophe, voire la mort d'un pilote ou de quiconque aurait le malheur de se retrouver sur la trajectoire d'une voiture incontrôlable roulant à une vitesse atteignant les 300 kilomètres à l'heure. J'ai eu des équipiers formidables, mais je me suis aussi retrouvé au sein d'équipes disons, plus dysfonctionnelles. La différence, vous le constaterez, commence souvent par la façon dont les gens communiquent ou ne communiquent pas. La différence, c'est aussi dans la manière de définir les objectifs et jusqu'à quel point tous les membres d'une équipe y adhèrent inconditionnellement. Si ceux-ci sont mal définis ou mal compris par l'un ou l'autre des membres de l'équipe, peu importe son statut ou son rang dans la hiérarchie, les tensions sont inévitables, les succès improbables. Si mon récit réussit à vous inspirer et à déterminer comment vous pouvez améliorer la dynamique au sein de vos propres équipes, de mieux rallier les troupes à l'atteinte d'objectifs bien définis, je pourrai aussi dire « mission accomplie ».

Au-delà du message et de l'inspiration que pourrait susciter cette autobiographie d'un éternel rêveur, d'un indomptable optimiste, j'espère que mon histoire vous plaira, qu'elle vous fera vivre de bons moments, de belles émotions et vous divertir. Avec la complicité de la plume du commentateur sportif Charles-André Marchand, j'ai eu du plaisir à plonger dans mes vieux souvenirs, à les dépoussiérer et les remettre en ordre pour mieux vous les raconter. Nos séances de travail ont été une véritable partie de plaisir où je me racontais sans pudeur non pas à un journaliste d'expérience, mais d'abord à un ami de longue date ayant suivi ma carrière à une certaine distance dont la passion pour la course automobile était aussi grande que la mienne. En relisant la première mouture de ce livre, j'ai eu l'impression de revoir ma vie dans un documentaire, de me redécouvrir comme lorsqu'on regarde de vieilles photos de soi au fil des ans. J'espère que vous aurez autant de plaisir à me lire que j'en ai eu à me raconter.

Bonne lecture !

Bertrand Godin
Sainte-Marie-Madeleine (Février 2017)

CHAPITRE 1

Mes premiers héros

Mon père n'était ni un grand sportif ni un grand amateur de sports. Ma mère l'était encore moins. Le hockey du samedi soir n'était pas dans les habitudes de mon père et le baseball le laissait plutôt indifférent. Par contre, il aimait bien regarder la lutte avec moi à la télévision le dimanche matin et assister à des courses de stock-car que ce soit à l'Autodrome Granby ou Drummond. Je me souviens encore très bien, tout petit, emmitouflé dans une couverture par un samedi soir d'automne, d'avoir eu les yeux rivés sur ces voitures qui soulevaient la terre battue à des vitesses qui me semblaient complètement folles. Un des amis de mon père, Germain Goyette, était l'un de ces pilotes de course, et nous étions généralement là pour l'encourager. J'en étais particulièrement fier, car je pouvais me targuer de connaître un « vrai » pilote de course. Ça m'impressionnait beaucoup de voir les réparations de voitures entre les courses, de voir une voiture démolie dans un accident, puis reconstruite par les mécaniciens. Les échauffourées opposant des hommes à la machine, à coups de poing ou à l'aide de tous les outils qui leur tombaient sous la main, représentaient, à mes yeux, un spectacle tout simplement magique. Et il y avait l'odeur. Cette odeur d'essence qui s'entremêlait aux effluves provenant des étals de patates frites, de bière, et de bouffe tout aussi graisseuse que grillée. Il n'en fallait guère plus pour m'envoûter. Une magie amplifiée par le niveau élevé de décibels alimenté par les clameurs de la foule, par la musique qui se déployait à tue-tête, par les vibrations dans les estrades lorsque le peloton passait devant nous. Le lendemain, je m'empressais de prendre ma petite brouette que j'avais peinte aux couleurs de la voiture 07 pour aller faire des tours de pistes imaginaires. C'est incroyable le nombre de victoires que j'ai remporté seul, dans la cour de l'école Beau Soleil, à Sainte-Hélène-de-Bagot. Mais j'étais déjà ailleurs. Je roulais et gagnais sur les pistes de l'Autodrome Granby, celles des 24 Heures du Mans, Indianapolis et du légendaire Grand Prix de Monaco. J'avais huit ans.

Et c'est un départ !

L'inspiration vient souvent de notre entourage. Ils sont nombreux ces personnages qui ont bercé mon enfance, mais j'en retiens deux en particulier : Gilles Villeneuve et Gary Carter. Vous ne serez certes pas étonné d'apprendre qu'un pilote extraordinaire ait exercé une influence sur un gamin dont le rêve était la course automobile, mais vous serez peut-être surpris que « Le Kid » ait aussi été l'une de mes premières idoles. L'ancien receveur étoile des Expos, aura, à sa manière, influencé ma façon de concevoir mon avenir.

Je nourrissais de grandes ambitions sans m'en rendre vraiment compte. Je rêvais de devenir un jour pilote de course, mais il s'agissait d'un rêve encore diffus. Je ne savais pas trop encore quel serait mon destin, mais, peu importe à quoi il ressemblait, j'acquis très tôt la conviction que ma vie serait extraordinaire. Et Dieu sait que mon imaginaire débridé se voulait déjà des plus fertiles. Manifestement, le but qui se dessinait dans ma petite tête était de réussir. Je ne savais guère ce que cela signifiait, mais l'importance de réussir primait tout le reste. Je voulais être le meilleur. Il ne me restait plus qu'à trouver la voie qui me permettrait d'exceller, de me dépasser et d'atteindre la félicité de la réussite. J'allais me consacrer corps et âme à cet objectif qui demeurait, à bien des égards, plutôt flou. Et il en serait ainsi pour de nombreuses années à venir ! Je rêvais de course automobile, mais l'ambition de réussir ne s'y limitait pas. Gamin, j'ai passé des heures dans le salon de coiffure que tenait ma mère à la maison, et j'y vendais allègrement les petits gâteaux que je réussissais avec mon four « EasyBake ». J'avais un succès fou auprès des clientes de ma mère qui me trouvait tellement mignon et séducteur de ces dames. Qui sait, peut-être aurais-je été, si le destin l'avait voulu, un excellent pâtissier ?

Mais la course représentait déjà une véritable passion. Elle exerçait sur moi une fascination des plus inexplicables. Cela frisait l'obsession. Je m'inventais des scénarios, m'imaginais d'innombrables courses avec mes petites voitures que je traînais, bien entendu, partout où j'allais, même dans la baignoire. J'ai probablement imaginé le premier Grand Prix sous-marin de l'histoire de la course automobile ! Autant la plupart de mes amis ne vivaient que pour le hockey, autant je pouvais en dire autant de ma passion pour l'automobile. À la moindre occasion, je ne manquais pas de lancer un grand nombre de défis à mon ami Serge avec ma piste de course électrique. Si je me retrouvais seul, je m'inventais la voiture de course de mes rêves avec mes blocs Lego.

Assis dans un stock-car !

Mon père était camionneur pour la pétrolière Golden Eagle et il livrait de l'essence aux stations-service de la région. Même s'il n'en avait pas le droit, il lui arrivait, lorsqu'il livrait de l'essence dans la région de Drummondville, de passer par la maison, à Sainte-Hélène-de-Bagot. Dès l'instant où j'entendais le camion arriver, j'enfilais ma chemise bleue, celle que ma mère avait confectionnée avec la broderie de la compagnie. Mon père me laissait alors monter à bord du camion, et je me faisais tout petit à ses côtés pour l'accompagner. Pour moi, c'était le summum du bonheur ! Je me sentais comme le garçon le plus chanceux au monde.

En 1972, mon père a fait l'acquisition d'une voiture de stock-car qu'il n'a toutefois jamais utilisé sur une piste de course... parce que ma mère ne voulait rien entendre à ce propos. Son bolide n'aura donc jamais quitté la cour du garage Hébert, à Sainte-Hélène-de-Bagot, sauf pour des escapades dont ma mère ne devait pas avoir connaissance. À défaut de pouvoir prendre le départ d'une course avec sa voiture de stock-car, mon père m'emmenait, à l'insu de ma mère, faire des balades à haute vitesse dans les rues du village. Ce qui, aujourd'hui, serait tout aussi impensable que criminel. À cette époque, les gens étaient pourtant en admiration devant ce genre de folie. Les temps ont bien changé. Pour ma part, j'étais aux anges. Je n'avais que cinq ans et, pour la première fois, je me retrouvais à bord d'une véritable voiture de course ! Je m'agrippais à la cage de sécurité. Mon cœur battait au rythme du régime moteur, le sourire fendu jusqu'aux oreilles, excité par la vitesse et le vrombissement tonitruant du moteur. J'étais emballé. J'en redemandais sans cesse. Je chéris encore ces souvenirs et je me considère plutôt chanceux d'avoir vécu des moments aussi exaltants. Après tout, combien d'enfants peuvent se vanter de s'être baladés avec leur père, tantôt à vive allure dans une voiture de course, tantôt à bord d'un imposant camion pétrolier ? Oui, ce fut une enfance heureuse où je me considérais comme privilégié.

Bière et podium... sur une table de pique-nique !

Comme tous les enfants de mon âge, la bicyclette représentait notre moto, notre auto de course, notre camion, et même notre vaisseau spatial ! J'avais un magnifique vélo vert, avec de grandes poignées « Mustang » qui s'élevaient au-dessus de nos têtes, l'incontournable siège banane, et la roue arrière plus grosse que la roue avant, ornée d'une bande rouge ; ils ne manquaient que les extensions tubulaires pour en faire un véritable « chopper » comme dans les films d'action de l'époque. Mon ami Serge et moi ne cessions de nous lancer des défis dans les rues de notre village ; la ligne d'arrivée étant immanquablement dans la cour de notre école. Cependant, le parcours changeait au gré de nos humeurs. Nous le dessinions ensemble avant de prendre le départ d'une autre de nos courses épiques de vélos. Nous allions jusqu'à nous inventer, après ces duels palpitants, des cérémonies de podium... sur la table à pique-nique dans la cour arrière de la maison de mes parents. Nous poussions le « réalisme » au point où j'allais voler une bière dans le frigo familial, afin que nous puissions imiter les pilotes qui s'aspergent de champagne sur le podium ! Je m'empressais ensuite d'aller cacher la bouteille vide pour éviter que mon père la retrouve et pense que je l'avais bu ! Le pauvre, il se faisait gronder par ma mère quand, le soir venu, il grommelait en ouvrant le réfrigérateur et qu'il ne comprenait pas la présence d'une bouteille vide, croyant qu'il lui restait plus de bières que ça ! « Si tu ne sais plus combien de bières il te reste, c'est que tu as probablement assez bu », tranchait-elle sans appel. Dans mon coin, je rougissais de honte, seul à savoir que sa bière avait servi à couronner une autre brillante victoire…

Ma première « vraie » course !

Durant l'été 1974, au village, les élus avaient organisé une série d'activités pour célébrer la Saint-Jean, dont une « vraie » course de vélos. J'en tremblais juste d'y penser. J'avais sept ans, et cette course m'apparaissait comme un appel du destin. Le premier d'une longue série, vous dirais-je humblement. Je me souviens très bien à quel point c'était devenu une priorité dans ma petite tête d'enfant. Plus rien d'autre n'avait d'importance. Le matin de la course de vélos, je ne tenais plus en place. Je suis arrivé là profondément motivé, convaincu de pouvoir être le plus rapide et le meilleur. Il me semblait que mon avenir en dépendait, rien de moins ! Je sentais une énergie qui ne m'était pas familière m'envahir. Je me souviens encore très bien de cette sensation inédite. Il y avait plusieurs dizaines d'enfants de mon âge qui s'étaient inscrits, mais j'étais déterminé à gagner. C'était devenu la chose la plus importante au monde, le défi le plus extraordinaire de ma jeune vie. Ce n'était pourtant qu'une course paroissiale organisée pour les enfants, ce n'était certainement pas le Grand Prix de Monaco. Ce n'était qu'une course de slalom, autour de cônes orange que nous devions contourner dans un aller-retour tout en obtenant le meilleur temps pour l'emporter. Plus je regardais les autres concurrents, plus je croyais en mes chances d'être le meilleur. Quand ce fut mon tour de prendre le départ, je suis parti comme une fusée. J'étais, comme prévu, super rapide, je négociais les virages à la perfection. Je vous jure que j'entendais les commentaires élogieux dans la foule. Tous reconnaissaient ma rapidité, et je sentais une fièvre monter en moi. Au dernier cône, je fis demi-tour pour attaquer la deuxième portion du tracé. Je poussais à fond. Il ne restait que quatre cônes à contourner et la victoire serait acquise, c'était là une certitude dans mon esprit. Plus que trois. Mes petites jambes poussaient le pédalier à un rythme d'enfer. Il ne restait plus que deux cônes avant de croiser l'arrivée. La victoire m'attendait assurément... Puis, ce fut la chute. À deux cônes de l'arrivée, je me suis retrouvé par terre, le visage sur l'asphalte, à plat ventre. Je ne sentais pas encore les brûlures sur ma peau, je ne sentais pas encore la douleur des éraflures sur mes genoux. Je m'en foutais. C'est mon ego qui était meurtri, c'est mon ego qui était tout égratigné. Je n'entendais plus ni les applaudissements ni les clameurs. Je suis remonté sur mon vélo et j'ai complété le parcours, terminant malgré tout à la 11e position. « C'est excellent, Bertrand, dans les circonstances ! » me disaient les gens pour m'encourager. En vain, car je demeurais inconsolable. N'eût été cette chute, j'aurais gagné. J'étais tellement déçu. C'était la fin du monde. J'avais le cœur brisé et j'avais juste envie de pleurer, même si l'orgueil m'en empêchait. Personne ne pouvait comprendre le drame que je vivais. Je voulais tellement gagner cette course ! Ça été un coup dur et, pour la première fois de ma jeune vie, je me suis rendu compte que de remporter une course ce n'était pas si facile que ça, qu'à chaque virage, chaque seconde, tout peut arriver, tout peut basculer.

Derrière le volant... à huit ans

La première fois que je me suis retrouvé derrière le volant d'une voiture, je n'avais que huit ans. C'était à Saint-Liboire, chez ma tante Aline et mon oncle Jean-Charles qui, dans leur cour, avaient un chemin en demi-cercle. Mes cousines venaient d'acheter une Datsun et, avec leur complicité, je faisais des allers-retours au volant, en avançant et en reculant. Conduire me semblait tellement facile. Mon oncle venait de faire l'acquisition de la Chevrolet de mon grand-père. C'était une voiture manuelle, mais avec des changements de vitesse au volant. Le petit ami de ma cousine était venu avec son Dune Buggy. Je voulais me balader pendant son absence sur le chemin de la cour arrière, mais mon oncle faisait une sieste et sa voiture bloquait le passage. Fanfaron, je me suis proposé auprès de tante Aline pour la déplacer. « Es-tu capable ? » me demande-t-elle. Du haut de mes huit ou neuf ans, je l'assure que oui, même si je n'avais jamais conduit une voiture à transmission manuelle. Je me souvenais simplement que ma mère considérait ce type de conduite comme étant très compliquée parce qu'il faut « appuyer sur toutes les pédales en même temps ! » Ce n'était pas tombé dans l'oreille d'un sourd. Je me suis donc installé derrière le volant, la tête ne dépassant pas le tableau de bord, les deux pieds placés de façon à appuyer sur les trois pédales simultanément : embrayage, frein et accélérateur. J'ai allumé le moteur et, en lâchant l'embrayage, j'ai entendu le crissement des pneus dans la gravelle. La voiture était partie à reculons vers la porte de garage… qui n'était pas ouverte ! Par miracle, j'ai eu le réflexe de freiner et la voiture s'est arrêtée à quelques centimètres de la porte de garage. Ma tante Aline, alertée par le crissement des pneus, est sortie à toute vitesse. Elle était livide, terrifiée par l'accident qui a failli se produire sous ses yeux. Je venais d'avoir une bonne frousse, pourtant je ressentais surtout de la fierté : j'avais réussi à déplacer la voiture comme je m'étais vanté en être capable. Cependant, ce fut la dernière fois que ma tante Aline m'a laissé prendre le volant. Elle se sentait probablement un peu coupable parce qu'elle n'a jamais raconté l'incident à mon oncle. C'était probablement mieux ainsi.

CHAPITRE 2

La magie Villeneuve

À la fin des années 1970, il était très rare que des courses de Formule Un soient présentées à la télévision. Par contre, les courses de Formule Atlantique étaient souvent diffusées, et c'est ainsi que j'ai découvert Gilles Villeneuve dès 1976. Je trouvais curieux de constater qu'à chaque course, le pilote de la voiture Direct Film était le vainqueur. Après chaque course, je prenais ma petite Lotus d'Emerson Fittipaldi et je me faisais de Grands Prix imaginaires. Aussi n'allais-je pas rater pour tout l'or au monde sur la chaîne 10 la présentation du premier Grand Prix du Canada, le 8 octobre 1978, sur le nouveau circuit de l'île Notre-Dame. Assis sur le divan entre ma mère et mon père, avec mon chien Marquis à mes pieds, j'anticipais ce moment depuis le début de la saison. J'avais alors 10 ans. Il tombait quelques flocons de neige à l'extérieur. La réception de la télé n'était pas toujours impeccable, avec les saprées[1] « oreilles de lapin » qui nous servaient d'antenne (auxquelles on ajoutait de la laine d'acier[2] prétendument pour améliorer la qualité de la réception), et parfois il y avait plus de

1. Satanées.

2. Paille de fer.

neige dans l'écran qu'à l'extérieur de la maison. Qu'importe, rien n'aurait pu s'opposer à mon bonheur ce jour-là. Avant ce jour, je n'avais vu de voitures de Formule Un que dans les aventures de Michel Vaillant ou dans quelques rares revues spécialisées qui atterrissaient parfois à l'épicerie du village. Pierre Proulx assurait la description, et Jean-Pierre Alamy, qui était alors un très bon pilote en Formule Atlantique, était son analyste.

Hypnotisé par la course

Je m'en souviens comme si c'était hier. Pendant la course, j'étais extrêmement nerveux, crispé, complètement hypnotisé par le petit écran. Jamais je n'avais ressenti pareille sensation en regardant un événement sportif. Maman, qui habituellement avait toujours la bougeotte quand on regardait quelque chose à la télé, limitait ses déplacements et attendait les pauses publicitaires pour se lever et aller soit à la cuisine, soit à la salle de lavage. Comme si elle avait compris que ce qui se passait ce jour-là était un événement presque sacré. En fait, elle-même semblait se laisser prendre par la course, cette chose sportive qui la laissait généralement indifférente. Mais là, ce n'était pas un événement comme les autres, c'était une page d'histoire qui s'écrivait et nous pouvions tous le sentir. Plus la course progressait, plus j'entrais en transe. J'étais conquis et complètement accro. Je découvrais à quel point les voitures étaient plus rapides que tout ce que j'avais jusqu'alors vu ou même imaginé, et je me souviens aussi à quel point je fus sidéré de réaliser combien les voitures de Formule Un pouvaient être fragiles, beaucoup plus que les fameux stock-cars que j'étais habitué de voir aux autodromes de Granby ou Drummondville. D'ailleurs, à mes yeux, le circuit de l'île Notre-Dame était aussi lointain que ceux de Monaco ou d'Imola. Montréal me semblait alors au bout du monde ! Je ne pouvais même pas imaginer cet endroit. Il était inaccessible. Gilles Villeneuve qui y pilotait une Ferrari n'en était que drôlement plus méritant. Il y était, et en plus il pilotait dans un Grand Prix de Formule Un. Ce gars-là avait repoussé toutes les limites, mais c'était un peu normal puisqu'il était un super héros en devenir. À défaut de pouvoir espérer fouler un jour le sol sacré de l'île Notre-Dame, je m'identifiais à lui, je l'accompagnais à bord de sa Ferrari. Et soudainement, dans ma tête de petit gars de 10 ans, je me suis mis à craindre pour Gilles Villeneuve, à avoir peur que sa voiture se brise ou tombe en panne. Je voulais tellement le voir gagner. J'espérais tellement qu'il réussisse à s'imposer sur le reste du peloton. Je m'en souviens comme si c'était hier. C'était un moment magique.

Un conte de fées

J'ai frissonné en le voyant prendre les commandes de la course, profitant des ennuis de freins d'un Jean-Pierre Jarier qui avait poussé la mécanique de sa Lotus au-delà des limites. La tension gagnait aussi mon père qui, incrédule, ne cessait de répéter : « C'est complètement fou. C'est complètement capoté ! S'il fallait… » Il ne complétait pas sa phrase, possiblement par superstition, de crainte de jeter un mauvais sort sur notre champion. Mais il était clair que lui aussi priait secrètement pour que Gilles réussisse un dénouement digne d'un conte de fées et signe sa première victoire devant ses partisans qui, tout comme nous, découvraient, pour la plupart, ce fabuleux spectacle qu'est un Grand Prix de

Formule Un. D'autant qu'il était fier de souligner qu'il avait croisé Gilles à quelques reprises au cours de ses livraisons d'essence dans les stations-service de la Montérégie. Ce même Gilles Villeneuve qui nous faisait vibrer au petit écran, mon père l'avait vu en chair et en os. Ils s'étaient parlé ! C'était presque un ami ! Nous avions un héros en Formule Un qui nous ressemblait, qui aurait pu être notre voisin, notre cousin ou notre oncle. Et le voilà qui menait le tout premier Grand Prix jamais présenté à Montréal. Nous étions au bout de nos sièges dans le salon. Puis, on a vu Jody Scheckter dans sa Wolf remonter derrière Villeneuve, gruger les secondes et s'en approcher dangereusement. J'en tremblais comme une feuille. Je voulais tellement qu'il gagne. Plus personne n'osait parler dans le salon. « Dernier tour de piste ! » annonça le descripteur d'un ton solennel. Un tour qui me sembla interminable. Je grugeais mes ongles lorsque la Ferrari numéro 12 finit par croiser la ligne d'arrivée, puis l'enfer se mit à résonner dans mes oreilles. Mais ce n'était pas terminé. « Là, c'est le dernier tour », avoua finalement le descripteur qui, de toute évidence, avait mal calculé le nombre de tours. Mon sang se glaçait dans mes veines alors que je regardais la voiture négocier encore pour une dernière fois les courbes du circuit et de l'île Notre-Dame jusqu'à ce que l'on confirme la victoire de Gilles Villeneuve au moment où son bolide franchissait la ligne d'arrivée sous les yeux du signaleur Michel Hanson qui brandissait vigoureusement le drapeau en damier. Dans la foule, c'était l'euphorie. Les spectateurs lançaient joyeusement leurs tuques dans les airs. Moi, je sautais comme un déchaîné dans la maison avec mes parents au moment où Gilles s'empara du drapeau en damier et le déploya, pendant son tour d'honneur, devant une foule hystérique. Nous applaudissions et nous célébrions cette victoire inespérée. Un gars de chez nous, à bord d'une Ferrari, rien de moins, qui gagne à la toute première course de F1 jamais présentée à Montréal, c'était plus que magique, c'était presque surréaliste. Dans mon for intérieur, je me disais que j'aimerais moi aussi vivre des sensations aussi intenses que celles que devait vivre Gilles Villeneuve en cette fin d'après-midi d'automne, devant une foule en délire qui lui était désormais acquise. En moi, un déclic venait de se produire. J'avais eu le coup de foudre de la F1. Et je voulais moi aussi aller au bout de mes rêves. Je voulais devenir un athlète, pratiquer un sport professionnel et y gagner ma vie. Même si à l'âge de 10 ans, tous les rêves sont permis, j'étais conscient que c'était un sport réservé aux gens très riches, surtout aux gens des pays européens. Gilles Villeneuve se voulait l'exception, son histoire digne des contes de fées, digne de celle de Cendrillon. J'avais beau faire preuve d'optimisme, mais je me doutais bien qu'un jeune de 10 ans, fils d'un camionneur et d'une coiffeuse, avait de bien minces chances d'être touché d'une telle grâce. Pour vivre des sensations fortes comme lui, il me faudrait donc choisir un autre sport plus accessible. C'est alors que je me suis tourné vers le baseball.

CHAPITRE 3

Une nouvelle passion : le baseball

Presque un an après la victoire de Gilles Villeneuve à Montréal, je suis toujours aussi passionné de Formule Un et de course automobile. J'ai beau en rêver secrètement, voilà un univers qui me semble fermé à tout jamais. J'ai tout de même grand besoin de sensations fortes, de poussées d'adrénaline, et la ferme intention de découvrir un sport où je pourrai connaître du succès. Mission plutôt téméraire, vu mon physique maigrelet qui n'a rien de celui d'un athlète. Au hockey, je patine davantage sur la bottine, voire plutôt sur les lacets que sur les lames. Je ne savais pas encore ce que signifiait le « carrossage », mais je peux vous affirmer que sur patins, dans mon cas, il y avait beaucoup de « carrossage ». Mettons que je patinais plus sur les chevilles que sur les pieds ! Disons que je n'avais vraiment aucun don pour notre sport national. Quand on se retrouvait entre amis à la patinoire du quartier, j'étais inévitablement dans les buts... sans équipement. Inutile de vous dire que lorsque je rentrais à la maison, j'avais les chevilles couvertes d'ecchymoses. Mes tibias me servaient de jambières. C'était plutôt pénible et douloureux. Pourtant, j'aimais le hockey, et le soir, je m'endormais l'oreille collée sur ma petite radio en écoutant les matches du Canadien que diffusait alors la Société Radio-Canada. Le samedi soir, chez mon ami Serge, nous regardions La Soirée du Hockey, puis entre les périodes nous disputions nos propres matches de hockey sur table. J'y étais d'ailleurs très bon. Pas mal meilleur que sur la glace ! Mais bon, on ne peut pas avoir tous les talents. Et je suis sur le point de découvrir le mien. Du moins, c'est ce que je croirai pendant un certain temps.

Découverte du Stade

J'ai maintenant 11 ans. Par un beau lundi férié de septembre 1979, mes grands-parents ont la brillante idée de m'amener au Stade olympique pour y voir à l'œuvre les Expos dans un programme double face aux Mets de New York. C'était le 3 septembre, journée de la fête du Travail[3]. Les Expos sont, pour la première fois de leur histoire, dans une véritable course au championnat aussi tard dans la saison. C'était aussi l'une de mes premières visites à Montréal, du moins, une des premières dont j'ai souvenir. J'étais tout impressionné. Pour un gamin de Sainte-Hélène-de-Bagot, c'est gros Montréal. Et le Stade olympique, surtout quand il accueille plus de 60 000 spectateurs, c'est vraiment plus impressionnant que le petit terrain de mon village. En entrant dans le Stade, je suis immédiatement frappé par la variété d'odeurs qui y flottent. Odeur de hot-dogs, de frites, de smoked-meat[4] et de mets aussi intrigants pour moi que les souvlakis ! L'odeur du Stade était envoûtante pour l'enfant que j'étais. Et il y avait aussi

3. Au Canada et aux États-Unis, il s'agit d'une fête mobile, célébrée le premier lundi de septembre alors qu'en Europe cette fête est soulignée à date fixe, soit le 1er mai.

4. Poitrine de bœuf préparée en salaison, épicée, cuite et fumée.

le métro tout près, qui crachait une horde bruyante de partisans vers la rotonde. Je ne l'avais pas vu, je n'y étais pas encore embarqué, mais me semblait le sentir gronder sous mes petits pieds en approchant de l'entrée du Stade. Ma grand-mère m'expliquait même que le métro roulait sous le fleuve Saint-Laurent, tout comme nous l'avions fait dans le pont-tunnel Louis-Hyppolite-La Fontaine. Dans mon esprit, le métro de Montréal était amphibie. Tout était magique et nouveau. Une visite à Montréal, c'était comme un voyage à Walt Disney World ! C'était unique, quelque chose de complètement différent de tout ce que j'avais expérimenté. Puis, quand j'ai traversé la porte séparant l'aire des restaurants et l'enceinte du Stade, je me suis émerveillé comme Alice au pays des merveilles. La dimension du terrain, gigantesque à mes yeux, m'a fait pousser un petit cri de stupéfaction. Il n'y avait pas de toit à l'époque, et j'étais tout aussi fasciné par l'évolution de la démarcation du soleil tout au long de l'après-midi que par le jeu qui se déroulait sous mes yeux. Même l'orgue de Fernand Lapierre me fascinait au point où j'ai eu envie d'apprendre à jouer des claviers, essayant de pianoter, partout où j'en avais l'occasion, les notes de Valderi, valdera !

Balayage et coup de foudre !

L'excentrique Bill Lee était au monticule pour le premier match, gagné 7-2 par les Expos. Il signait sa quatorzième victoire de la saison. Gary Carter et André Dawson avaient obtenu chacun deux points produits, résultats de circuits. Puis, les Expos balayèrent les honneurs du programme double avec une victoire de 6-5 dans le second match. Le releveur Bill Atkinson fut crédité de la victoire de ce match, qui avait été amorcé par le lanceur Scott Sanderson. Rusty Staub, que l'on surnommait le « Grand Orange », fut le héros du match avec deux doubles et deux points produits. Ces noms résonnent encore dans ma tête. Je m'efforçais de les mémoriser, même si c'était en anglais. À Sainte-Hélène-de-Bagot, des Lee, Atkinson, Staub, Sanderson... il n'y en avait pas ! Ce n'en était que plus magique. Bien que l'on soit au niveau 700, dans la section la plus élevée du Stade olympique, je tombe amoureux du baseball. Les Expos sont plus que jamais au plus fort de cette folle course au championnat qui les oppose aux Pirates de Pittsburgh dont les vedettes se nomment Dave Parker, Kent Tekulve et le vénérable Willie Stargell. Ces mêmes Pirates qui finiront non seulement par remporter le championnat, mais également la Série mondiale. C'est dire à quel point nos Expos, nos amours, étaient dans le coup. Pour moi, ce fut une révélation. Je suis alors devenu un partisan inconditionnel de baseball. Nouveau coup de foudre. Cette fois, j'ai toutefois la certitude d'avoir enfin trouvé ma vocation. Décidément, le destin ne cesse de m'envoyer des signes ! Je deviendrai un joueur de baseball et je jouerai avec ma nouvelle idole, Gary Carter ! Bien entendu, je n'avais pas encore réalisé, à l'âge de 11 ans, que même si un jour mon rêve de jouer dans les majeures devait se matérialiser, Carter, Dawson, Valentine et compagnie seraient à la retraite depuis longtemps. Qu'importe, j'avais un nouveau rêve, une nouvelle ambition : jouer au baseball pour les Expos de Montréal !

Appelez-moi Gary !

L'été suivant, je décidai donc d'entreprendre ma carrière de joueur de baseball. Pas aussi simple que je l'espérais. Il faut dire que dans mon village, il n'y avait pas de ligue de baseball, mais seulement une ligne de balle-molle[5]. Bah, c'est presque pareil. Pas question de laisser un détail aussi insignifiant ralentir ma progression vers les ligues majeures et ma future équipe, les Expos de Montréal ! Puisque mon idole était désormais Gary Carter, je me suis vite proposé au poste de receveur et insisté pour porter le numéro 8. « Appelez-moi Gary ! » insistai-je, raffolant de ce nouveau surnom que mes coéquipiers avaient gentiment accepté de me donner. Les ressemblances avec « Le Kid » s'arrêtaient toutefois là. J'avais un bon bras pour dégainer vers le deuxième but, mais j'étais à peine plus gros que le bâton. Vous pouvez alors deviner que je n'avais rien d'un cogneur de circuits… ou même de coups sûrs. Et quand venait le temps de bloquer le marbre, disons que je ne faisais pas du tout le poids. Certains joueurs adverses l'avaient vite compris et ne se gênaient pas pour me frapper au point de me projeter dans les airs loin derrière le marbre que je tentais de protéger ! Je me souviens notamment d'un joueur d'une équipe de Saint-Nazaire qui m'a fait voir des étoiles en glissant au marbre. J'avais non seulement fait un long vol plané, mais en plus j'avais échappé la balle. Vous pensez que ces premières expériences allaient me dissuader de faire carrière au baseball ? Pas du tout. Il me fallait simplement apprendre et perfectionner ma technique. J'allais me donner tous les moyens de réussir mon ambitieux, et tout aussi irréaliste projet. J'ai donc utilisé mes économies, gagnées en livrant des journaux, pour m'inscrire à une école de baseball qui se donnait à Saint-Hyacinthe. C'est certain que cela signifiait de longues balades en autobus entre Sainte-Hélène-de-Bagot et Saint-Hyacinthe, mais bon, avant de jouer dans les majeures,

5. Sport collectif s'apparentant au baseball, pratiqué sur un terrain de plus petite dimension et avec une balle plus grosse et moins dure.

paraît que les joueurs qui sont dans les mineures voyagent constamment par autobus. Aussi bien m'y habituer dès maintenant !

Une journée mémorable

Je suis débarqué à ce camp de baseball avec beaucoup d'assurance. Ici, j'allais enfin apprendre et m'améliorer comme futur vedette de baseball. Cependant, en foulant le terrain pour la première fois, j'ai eu un choc. La distance entre le marbre et le premier but était beaucoup plus grande sur un véritable terrain de baseball que sur un terrain de balle-molle ! Et soudainement, mon « puissant » bras, qui me permettait de surprendre les coureurs qui essayaient de voler le deuxième but, manquait nettement d'envergure. Mais, comme toujours, j'étais motivé et convaincu que ma détermination allait me permettre de surmonter tous les obstacles. Ce camp d'évaluation pouvait aussi me permettre de me tailler un poste au sein d'une vraie équipe de baseball pee-wee[6] et je n'avais pas l'intention d'être un touriste. Gonflé à bloc, je courais à m'en faire exploser le cœur, je lançais la balle à m'en déboîter l'épaule, je frappais la balle de toutes mes forces. C'était ma première journée et j'étais déterminé à en mettre plein la vue au personnel d'entraîneurs. À 12 ans, je croyais fermement que mon avenir était avec les Expos. Lorsque je m'élançais au bâton, je ne me sentais pas dans un stade municipal de Saint-Hyacinthe, je visais déjà dans mon esprit la clôture du champ gauche du Stade olympique. Toutefois, quand je réussissais à toucher à la balle, elle ne traversait même pas l'avant-champ.

6. Équivalent de benjamin, en France.

Vaillants efforts

C'est ainsi qu'après ma deuxième journée de séance d'entraînement, l'entraîneur me convie dans son bureau. Il commence par vanter ma combativité, l'intensité de mes valeureux efforts. « C'est beau de te voir aller, commence-t-il. On voit que tu aimes ça le baseball. Tu donnes toujours le meilleur de toi même, tu cours le plus vite que tu peux, tu es agressif quand vient le temps d'essayer d'attraper la balle ou de la lancer. On voit que tu as l'engouement, que tu es un passionné. » Ses paroles me font rêver. J'ai réussi. Le personnel d'entraîneurs m'a remarqué et est impressionné par mes vaillants efforts. Je sens que je viens de progresser considérablement vers mon but ultime. Cette décision de venir « m'exiler » à Saint-Hyacinthe pour essayer d'y mériter un poste au sein d'une équipe de baseball pee-wee est la meilleure que je n'ai jamais prise. Un sentiment de grande fierté m'habite. J'entends déjà la voix de Richard Morency résonner au Stade olympique : « Le receveur, *the catcher*, le numéro 8, *number 8*, Berrrrrtrand Goooooodin ! » En fait, je n'écoute déjà plus mon entraîneur continuer à m'encenser. Jusqu'à ce qu'une phrase particulièrement assassine atteigne mon cerveau : « Je t'encourage à continuer à essayer de te dépasser constamment, c'est beau à voir et c'est tout à ton honneur. Mais si j'étais toi, je ne penserais pas à jouer au baseball. Disons que ton talent y est... limité. » Un brouillard m'a soudainement envahi. Mon cœur a cessé de battre, j'en suis certain. C'est comme si le ciel venait de s'abattre sur ma tête. Mon camp de baseball était terminé. Je venais d'être congédié, renvoyé chez moi. Je venais de me faire dire, à l'âge de 12 ans, de ne pas perdre mon temps à vouloir jouer au baseball.

Avec le recul, c'est sûr que je vous dirais que cet entraîneur avait tout à fait raison. Mais à cette époque, c'était un coup de poignard en plein cœur.

Un rêve brisé… réalisé !

Mon père est venu me chercher. Quand je suis monté dans la voiture, je n'ai pas dit un mot. Je ravalais mes larmes. Lui non plus n'a rien dit. Il n'aurait de toute façon rien pu dire pour me consoler. Mon rêve était brisé. Je ne cessais de me répéter cette vérité que je ne voulais pas accepter. Je ne pourrais pas devenir un joueur de baseball. Je ne porterais jamais l'uniforme des Expos de Montréal. Malgré toute ma détermination, toute ma bonne volonté, je n'avais tout simplement aucun talent pour ce sport. Il n'y avait rien à améliorer. Moi, qui aurais tellement voulu jouer avec Gary Carter, Steve Rogers, Warren Cromartie, Andre Dawson et tous les autres. Moi qui croyais, avec la naïveté de mes 12 ans, qu'il suffisait d'y croire, qu'il suffisait de se donner à fond pour réaliser ses rêves les plus fous. Je n'ai toutefois jamais cessé de jouer « à la balle ». J'ai simplement accepté de jouer pour m'amuser, et aujourd'hui je suis probablement un tout aussi mauvais joueur de balle que je pouvais l'être à l'âge de 12 ans. Ce n'est pas grave, j'ai finalement réalisé mon rêve plusieurs décennies plus tard. En ce jour même, je peux dire que j'ai joué « à la balle » avec Steve Rogers, Warren Cromartie, Andre Dawson et Charlie Lea dans le cadre du match des légendes visant à amasser des fonds pour la recherche sur la maladie Lou Gehrig, contribuant ainsi à une bonne cause qui permet d'amasser plusieurs centaines de milliers de dollars bon an, mal an. J'ai d'ailleurs surpris Charlie Lea en lui apportant lors de la dernière édition, une photo qui avait été prise au Stade, alors que j'avais 12 ans. Il avait accepté de se faire photographier à mes côtés. J'en étais tellement fier. Quand je lui ai montré la photo, il est resté bouche bée. Il n'en revenait tout simplement pas. Je me suis refait photographier avec lui cette année-là, en tenant tous les deux dans nos mains cette vieille photo. Bref, ça m'aura pris du temps, mais je peux tout de même dire que j'ai réalisé mon rêve et joué avec les Expos qui m'ont fait vibrer dans ma jeunesse ! Comme quoi il ne faut jamais abdiquer ni renoncer à ses rêves les plus fous...

CHAPITRE 4

La mort d'un super héros

Après sa brillante victoire à Montréal, Gilles Villeneuve a connu des hauts et des bas. En 1979, il a connu une année formidable et est venu bien près de remporter le Championnat du monde des pilotes de F1. Mais en 1980 et en 1981, il a connu des saisons beaucoup plus difficiles et des courses dont il ressortait souvent frustré, allant jusqu'à qualifier sa Ferrari de « poubelle ». Je ne connaissais pas les Villeneuve à cette époque, ils étaient pour moi aussi inatteignables que les plus célèbres chanteurs rock ou les plus grandes vedettes du cinéma. Mon père avait croisé Gilles à quelques reprises chez Ski-Roule, et pour moi c'était déjà fort impressionnant. Je m'étais entiché de F1 et aussitôt qu'une revue spécialisée européenne faisait son apparition sur les tablettes d'un magasin, je l'achetais sans hésiter, peu importe le prix qui était souvent prohibitif. Pas grave, j'allais aider mon ami à livrer des journaux pour me renflouer. J'entrais de plain-pied dans l'adolescence, mes velléités de jouer au baseball étaient terminées, mais l'inaccessible rêve d'une carrière de sport automobile venait encore me hanter dans mes rêves les plus fous. Même si j'essayais de me raisonner, de me dire que c'était démesuré, une petite voix ne cessait d'insister dans ma tête. Je crois que cette obsession prenait racine en raison de mon admiration sans borne pour ce héros de chez nous plus grand que nature, mais terriblement ancré dans le terroir qu'était Gilles Villeneuve.

Les hauts et les bas de Gilles

Je repense encore à cette victoire à Montréal qui m'a fait tant frissonner. Je le revois avec sa grosse bouteille de bière sur la plus haute marche du podium. Pas du champagne, de la bière !!! Je ne réalise pas à quel point il a fait entorse aux règles non écrites de la F1, mais je sens que cette initiative prouve plus que tout qu'il est un gars de chez nous dans un monde complètement étrusque à nos mœurs. En plus, il neigeait tellement ce jour-là que Joan avait un manteau d'hiver eskimo sur le dos. Peut-on être plus québécois qu'eux ? Mais voilà, ils sont dans l'univers impénétrable de la F1. Gilles vient de plonger le Québec dans le plus grand cirque sportif de la planète. Et il en sort victorieux. Je n'ai que plus d'admiration pour lui. Tant et si bien qu'à l'école je suis victime, à cette époque, de railleries de la part de certains confrères de classes qui déclarent haut et fort qu'il n'est pas si bon que ça, que c'est un pilote bien ordinaire et que, contrairement aux joueurs de hockey, ce n'est même pas un véritable athlète. Des commentaires qui m'offensent et me vexent. Les pires sont ceux qui prétendent que la victoire de Gilles à Montréal était « arrangée ». Rien ne pouvait me faire monter davantage la moutarde au nez. Entendre une telle ignominie m'offusquait. Comment pouvait-on prétendre quelque chose d'aussi ridicule ? Je montais régulièrement aux barricades pour défendre mon idole. « Vous ne connaissez rien à la course automobile », leur disais-je avec fureur. Pas question de laisser quiconque insulter mon super héros impunément. Quand j'y pense, avec un peu de recul, de l'adolescence jusqu'à l'âge adulte sans compter mes interventions aux débats de l'émission 110 % sur la chaîne TQS, j'aurai passé une grande partie de ma vie à défendre la famille Villeneuve contre tous ses détracteurs !

Catastrophe à Zolder

Le 8 mai 1982, un samedi, mon père m'avait entraîné à l'aider dans des travaux de rénovation du trottoir de la maison. J'ai 14 ans. Je suis debout depuis l'aube et je travaille en écoutant distraitement la radio. Il fait beau, le soleil se lève, annonçant une journée printanière magnifique. Jusqu'à ce que Christian Tortora, sur les ondes de CJMS ou de CKMF, je ne me souviens plus trop quelle station j'écoutais, intervienne en catastrophe pour annoncer d'une voix des plus sombres qu'un très grave accident est survenu pendant la séance de qualifications sur le circuit de Zolder en Belgique. Gilles Villeneuve a été transporté à l'hôpital. En heurtant l'arrière de la voiture de Jochen Mass, il a été éjecté de sa voiture et propulsé sur une clôture. On n'en sait pas plus. J'ai l'estomac noué. Mes pulsations cardiaques augmentent radicalement. Je ne suis pas certain d'avoir compris la gravité de la situation et j'essaie d'avoir des pensées positives, de me dire qu'on ne meurt pas d'un accident de voiture, pourtant mon instinct m'annonce une catastrophe et me dit tout le contraire de ce que veut croire mon cerveau. Je suis littéralement en état de panique. Le trottoir de la maison attendra. Je rentre à la vitesse de l'éclair et j'ouvre la télé afin d'avoir plus de détails. Rapidement, je tombe sur une émission spéciale où Jacques Duval parle de Gilles Villeneuve... au passé. J'ai l'impression d'être dans un cauchemar. Je maudis Jacques de parler de la sorte. J'espère voir des images de l'accident, mais elles ne viennent pas. L'émission spéciale se poursuit. Puis, vers midi, la mort de Gilles est confirmée. Je suis sans voix. Dans les heures qui ont suivi, je me suis promené à vélo dans le village... et c'était la consternation. Personne n'y croyait. Personne ne voulait y croire. Nous n'avions pas encore vu les images. Elles viendraient plus tard. Mais tout ça semblait encore inconcevable. « Gilles ne peut pas mourir comme ça », disait-on à gauche et à droite.

La passion du danger

Pour moi, l'accident faisait partie de la course, mais certainement pas la mort. Les super héros n'ont pas le droit de mourir. Les images terrifiantes nous arriveront aux bulletins de nouvelles de 18 h. Elles ne laissent guère planer de doutes. Même Superman n'aurait pas survécu à pareille expulsion d'un véhicule roulant à 300 kilomètres à l'heure. On peut mourir dans un accident de voiture. Je réalise pour la première fois que le sport automobile est synonyme de danger. L'adrénaline coule à flots dans mon corps de jeune adolescent. Ouais, la vitesse tue. Et piloter à haute vitesse, c'est aussi défier la mort. N'oublions pas qu'à 14 ans, on se sent intouchable, et surtout immortel. La mort vient de faucher mon idole. La mort vient de se manifester concrètement sous mes yeux. J'ai envie de sacrer[7], ce que je ne fais jamais, mis à part quelques

7. Blasphémer.

« esprits » bien placés quand je suis fâché noir ! J'en suis obsédé. Je viens de découvrir que la mort est possible et qu'elle n'est pas exclusive aux vieillards, aux malades ou à des gens terriblement malchanceux. Elle peut aussi vous faucher, peu importe votre âge, au moment où vous ne l'attendiez certainement pas.

Aller jusqu'au bout de sa passion

Le lendemain de la mort de Gilles, j'avais à livrer dans le village les copies du Dimanche-Matin. Je remplaçais alors mon ami Serge qui en avait marre de se lever aux aurores pour « faire sa *run*[8] ». Mais le matin du 9 mai, la livraison de journaux dans mon quartier a été considérablement retardée. Aussitôt que j'ai reçu la pile de journaux, je me suis empressé d'en extraire un exemplaire et de lire tout ce qui avait été écrit sur la tragédie de Zolder. J'ai relu la plupart des articles plus d'une fois avant de me décider de livrer les journaux dans le voisinage. Je l'avais appris la veille. J'avais maintenant vu les images à la télé. Mais là, c'était encore plus vrai. Gilles Villeneuve était bel et bien mort dans un accident pendant les séances de qualifications à Zolder. Je le lisais. Je voyais les photos. Je n'avais donc pas rêvé ! À 14 ans, la mort, c'est pourtant une anomalie, que dis-je, c'est une aberration ! Quelque chose de tout à fait intolérable, inacceptable. La mort, ça n'arrive qu'aux vieux. Bon, quand tu as 14 ans, les vieux ce sont ceux qui ont plus de 40 ans. Et encore ! Gilles Villeneuve n'avait pas le droit de mourir. Et là, j'avais la preuve, écrite, qu'il était bel et bien mort, que ce n'était pas un simple cauchemar. Il n'avait pourtant pas le droit de nous faire ça. Dans ma tête, c'était interdit. Je n'acceptais

8. Effectuer son parcours de livraison de journaux.

pas la cruelle fatalité. La mort de Gilles Villeneuve fut un événement dramatique qui aura touché les amateurs de course automobile partout sur la planète. Ce drame aura eu l'effet pervers sur moi, d'avoir envie, à mon tour, de défier la mort. Nouveau déclic dans ma tête, dans tout mon être. Il y a des gens, comme Gilles Villeneuve, qui sont prêts à risquer leur vie pour assouvir leur passion. Le concept m'émeut et a un effet foudroyant sur moi. Ça vous semblera peut-être ridicule, mais cette notion de danger m'a allumé. L'idée de risquer sa vie pour aller au bout de sa passion m'a excité tout autant que le décès de mon héros m'enrageait. J'en ai donc conclu, avec ma grande sagesse d'adolescent, que j'ai toujours eu raison d'aller au bout de mes passions, peu importe le prix à payer. Je voulais aussi me moquer de la mort et pousser la vitesse à l'extrême. Autant sa victoire de 1978 m'avait inspiré, autant sa mort en 1982 m'a convaincu d'aller jusqu'au bout de mon rêve de devenir pilote automobile. Gilles venait de sacrifier sa vie pour sa passion. Pourquoi donc accepterais-je de sacrifier ma passion pour ma vie ? Pas question ! J'étais un fervent de la course automobile, et cette passion passerait avant tout ! Même s'il me faudrait peut-être un jour en mourir. Mourir en piste ? Il y avait là un concept héroïque qui, plutôt que de me dissuader de poursuivre mon but, ne le rendait que plus attrayant ! Remarquez qu'à l'adolescence, le concept de la mort demeure plutôt nébuleux. L'idée de vieillir est toute aussi abstraite tant nous sommes pressés de devenir des adultes. À l'adolescence, le futur, c'est demain, et personne ne se soucie trop de ce qui se passera le surlendemain. C'est ce que j'appelle souvent l'âge de l'immortalité.

Mon jardin secret

Dans mon for intérieur, la perspective de marcher dans les traces de Gilles Villeneuve devenait soudainement plus réaliste et possible. Pourtant, je n'osais pas en parler à qui que ce soit, même pas à mon meilleur ami. Je vivais une vie parallèle, je nourrissais un rêve secret. J'étais toujours l'ado anonyme sans histoire qui ne posait pas de problèmes à quiconque, mais dans mes rêves, j'allais devenir quelqu'un dont on se souviendrait. Je n'avais pas la moindre idée comment j'y arriverais, mais je sentais que j'étais en mesure de réaliser ce rêve secret qui m'habitait depuis plus longtemps que je voulais bien me l'avouer. Moi, le ti-cul de Sainte-Hélène-de-Bagot, j'irais jusqu'au bout de l'idéal que je m'étais imaginé. Mes fantasmes de course automobile restaient secrets, enfouis dans mes jardins intimes. Je n'osais pas en parler à personne. C'était inavouable. On m'aurait probablement traité de fou. J'étais beaucoup trop orgueilleux pour ça. Et ma désillusion quant à ma vocation comme futur joueur vedette des Expos était encore trop fraîche à ma mémoire. Je n'avais surtout pas envie de revivre une humiliation semblable.

CHAPITRE 5

Un gars serviable

J'étais devenu tellement obnubilé par l'idée de faire de la course que même lorsque je tondais le gazon sur le terrain de mon grand-père, à bord de son tracteur Masey-Ferguson, je me chronométrais ! Après tout, tondre un gazon sur un tracteur de couleur rouge, c'est comme piloter une Ferrari sur une piste. Il y a des virages, des obstacles à éviter... En fait, je dirais que depuis la mort de Gilles, tout rimait avec course. Même quand je marchais dans les rues du village, je m'imaginais un circuit, je négociais des virages imaginaires. Je me proposais pour tondre le gazon de tous ceux qui avaient un terrain suffisamment grand pour qu'un tracteur soit nécessaire. Mes parents et mes grands-parents me trouvaient drôlement serviable. S'ils avaient su la nature véritable de mes motivations, ils auraient été moins fiers. Pour moi, ce n'était pas rendre service. Je me faisais plaisir. C'était purement égoïste. Tondre le gazon était devenu une occasion de courir mes propres Grands Prix de Formule Un ! Et on me payait, en plus ! D'autant que là j'avais un volant, un vrai volant, le seul auquel j'avais accès. Une motoneige ou une motocyclette, c'est plus rapide, mais j'avais beau avoir l'imagination des plus fertiles, un guidon ce n'était pas un volant. À l'école, je dessinais des circuits pendant les cours. J'essayais, avec mon doigt, d'en suivre les tracés les yeux fermés, de visualiser ces circuits imaginaires que je venais de créer sur une feuille blanche.

Dans les traces de Gilles

Pour suivre les traces de Gilles, la motoneige devenait toutefois un incontournable. Or, mon oncle, Gérald Beauregard, qui vivait à Warden, en Estrie, tout près de Waterloo, avait quelques motoneiges qu'il me laissait piloter. Il m'avait même donné une de ses vieilles motoneiges, un modèle Ski-Roule de couleur verte avec un vieux moteur Sash. J'avais enfin un véhicule motorisé ! J'ai aussitôt couvert ma motoneige d'autocollants Benetton, STP, Bridgestone, etc. À mes yeux, ce n'était plus une motoneige, c'était une Formule Un ! Quand j'embarquais dessus et que je partais dans les champs avoisinants, la réalité s'estompait. Je n'étais plus au Québec, ce n'était plus l'hiver. J'étais sur les circuits du grand cirque de la F1 et je me bagarrais avec les héros de l'époque : Patrick Tambay, Keke Rosberg, Didier Pironi, Alain Prost, John Watson, Michele Alboreto, et autres. Je m'inventais des parcours dans l'immensité des champs, j'imaginais des chicanes, des épingles, de longues lignes droites (celles-là, le plus loin possible de la maison de mon oncle pour que personne ne soit témoin de mes excès de vitesse !), et je chronométrais mes « tours de piste », cherchant chaque fois à abaisser mes temps, à enlever la position de tête ou gagner mon Grand Prix imaginaire ! C'était la même chose pendant la saison estivale où, lors de chaque visite chez cet oncle, j'enfourchais l'une de ses motos pour attaquer agressivement les mêmes champs qui redevenaient aussitôt, à mes yeux, les circuits européens ou nord-américains, théâtres des plus grands exploits de la course automobile.

L'été à moto

Ironie du sort, à la suite de la mort de Gilles, on pouvait suivre de plus près les péripéties du Championnat des pilotes de F1. Il y avait davantage d'articles dans les journaux, les magazines spécialisés étaient devenus plus disponibles, et même la télé présentait de plus en plus de reportages, de documentaires ou de films sur la course automobile. C'était du moins ma perception à l'été de mes 15 ans. Dans un magasin de jouets de Saint-Hyacinthe, on pouvait désormais se procurer la revue Grand Prix International. J'accourais dès qu'elle était sur les tablettes, puis je m'émerveillais devant la moindre photographie, je la lisais d'un couvert à l'autre, généralement plus d'une fois ! C'était une source intarissable d'inspiration. J'ai encore toutes ces revues chez moi. Les documents visuels aussi abondaient soudainement. J'avais notamment savouré le merveilleux documentaire sur la vie de Gilles qui s'intitulait « Formule Villeneuve ». J'ai dû le revoir des centaines de fois ! Pour la première fois, je découvrais, grâce aux caméras montées sur les voitures, la piste telle que la voyaient les pilotes. C'était une occasion virtuelle de monter à bord de ces bolides que je rêvais plus que jamais d'avoir un jour la chance de piloter. Juste le son du moteur — son crescendo en accélération, ses toussotements au freinage — avait de quoi me donner la chair de poule. Je m'étais aussi procuré une vidéocassette intitulée « *Drive to Win* » où plusieurs pilotes, dont Jacques Villeneuve Sr et Mario Andretti, expliquaient les techniques de pilotage, dont le fameux « talon-pointe » où l'on utilise le pied pour contrôler la pédale de frein et donner un coup d'accélérateur pour synchroniser le régime moteur avec le rapport de boîte en descente de vitesse. Je ne savais pas encore conduire, mais je m'efforçais de mémoriser tous leurs trucs de pilotage.

À la limite !

Quand j'embarquais sur la moto de mon oncle Gérald, c'était une 90 cc, mon cerveau transformait aussi ses révolutions moteur pour qu'elles aient la musicalité d'une F1. Je poussais la mécanique à sa limite. Mais tout comme je le faisais lorsque j'étais en motoneige, je m'assurais d'être suffisamment loin de la maison de mon oncle avant de rouler à toute vitesse ! Pas sûr qu'il aurait tellement aimé de me voir jouer les kamikazes avec ses jouets ! Il m'est arrivé de chuter, mais fort heureusement sans me blesser ni abîmer la moto. Avec le recul, je me dis que j'ai été chanceux qu'il ne m'est rien arrivé. Je me disais aussi que je devais bien avoir un minimum de talent. Il est vrai que je pensais la même chose trois ans plus tôt quand je m'imaginais un jour aller aider les Expos à remporter la Série mondiale. Mais soyons sérieux, j'étais beaucoup plus mature, beaucoup plus lucide et réaliste. Après tout, j'avais désormais 15 ans !

CHAPITRE 6

Le permis de conduire

J'étais déterminé à obtenir mon permis de conduire aussitôt que j'aurais atteint l'âge de 16 ans. Toutefois, il fallait obligatoirement suivre des cours de conduite à l'époque, et c'était fort dispendieux. Il était clair que mes parents ne pourraient se permettre d'avancer les quelque 600 dollars[9] nécessaires. Mais j'avais un plan. On m'avait dit qu'il était facile, même à l'âge de 15 ans, de se trouver un boulot à la fin de l'été pour participer à la récolte des concombres. Je me suis donc empressé d'être embauché. Je me suis donc retrouvé, avec plusieurs autres ados, pendant quelques semaines, à tous les jours, couché à plat ventre sur une sorte de plate-forme tirée par un tracteur qui avançait dans les champs tandis que nous arrachions les concombres de la terre pour les lancer sur une sorte de convoyeur qui les recrachaient dans un camion qui nous suivait. J'étais payé deux dollars[10] l'heure ! Le hic, c'est que j'ai développé des allergies au pollen au cours de l'été. Je me suis rendu tellement malade que j'ai raté la dernière journée de récolte. Or, on nous avait promis une prime de

9. Autour de 400 euros (selon le taux de change d'aujourd'hui).

10. Autour de 1,30 euros (selon le taux de change d'aujourd'hui).

50 cents[11] sur toutes les heures que nous avions accumulées pendant l'été... si nous étions là jusqu'à la toute dernière journée. J'en étais catastrophé, même si j'avais néanmoins accumulé suffisamment d'argent pour me payer des leçons de conduite qui me permettraient ultimement d'obtenir mon permis de conduire. C'était, à mes yeux, la première étape à franchir dans ma longue quête pour devenir pilote de course automobile. Les cours débutaient en novembre, et jamais de ma vie je n'ai eu aussi hâte de voir arriver le mois des morts !

Dérapages et contre-braquages

L'hiver avait commencé à s'installer lorsque j'ai enfin pu m'installer au volant, avec un instructeur, et commencer à suivre avec beaucoup d'assiduité mes cours pratiques. Dans mon entourage, on était d'avis qu'au Québec il valait mieux apprendre à conduire en hiver pour être prêt à composer avec les éléments. J'étais aussi de cet avis. J'appréciais donc tout particulièrement les séances où il neigeait et que la chaussée devenait glissante. J'insistais alors auprès du professeur, en feignant de ne pas connaître la réponse : « Je fais quoi si la voiture part en dérapage ? » Il m'expliquait alors avec une infinie patience l'art du contre-braquage. Je continuais de faire l'innocent. « Comment on fait ? » Je voulais qu'il relève le frein à main pour me forcer à contre-braquer. Sans le savoir, il tombait inévitablement dans le piège, et avec bonheur je redressais la voiture. Ma journée était faite. Je ne voulais pas que conduire. Je voulais aussi rouler de côté... comme Gilles Villeneuve ! Aussitôt mes cours complétés et mon diplôme obtenu,

11. Autour de 0,30 euro (selon le taux de change d'aujourd'hui).

je me suis précipité pour aller passer les examens donnant droit au permis de conduire. Lorsque j'ai enfin eu ce petit bout de papier entre les doigts, j'étais euphorique. Ce fut l'un des plus beaux jours de ma vie. Il ne manquait en fait qu'une seule chose à mon bonheur : une automobile !

La Prélude de papa

Mon père avait à cette époque une Honda Prélude 1983. Quand il voulait me faire plaisir, il me lançait les clés et me demandait d'aller chercher de la pizza à Saint-Liboire. Je ne me faisais pas prier. Aussitôt sur l'autoroute, je filais à près de 170 kilomètres à l'heure. Puisque l'aller-retour entre Sainte-Hélène-de-Bagot et Saint-Liboire se faisait trop rapidement, j'effectuais trois ou quatre fois le tour du village avant de rentrer à la maison afin que mon père n'ait aucun soupçon sur mes excès de vitesse à bord de sa voiture ! C'était encore pire avec l'automobile de mon oncle qui, lorsque j'allais lui rendre visite la fin de semaine, me donnait les clés de sa Renault Alliance et m'invitait à aller me balader. Contrairement à la Prélude, ce n'était pas une voiture très performante. Ce qui ne m'empêchait pas de la pousser chaque fois à la limite. À défaut de pouvoir rouler aussi vite que je l'aurais voulu avec la Renault, je la plaçais en dérapage contrôlé à la moindre occasion sur les routes glacées de la région. Ça m'a d'ailleurs valu toute une frousse, près du Lac-Brome, où j'ai traversé tout un pont en dérapage de côté. Si une voiture était arrivée en sens inverse, nous étions cuits ! Fort heureusement, je n'ai rien touché. Mes escapades sont passées inaperçues jusqu'au jour où je revenais justement avec la Renault de mon oncle et que mon père, qui se lavait les mains dans la salle de bain, m'a aperçu tourner le coin de rue en dérapage. Je me suis fait joyeusement engueulé. J'ai eu droit à tout un sermon sur la conduite « responsable ». J'ai juré que j'avais eu très peur et que je ne le referais plus. Je pense qu'ils m'ont cru et j'ai pu à nouveau « piloter » la Renault Alliance de mon oncle. Mais comme j'avais les doigts croisés derrière le dos quand j'avais prêté serment, ça ne comptait pas. J'ai donc continué, tout au long de cet hiver-là, à peaufiner mes techniques de dérapage contrôlé. Je peux sincèrement vous dire que cette Renault-là aura été tout un outil de formation en vue de ma future carrière de pilote.

CHAPITRE 7

Un gros chien blanc

Le printemps venu, je savais que la Renault serait drôlement moins amusante sans une couche de glace ou de neige sur la chaussée. J'étais aussi conscient que mes excès de vitesse à bord de la Honda de mon paternel risquaient de me valoir d'autres vigoureux sermons de sa part. Il n'y avait qu'une solution, il me fallait m'acheter ma propre voiture. Malheureusement, je n'avais pas assez d'argent. Je travaillais comme pompiste dans une station-service du village et mes économies restaient minimales. Mon père ne pouvait m'avancer l'argent nécessaire, mais, une fois de plus, l'oncle Gérald est venu à ma rescousse et m'a prêté 1500 dollars[12] pour que je puisse réaliser mon rêve. Me sentant soudainement riche comme Crésus, nous sommes allés chez le concessionnaire Lussier Pontiac Buick de Saint-Hyacinthe afin de dénicher la perle rare que me permettait cette « fortune ». Rapidement, je suis tombé amoureux de celle qui allait devenir ma première voiture : une magnifique Plymouth Fury Sport, édition 1977, dotée d'un puissant moteur 318 sous le capot avec en prime de scintillantes jantes de roues. Et comble de bonheur, je pouvais repartir avec ce bijou en

12. Autour de 1008 euros (selon le taux de change d'aujourd'hui).

échange des 1 500 dollars qui garnissaient mon portefeuille. Pouvais-je imaginer un signe plus clair du destin ? Le pacte fut conclu sur-le-champ et, fier comme un paon, je suis revenu à la maison à bord de ma voiture. Probablement tout aussi fier que moi, mon père avait même payé le premier plein d'essence. Un geste généreux vraiment apprécié par le jeune adolescent paumé que j'étais.

J'étais amoureux !

Qu'importe l'état lamentable de mes économies, j'avais enfin ma première voiture. Et ce qu'elle était belle ! Je l'astiquais minutieusement, je la bichonnais, je la câlinais avec tendresse. J'étais amoureux, et même un peu jaloux ! Je n'osais pas encore la montrer. Je voulais la garder juste pour moi. Je la cachais dans notre garage. Certes, c'était aussi pour économiser que je laissais ma voiture dans le garage et que je continuais de prendre l'autobus pour aller à l'école. Ma voiture, je la réservais pour les grandes occasions. Elle était beaucoup trop précieuse pour la banalité du quotidien. La première semaine, je l'ai donc très peu utilisé. J'avais tellement peur de l'abîmer, de la sortir pour rien. Elle était tellement belle. C'était ma princesse, et chaque sortie à son bord devait être judicieusement choisie. Et, avantage non négligeable pour un adolescent en rut, il y avait beaucoup d'espace à l'intérieur de ce temple sur roues pour d'infinis ébats charnels. Cependant, ces fantasmes ludiques n'allaient jamais se réaliser. Encore m'aurait-il fallu trouver à cette époque la dulcinée digne de découvrir le confort de la banquette arrière de ce petit palace mobile. Peu importe notre âge, peu importe les bonheurs que nous procure la vie, malheureusement, rien n'est parfait !

D'ange à démon

J'attendais le moment opportun pour me rendre à l'école à bord de ma Fury 77. J'espérais aussi secrètement que cette dulcinée irrésistible augmenterait de manière exponentielle mon pouvoir de séduction auprès des filles. Moi et ma voiture, c'était à coup sûr une combinaison imbattable qui me vaudrait de multiples conquêtes amoureuses ! Toutefois, avant de réaliser ce rêve, il fallait d'abord que j'apprivoise totalement ma voiture. Il n'était pas question de ne pas en posséder la totale maîtrise avant de la montrer à tous mes amis. Une résolution qui ne sera malheureusement pas oubliée de sitôt ! Neuf jours après en avoir fait l'acquisition, je me suis rendu au travail, à la station-service, à son bord, bien que ce fût à seulement quelque 600 mètres de la maison. Elle était étincelante comme une voiture flambant neuve. C'était un vendredi soir. Martin Daigle, qui travaillait avec moi, a écarquillé les yeux en me voyant arriver. « Wow, toute une belle voiture, mon Bertrand ! me lança-t-il avec un sourire d'admiration. J'aimerais ça que tu montres ce qu'elle a dans le ventre ! » Il ne m'en fallait pas plus. « Pas de problème, mon Martin. Dès que l'on aura terminé notre quart de travail, je te fais faire un tour. » Toute la soirée, j'ai impatiemment attendu l'heure de la fermeture, résolu de lui montrer non seulement qu'elle était belle, mais qu'elle avait aussi de la puissance à revendre. Ma Fury ferait son entrée dans la société, cette nuit ce serait son « Bal de débutante » ! D'autant que je n'avais pas encore eu l'occasion de la pousser à la limite au cours de cette première semaine d'idylle. Quand nous avons fermé la station-service, aux alentours de minuit, Martin n'avait rien perdu de son enthousiasme à l'égard de ma voiture. « On va faire un tour ? » me demanda-t-il avec un brin d'excitation dans la voix. « Yes, sir ! » lui répondis-je tout de go. L'image que je projetais à Sainte-Hélène-de-Bagot, c'était celle du petit garçon sage et docile, raisonnable et pondéré. Je ne prenais pas d'alcool ou de drogues, je ne fumais pas, je ne sortais pas dans les bars ou les discothèques, je n'avais pas le profil du délinquant, et surtout personne n'était vraiment conscient de ma passion pour la course automobile ou mon désir de rouler à toute vitesse. Martin devait donc se sentir totalement en confiance dans le siège du passager, probablement prêt à me taquiner et convaincu que je conduirais en respectant à la lettre le Code de la route. Une méchante surprise l'attendait. Quand je me retrouvais derrière un volant, je devenais une tout autre personne : de jeune homme angélique, je me transformais, comme Mr Hyde et le Dr Jekyll, en démon assoiffé de sensations fortes et de vitesse.

Dérapage… incontrôlé !

Comme toujours, j'avais déjà planifié mon trajet. J'avais déjà visualisé le « circuit ». J'arrivai donc rapidement sur le chemin du 3e rang. C'était un secteur que je connaissais très bien pour l'avoir emprunté à de multiples reprises à vélo. Cependant, je ne l'avais jamais encore attaqué à bord d'une voiture. Peu importe, me voilà sur une longue ligne droite déserte, à plus de 170 kilomètres à l'heure. Martin devint blême. Il s'accrochait à la poignée de la portière. Il m'implorait de ralentir, mais j'ignorais ses doléances. Il voulait savoir ce que ma princesse avait dans le ventre, il le saurait. « Ralentis, Bertrand, ralentis », répétait-il d'une voix tremblotante. Plus je le sentais apeuré, plus j'accélérais. Je voulais l'impressionner. J'allais lui montrer l'autre facette de ma personnalité. Ce qu'il ne savait pas, c'est que moi aussi j'étais impressionné par la vitesse vertigineuse à laquelle nous roulions. L'adrénaline coulait à flots dans tout mon être. Mon cœur battait à tout rompre. J'essayais d'avoir l'air calme au volant, mais j'étais grisé par ce pilotage extrême, par ces limites que je repoussais chaque seconde. Certes, j'ai remarqué le panneau annonçant un virage en coude, mais j'étais dans un état second et les lois naturelles de la physique m'importaient peu. Qui donc a décidé que pareil virage ne se négocie pas à plus de 170 kilomètres à l'heure ? Et de quel droit ? M'en vais leur montrer moi que c'est possible. « Cramponne-toi, mon Martin, tu vas adorer ça ! » En attaquant ce virage à une vitesse aussi folle, la voiture est aussitôt partie en tête-à-queue, et je l'ai carrément échappée. Nous avons plongé dans le fossé, et la voiture s'est mise à faire ce que j'appelle « l'hélice », c'est-à-dire qu'elle tournait dans les airs du devant au derrière. Je me souviens que nous volions dans les airs, retombions sur le sol, remontaient dans les airs, retombaient sur le sol… Je ne sais trop combien de fois. Mais ça me sembla interminable. Et comme nous n'avions, ni l'un, ni l'autre, bouclés nos ceintures de sécurité, nous fûmes secoués à l'intérieur de l'habitacle comme des poupées de chiffon dans une laveuse ! Malgré tout, je revois l'aiguille sur le tableau de bord qui montait et descendait sans arrêt, je revois aussi la lumière qui s'allumait et s'éteignait à une cadence stroboscopique au plafond, en fait, je découvrais alors à quel point dans un accident, le temps semble au ralenti et que le moindre détail s'enregistre dans notre cerveau. Quand la voiture a cessé de tournoyer sur elle-même pour finalement échoir dans le fossé, Martin m'a jeté un regard qui était à la fois terrifié et incrédule. J'avais réussi. Il était impressionné, et nous étions indemnes tous les deux. C'était un miracle. Mon innocence était si grande que je me suis fermé les yeux et que je me suis mis à espérer que la voiture n'aurait pas trop de dommage. J'aurais tellement aimé pouvoir revenir cinq minutes en arrière. Je me suis précipité à l'extérieur afin d'évaluer les dégâts, mais il y avait un énorme nuage de poussière qui nous enveloppait. Lorsque la poussière a commencé à retomber, j'ai d'abord vu qu'un de mes phares arrière était endommagé. Puis, lorsque le nuage s'est complètement estompé, j'ai constaté que ce n'était pas mon plus gros problème. Ma voiture était littéralement pliée en deux ! Quelque chose me disait, malgré toute ma naïveté, qu'elle serait difficile à réparer. Ce ne serait pas impossible, espérai-je sans trop y croire, mais ce serait difficile. Et surtout, je me mis à réaliser que ce serait assurément très coûteux. Or, il ne me restait presque plus d'argent et ma limite de crédit auprès de mon oncle était probablement déjà atteinte. Cependant, nous avions, Martin et moi, des problèmes beaucoup plus pressants à résoudre. Celui, entre autres, de rentrer au village !

Sur la pointe des pieds

Nous étions à une dizaine de kilomètres de la maison et, encore sous le choc, nous avions entrepris à pied le chemin du retour. Je ne cessais de me demander comment j'annoncerais cette catastrophe à mon père. Martin aussi était anxieux face à la réaction de ses parents, même s'il n'y était pour rien dans cette folle aventure. Ça, c'était notre autre problème infiniment pressant à résoudre. Il faisait nuit, et même si le printemps se pointait, le temps s'était considérablement rafraîchi. Nous étions au milieu de nulle part, il n'y avait aucune maison à proximité, et nous commencions à être vraiment nerveux d'être obligés de marcher comme ça toute la nuit. La réaction de nos parents serait probablement encore pire, s'il fallait que nous arrivions à l'aube ! Au bout de ce qui nous a semblé être une éternité, nous avons repris espoir en apercevant une maison à l'horizon et de la lumière à la fenêtre. Il devait être environ 1 h du matin. Après une brève hésitation, dissipée par la perspective d'une trop longue marche en pleine nuit, nous avons tenté notre chance et cogné à la porte. Une dame d'un certain âge nous a ouvert, quelque peu nerveuse à la vue de ces deux adolescents échevelés et poussiéreux comme des vagabonds. Encore sous le choc de la terrible collision, nous avions peut-être l'air d'être sous l'influence de quelconques substances, ce qui n'était pourtant pas le cas. Fort heureusement, c'était une cliente assidue du salon de coiffure de ma mère. Elle m'avait vu grandir. Elle m'a rapidement reconnu. Son mari, qui s'apprêtait à aller se coucher, s'est rhabillé et est venu nous reconduire au village. Arrivé à la maison, je suis entré sur la pointe des pieds, soucieux de ne pas réveiller mes parents. Mais il faut croire qu'une entrée trop silencieuse est plus suspecte à l'oreille aiguisée des parents qu'une entrée bruyante, surtout aux petites heures de la nuit. Je venais à peine de plonger dans mon lit, tout habillé, la couverture au-dessus de la tête, pressé d'avoir l'air de dormir depuis des heures, lorsque mon père est entré dans ma chambre. Il m'a posé tout de go LA question qui tue. « Hé, Bertrand. Où as-tu stationné ta voiture ? » J'étais mort. Si l'accident ne m'avait pas tué, ma dernière heure venait de sonner. La tête toujours plongée dans l'oreiller, sous les couvertures, je me suis dit que tant qu'à mourir si jeune, aussi bien dire la vérité. « Je l'ai stationné dans le décor », marmonnai-je, prêt à être foudroyé par la colère paternelle qui suivrait inévitablement. De toute façon, j'étais inconsolable. Aussi bien en finir tout de suite. Au tour de ma mère d'entrer dans la chambre. Peut-être que son arrivée m'a sauvé la vie. « Il a eu un accident », lui dit mon père. « Viens nous expliquer ce qui est arrivé », me lança-t-il sur un ton à la fois autoritaire, mais empreint de sympathie. J'allais peut-être survivre, après tout. Penaud, les yeux rougis, je les ai docilement suivis à la cuisine.

Une dure leçon

L'interrogatoire fut relativement bref. « Où est ta voiture ? » me demanda mon père. « Dans un fossé, sur le chemin du 3e rang », répondis-je, la tête basse. « Ben là, on ne peut pas la laisser là. On va appeler Germain et aller la chercher avec sa remorqueuse[13] », trancha-t-il avant de téléphoner à son ami Germain Goyette, le pilote de stock-car qui m'avait inspiré quand j'étais plus jeune et qui était garagiste le reste de la semaine ! Il s'amena rapidement, puis on se dirigea aussitôt vers le lieu de l'accident. En voyant mon automobile pliée en deux dans le fossé, mon père a lancé un juron. « Veux-tu bien me dire comment c'est arrivé ? Comment as-tu pu l'échapper dans cette courbe-là ? » Cette fois, je me suis dit que toute vérité n'est pas toujours bonne à dire. « Il y a un gros chien blanc qui est sorti de nulle part et j'ai tenté de l'éviter », balbutiai-je sans trop de conviction. Mon père et Germain échangèrent un regard sceptique. « Me semble. Y devait être gros en maudit ! » grogna mon père. Germain, qui en avait vu d'autres, était désormais hilare. En regardant la chaussée et la poussière qui la

13. Dépanneuse.

recouvrait là où j'avais perdu la maîtrise de la voiture, il rendit son implacable verdict : « Moi, j'ai plutôt l'impression qu'il roulait vite en sacrament[14] ! » Sur ce, il me lança un balai et m'ordonna de nettoyer la chaussée couverte de gravillons et de poussière. « Enweille[15], le jeune, nettoie moi ça, parce qu'avec la cochonnerie que tu as laissée sur la route, si une motocyclette passe par ici, elle va aller rejoindre ta voiture dans le fossé. » Je n'osai pas protester et je me suis exécuté sans rechigner. Une pensée noire me traversa l'esprit. Je travaillais au garage dans quelques heures... pour continuer de payer la voiture que je n'avais plus. La voiture remorquée, nous sommes rentrés à la maison en silence. Mon père ne m'a rien dit. Cependant, soucieux que son beau-frère soit remboursé jusqu'à la dernière cenne[16], il a entrepris, avec la complicité de Germain, de vendre ce qui restait de ma voiture en pièces détachées. C'est ainsi que, deux jours plus tard, j'ai vu mon ami Serge, à bord de sa toute nouvelle voiture, une RoadRunner d'occasion, avec MES jantes de roues, celles de MA Fury. Je me suis empourpré. C'était ajouter l'insulte à l'injure. Mon propre père lui avait vendu MES jantes de roues. Pendant que moi je roulais à nouveau à vélo ! Je me suis senti trahi tant par mon père que par mon meilleur ami. Mais j'étais plutôt mal placé pour protester ! Disons que si mon père souhaitait que je retienne la leçon, c'était réussi. J'avais beaucoup de choses à apprendre avant de pouvoir me dire pilote de course, voire capable de conduire une voiture intelligemment. Pour vous dire la vérité, cette courbe que j'ai négocié à plus de 170 kilomètres à l'heure, même avec tout le savoir-faire que j'ai acquis et les techniques de pilotage que j'ai

---

14. Terriblement.

15. Allez !

16. Centième partie du dollar canadien.

maîtrisé avec les années, je me trouverais téméraire aujourd'hui de la négocier à 100 kilomètres à l'heure, même à bord d'une « vraie » voiture de course. J'ai aussi appris ce jour-là que c'est bien beau d'être amoureux de sa voiture, encore faut-il savoir la respecter, accepter ses limites autant que les siennes. Sans oublier que j'ai compris que mes parents m'aimaient trop pour me tuer en pleine nuit dans ma chambre, malgré un comportement aussi insouciant, inconsidéré et déplorable que celui que j'ai eu cette nuit-là sur le chemin du 3e rang, mettant sans vergogne ma vie et celle de Martin en danger. Certes, l'adolescence est une période parsemée d'erreurs de jugement, mais celle-là aurait pu être trop bêtement fatale. Une route de campagne, ce n'est pas une piste de course, aussi tentante soit-elle. Aussi, je comprenais dans le deuil de cette première voiture que, plus que jamais, pour assouvir cette soif de vitesse qui demeurait insatiable, il me faudrait devenir un véritable pilote de course. Il me faudrait donner une légitimité à ma folie !

CHAPITRE 8

Découverte du karting

L'été a été long, très long. Je travaillais toujours, mais cette fois c'était pour rembourser ma dette et payer une voiture que je n'avais plus. J'y pensais toutes les fois que j'enfourchais mon vélo pour me rendre au garage. Je continuais à suivre tout ce qui touchait la Formule Un et la course automobile en lisant et relisant les magazines spécialisés, et en suivant les trop rares reportages à la radio ou à la télévision. Chaque article lu, chaque reportage de Christian Tortora à la radio, chaque émission de télé consacrée à la course égayait cet été qui, pour le reste, était pour moi triste et ennuyeux. Jusqu'au 7 août. C'était l'anniversaire de mon meilleur ami Serge et j'avais décidé de lui offrir un cadeau original. J'avais remarqué, lorsque nous passions par Saint-Hilaire, une affiche le long de l'autoroute 20 annonçant un circuit de karting. Je n'avais jamais fait de karting et je me suis dit que ce serait sympathique de payer à Serge une séance de karting pour son anniversaire. Par conséquent, je m'offrirais aussi une première expérience sur un « vrai » circuit de courses. Précisons tout de suite qu'il s'agissait de simples « go karts » sans trop de puissance, mais c'était peu important à mes yeux. Dès que je me suis retrouvé derrière le volant et que j'ai négocié le premier virage, j'ai senti l'adrénaline couler dans mes veines. Je me sentais comme un vrai pilote sur une vraie piste. Chaque courbe était plus belle que la précédente. Je n'avais rien vu d'aussi beau que ces vibreurs qui les ceinturaient amoureusement. Notre trop courte séance terminée je me suis retrouvé dans la salle d'exposition où j'admirais les karts de compétitions qui étaient à vendre. C'était clair qu'il me fallait m'en acheter un. Les longues heures passées au garage venaient de prendre tout leur sens parce qu'en plus de continuer de rembourser mon oncle, j'avais réussi à me mettre de côté 2 000 dollars[17]. Or, à ma grande joie, il y avait un kart avec un moteur neuf monté sur un vieux châssis 1982 qui était à vendre pour 1 500 dollars ! Ce soir-là, je suis rentré à la maison avec beaucoup de projets en tête. Il me fallait ce kart avec lequel je pourrais amorcer ma carrière de pilote ! J'y pensais tous les jours, matin, midi et soir. J'ai eu l'irrésistible envie à chaque instant de vider mon compte de banque et d'aller à Saint-Hilaire pour acheter ce nouvel objet tant désiré. Toutefois, j'avais 17 ans et je me sentais obligé d'en glisser un mot à mes parents, même si c'était de mon argent qu'il s'agissait et que je pouvais bien en faire ce que bon me semblait. Cela dit, le moment était venu de partager avec mes parents mon ambition secrète, celle de devenir pilote de course.

Secret révélé

C'est arrivé un samedi soir, dans une cabane à sucre[18] de Saint-Damase, alors que nous assistions à une soirée où l'on

17. Autour de 1 345 euros (selon le taux de change d'aujourd'hui).

18. Bâtiment construit à l'intérieur d'une propriété agricole dans une forêt d'érables, destiné à la fabrication du sirop d'érable.

rendait hommage à Jean-Paul Cabana dont la carrière a été des plus réussies, lui qui a gagné plus de 500 courses. Voyant mes parents l'applaudir à tout rompre, je me suis alors dit que c'était le moment de tenter ma chance. « Il doit être ému », ai-je dit timidement. « Il peut être fier, c'est tout un pilote de course, un de nos meilleurs », me répond mon père. Je lâche le morceau : « Moi aussi, un jour, j'aimerais ça devenir pilote de course. » Mon père s'est tourné vers moi, incrédule. Nos regards se croisent. Ma mère fait mine de ne pas avoir entendu et continue d'applaudir sans me regarder. J'en rajoute. « Ça fait un moment que j'y pense et c'est ce que j'aimerais comme carrière. Je veux être coureur automobile. » Cette fois, mon père fronce les sourcils et ma mère tourne légèrement la tête en ma direction. « Oublie ça, tranche mon père. C'est impossible. Pense à faire autre chose. » Mais il n'est pas question de reculer. J'ignore ce qu'il vient de dire et lui expose mon projet. « J'ai de l'argent de côté et je vais m'acheter un kart de compétition », leur annoncé-je, sans ménagement. Cette fois, j'ai toute l'attention de ma mère aussi qui ne manque pas de lancer un regard par lequel elle implore mon père de me faire entendre raison. « Il n'en est pas question, lance-t-il sur un ton sec. Tu n'as aucun avenir là-dedans. Tu n'as aucun talent naturel pour la course, on l'a bien vu avec ta voiture ! Ça t'a pris combien de temps pour l'échapper dans une courbe ? Oublie ça, Bertrand, tu ne feras jamais carrière en course automobile. C'est irréaliste. » Je le regarde avec autant d'assurance que de scepticisme. J'ai peut-être même un petit sourire qui en dit long. Ma mère semble découragée. Mon père est déterminé à me convaincre d'abandonner mon projet. « As-tu la moindre idée du nombre de jeunes pilotes qui poursuivent cette ambition-là ? As-tu idée de ce que ça peut coûter que de tenter sa chance en course automobile ? C'est un sport de riches. Tu perds ton temps. » J'ai envie de le contredire, de lui rappeler que Gilles Villeneuve et Jean-Paul Cabana ne provenaient pas de familles riches, mais je sais que ça ne servirait à rien. Mon père était fort autoritaire et n'acceptait pas que l'on conteste ses prises de position. J'aurais dû continuer de garder secrètes mes ambitions. J'aurais dû me douter que mes parents ne pouvaient comprendre à quel point j'étais habité par une passion qui me dévorait de l'intérieur et que ce kart, peu importe ce qu'ils en pensaient, je me le procurerais à la première occasion, quitte à défier leur autorité. Quitte à devoir attendre d'atteindre l'âge de la majorité. Parce que c'est bien connu, dès que l'on a 18 ans, on peut faire tout ce que l'on souhaite sans avoir à se préoccuper de ce qu'en pensent nos parents. C'est du moins ce que l'on se dit à 17 ans...

Mon premier kart

Quelques mois plus tard, c'était en novembre, je profite de l'absence de mon père pour réaffirmer à ma mère mon intention de me procurer un kart de compétition. Mon anniversaire étant en novembre, j'ai atteint l'âge adulte. On est en après-midi, peu après 15 h, mon père vient de partir, lui qui travaille de nuit. Si j'avais une chance d'obtenir la permission d'acheter un kart, ce serait auprès de ma mère avec qui il était beaucoup plus facile de dialoguer et surtout, que je me savais plus capable de convaincre que mon père. Cette fois, c'est à mon tour de le dire sur un ton qui n'accepte pas la réplique. Je la défie du regard, mais en réalité je suis terrifié. Si elle me rabroue, c'en est fait. Je suis un enfant, même si je suis désormais légalement entré dans l'âge adulte, trop obéissant pour être vraiment capable d'aller complètement à l'encontre de mes deux parents. Il me faut obtenir au moins la bénédiction de l'un des deux, ainsi l'autre finira par se laisser convaincre. Ma mère me regarde longuement avec tendresse et hausse les épaules : « Si c'est ce que tu veux vraiment, vas-y. Je ne peux pas t'en empêcher. » J'ai envie de lui sauter au cou, de la remercier, mais à bien y penser, ce serait une réaction beaucoup trop enfantine. Après tout, je suis maintenant un homme. Et à 18 ans, on garde ses émotions pour soi, surtout devant sa mère. « C'est ce que je veux vraiment », ai-je donc réitéré fermement avant d'aller téléphoner à mon ami Serge pour lui demander de m'accompagner à Saint-Hilaire. Je n'ai toujours pas de voiture, mais lui en a une, ainsi qu'un *trailer*[19] sur lequel on pourra embarquer mon nouveau kart. Aussi excité que moi, Serge s'amène rapidement, puis nous descendons à Saint-Hilaire. La route me semble interminable, et je prie en silence pour que le kart que je convoite n'ait pas été vendu. J'entends dans ma tête le vendeur me dire qu'il vient tout juste de trouver un acheteur, que nous sommes arrivés cinq minutes trop tard. « Tu roules donc bien lentement ! » lancé-je à Serge dans l'espoir de le voir appuyer sur l'accélérateur. « J'essaie de garder ma voiture le plus longtemps possible. Me semble que ça doit être plutôt moche de continuer de faire des paiements sur une voiture que l'on a *scrapée*[20] », rétorque Serge avec un sourire moqueur qui me fait rager intérieurement. Je me renfrogne et ne dis plus rien jusqu'à notre arrivée à Saint-Hilaire où, la voiture à peine stationnée, j'en sors à la vitesse de l'éclair pour me précipiter dans la salle d'exposition. Je balaie les lieux

19. Remorque.

20. Démolie.

d'un regard affolé. Dans l'énervement, je cherche ce kart qui me fait rêver depuis des semaines. Je finis par le trouver, là où il était le 7 août dernier. Dieu merci, le kart que je suis venu acheter est toujours à vendre. Je suis excité comme un enfant. Je tremble en déposant les 15 billets de 100 dollars[21] sur le comptoir. Sur le chemin du retour, je ne cesse de me retourner pour admirer mon bolide. Cette fois, je trouve que Serge roule trop vite et je le sermonne : « Tu devrais ralentir. On ne voudrait pas perdre le kart ! » Je ne sais pas pourquoi, il a trouvé ça très drôle. Je pense même qu'il a accéléré.

La réaction de mon père

Arrivé à la maison, j'ai placé mon kart sous l'établi où, je le savais, mon père ne manquerait pas de le remarquer à l'aube, lorsqu'il reviendrait du travail. C'était ma façon de lui signifier qu'à partir de maintenant, fort de la permission de maman, j'étais un homme capable de lui tenir tête et de prendre ses propres décisions. Ouais, un homme... N'empêche que j'étais terrifié. J'imaginais déjà sa colère. J'avais beau tenter d'imaginer un moyen de lui faire avaler la pilule, l'inspiration me manquait cruellement. Cette nuit-là, j'ai très mal dormi. À 6 h du matin, lorsque j'ai entendu la porte de garage s'ouvrir, signalant l'arrivée du paternel, j'étais pétrifié sous les couvertures. Mon cœur battait à tout rompre. D'ordinaire, lorsque mon père montait à l'étage le matin, il gravissait les marches lentement. Ce matin-là, il courait plutôt dans l'escalier et son pas décidé résonnait lourdement dans ma tête. La porte de ma chambre s'est ouverte brusquement. Je me suis alors blotti la tête

21. Autour de 67 euros (selon le taux de change d'aujourd'hui).

sous l'oreiller, pour me protéger de la claque qui suivrait inévitablement. J'ai cessé de respirer lorsque mon père a prononcé mon nom : « Bertrand... » Je faisais le mort. Il a répété : « Bertrand... » J'attendais la suite. Le jugement, la condamnation, puis la sentence qui serait impitoyable. « On va l'essayer ? » Sur le coup, j'ai fermé les yeux, convaincu que je venais de trépasser. Puis, mon cerveau m'a répété la question. Mon corps s'est détendu. À sa façon, mon père venait d'approuver mon geste. Une fois de plus, mes peurs étaient injustifiées. Après tout, mon père était lui aussi un amateur de courses et, malgré ses objections, il m'enviait probablement d'avoir encore cette jeunesse qui permet de poursuivre les rêves les plus insensés. Au petit-déjeuner, pour la première fois de mon existence, mon père et moi avons eu une discussion d'homme à homme. Je ne me sentais plus comme le petit enfant qui baisse la tête et obéit docilement. « Tu sais, Bertrand, c'est ton choix, c'est avec ton argent que tu as décidé de t'acheter ce kart. Je continue de croire que c'est de la folie, mais, bon, je préfère ce genre de folie à celles que commettent d'autres ados qui se droguent ou se saoulent. Mais soit bien conscient d'une chose. Nous n'avons pas les moyens de t'aider dans cette voie-là. Si tu veux faire de la course, tu devras te débrouiller, ne compte pas sur nous. » Étrangement, ses paroles me sont d'un grand réconfort. J'avais beau être un rêveur, je savais pertinemment que les salaires d'un camionneur et d'une coiffeuse ne pourraient être suffisants pour investir dans ma carrière de pilote automobile. « Papa, je te l'assure, il n'y en a pas de problème. » Après avoir terminé notre petit-déjeuner, nous avons monté le kart dans la remorque et sommes allés sur le circuit de Saint-Hilaire pour « essayer » mon nouveau jouet. Tour à tour, nous nous sommes éclatés en piste, et j'ai vu mon père sous un nouveau jour. Maintenant que nous pouvons nous parler entre adultes, nous jouons ensemble comme des enfants !

CHAPITRE 9

En piste avec… le frère et le fils de Gilles !

J'ai passé l'hiver à rêver à l'été 1986, celui où je m'inscrirais au championnat maison du circuit de Saint-Hilaire. Je travaillais à temps plein au garage, et tous mes temps libres étaient consacrés à astiquer mon kart, à en explorer la mécanique millimètre par millimètre. En avril, nous déménagions à Waterloo où mes parents et mon oncle Gérald avaient acheté un garage dont j'aurais à m'occuper au quotidien. Une responsabilité accaparante, mais qui est loin d'être, à mes yeux, une priorité. Un mois après l'ouverture du garage, c'est le début de la saison de karting au circuit de Saint-Hilaire. J'allais y disputer ma première course du championnat maison. Nous étions une vingtaine de compétiteurs. Les essais débutaient tôt le samedi matin, et à midi, la course était terminée. J'ai préparé ce moment pendant tout l'hiver, en regardant des vidéocassettes de courses de F1, en lisant et relisant chaque document qui traitait de courses ou de techniques de pilotage, en visualisant le circuit de Saint-Hilaire où aurait enfin lieu cette première course. Je me sentais donc fin prêt. Je n'avais pas les moyens de disputer chaque course de ce championnat maison. J'avais désormais une voiture, une Renault 5 usagée que m'avait vendu mon père. Mon budget ne me permettait de disputer que quatre courses, ce qui représentait environ 1 000 dollars[22] pourvu que je n'endommage pas trop mon kart. C'était beaucoup d'argent pour moi qui consacrait 80 heures par semaine à travailler au garage qu'avaient acheté mon père et mon oncle pour un salaire de 160 dollars[23]. Chaque course était donc fort importante et chaque dollar dépensé devait l'être judicieusement. Je me suis qualifié en milieu de peloton. J'étais quelque peu déçu, mais déterminé à prouver ma valeur en remontant mes adversaires. Ma victoire n'en serait que plus spectaculaire. Le départ est donné et j'ai le pied au plancher, mais rapidement je me fais dépasser par la droite, par la gauche. Je ne comprends pas. Mes trajectoires me semblent pourtant parfaites, négociées à la limite comme j'ai appris à le faire dans les livres et les vidéos sur les techniques de pilotage. Quand la course fut terminée, je suis rentré penaud chercher ma feuille de temps. J'étais conscient que j'avais perdu des places, mais jamais je n'aurais imaginé pire scénario : j'ai terminé avant-dernier... parce que le dernier n'avait pu prendre le départ. Là, j'étais franchement découragé. Je me demandais dans quoi je m'étais embarqué. Serais-je aussi nul derrière un volant que je l'étais au baseball ? Avais-je du talent pour quelque chose ? Le doute s'était installé. Lorsque je suis rentré à la maison, mes parents ont bien sûr voulu savoir comment s'était déroulée cette première course. J'ai commencé par marmonner quelque chose d'incompréhensible. Je n'avais pas vraiment envie de leur dire la vérité, mais ils ont insisté suffisamment pour que je n'aie pas d'autre choix. Quand je leur ai

22. Autour de 670 euros (selon le taux de change d'aujourd'hui).

23. Autour de 107 euros (selon le taux de change d'aujourd'hui).

dit que j'avais terminé avant-dernier, ils m'ont rappelé qu'ils m'avaient prévenu. « On te l'avait dit que ce serait difficile. Et encore, ce n'était qu'une course d'un championnat maison. Même ceux qui ont terminé sur le podium ne feront probablement jamais carrière en course automobile », m'a dit mon père, qui me semblait toutefois un peu déçu cette fois d'avoir eu raison.

Freins défectueux

Cette nuit-là, j'ai mal dormi, mais il est vrai que la nuit porte conseil. Ainsi, au réveil, j'étais plus déterminé que jamais à corriger mes erreurs et mieux préparer mon kart. Je me suis procuré des bouquins spécialisés et entre deux clients, je démontais mon kart au garage. C'est alors que j'ai réalisé que j'avais disputé cette première course avec des freins défectueux qui « collaient ». Peut-être n'étais-je pas si nul que ça, après tout. J'ai remplacé mes freins, remonté mon kart, puis c'est avec confiance que je me suis présenté à ma deuxième course, même si cette fois mes amis qui étaient venus nombreux m'encourager la première fois avaient trouvé mieux à faire, probablement convaincus que j'allais encore terminer loin derrière le peloton. Encore une fois, en qualifications, je ne réussis pas à faire mieux que d'obtenir une place en milieu de peloton. Le scénario semble se répéter, et je suis quelque peu ébranlé. Il y a également un sentiment de rage qui m'habite. Pas question de terminer dernier ou avant-dernier. Je vais me battre pour améliorer mon sort et gagner des places. C'est mon avenir qui en dépend. Il s'agissait d'une course Enduro de 50 tours, j'aurais donc le temps de rattraper mes rivaux. Toutefois, dès le départ, je me fais dépasser par la droite, puis par la gauche. J'ai le pied au plancher et je suis en colère. J'essaie de ne pas y penser, et surtout je m'efforce d'être le plus rapide, le plus précis en contrôlant mon agressivité dans les virages. Je suis crispé jusqu'à ce que je réussisse mon premier dépassement. Quel soulagement ! Ça me donne des ailes. Je recommence à y croire. À partir de ce moment, je n'ai plus qu'un objectif : aller dépasser le prochain qui est devant moi. Puis, le suivant. Et l'autre... Ce que je fais. Plus la course progresse, moins je sais où je me situe parmi les autres compétiteurs. On est en karting, il n'y a pas d'ingénieur ou de mécanos pour vous indiquer, sur le bord de la ligne de départ et d'arrivée, votre classement ou les écarts vous séparant des autres. Qu'importe que je sois 10e ou 3e, je me dis qu'à force de dépasser ceux qui sont devant, je finirai bien par avoir un bon résultat. Et c'est ce que je continue à faire inlassablement, toujours plus fier, toujours plus satisfait à chaque fois que je réussis un dépassement. Enfin, je m'amuse. Le sentiment qui m'habite est le plus beau qui soit, l'euphorie qui m'envahit est la plus douce que j'ai connue. Tant et si bien que j'étais déçu en voyant le drapeau blanc annonçant le dernier tour de piste. Je n'avais vraiment pas envie de m'arrêter. La course terminée, je me suis dirigé dans l'allée des puits vers l'emplacement qui m'avait été désigné. Le directeur de courses s'est immédiatement dirigé vers moi. Que me voulait-il ? Qu'avais-je donc fait de répréhensible ? J'étais convaincu qu'il venait me sermonner. Au contraire, il m'a tendu la main et m'a félicité. « Quelle performance, mon Bertrand ! Une première victoire à ta deuxième course à vie. Wow ! » J'avais gagné la course sans jamais m'en douter. Sur le podium, avec mon petit trophée dans les mains, j'étais l'homme le plus fier au monde. Je n'avais personne à qui le montrer, j'étais tout seul de ma gang[24]. Mais qu'importe, c'était

24. Groupe de personnes ayant un élément commun.

un moment inoubliable. Ce trophée ne valait probablement que quelques dollars, mais je l'ai toujours chez moi où il occupe une place de choix. Cela dit, à défaut d'avoir des partisans pour m'acclamer, j'avais hâte de rentrer à la maison et d'exhiber mon précieux trophée. Cette fois-ci, mes parents étaient vraiment fiers de moi, et j'ai eu l'impression qu'ils commençaient à croire que mon rêve était possible. Autant je les avais sentis déçus deux semaines plus tôt, autant je voyais maintenant des étincelles dans leurs yeux.

Un championnat en vue

Il me restait deux courses à disputer cette saison-là, dont le Championnat canadien de karting qui était présenté à Sanair le 10 août 1986. Je m'en souviens comme si c'était hier parce que Jacques Villeneuve, l'oncle, y avait amené son neveu Jacques, le fils de Gilles. Je n'avais aucune idée de ce qui m'attendait alors qu'à bord de ma Renault 5 toute déglinguée je me dirigeais, sous une pluie battante qui ne semblait pas vouloir battre en retraite avant l'issue de la fin de semaine, vers la piste de Saint-Pie-de-Bagot, avec une remorque presque plus grosse que ma voiture transportant mon kart et mon coffre à outils. C'était non seulement un Championnat canadien, contrairement aux petites courses locales où j'avais fait mes premières armes, mais c'était comme un véritable Grand Prix de Formule Un s'échelonnant sur trois jours. Tandis que je me présentais à cette compétition avec quelques dollars en poche, un vieux kart remis en état, une vieille sous-compacte[25] pour m'abriter et un coffre à outils qui était en réalité une simple boîte de carton, d'autres, dont le clan Villeneuve, étaient arrivés drôlement bien préparés, et surtout équipés à la fine

25. Une voiture de très petite dimension.

pointe de la technologie. Dans mon « coffre à outils », il y avait une paire de pinces, une jauge à pneus, du lubrifiant à moteur et quelques chiffons. C'est tout. Je n'avais ni équipement ni pièces de rechange. Il en allait tout autrement autour de moi où la plupart des coureurs, dont bien sûr Jacques Villeneuve, étaient entourés d'équipes de mécanos qui besognaient sur leurs karts avec la même fébrilité que l'on retrouvait dans les paddocks de la F1. Certains avaient des autocaravanes où ils pouvaient se prélasser, à l'abri de la pluie. Pour ma part, je passais plutôt la fin de semaine à essayer de me « faire sécher » dans ma voiture ! Si j'étais impressionné par l'opulence dont faisaient preuve certains de mes compétiteurs, je n'avais aucun complexe et je n'étais que plus fier de m'apprêter à croiser le fer avec eux. Cela dit, je sentais que je manquais cruellement d'expérience pour participer à une épreuve de ce calibre. Je voyais aussi que je ne rivalisais pas à armes égales avec ceux qui sortaient des autocaravanes avec des vêtements secs tandis que mes bas séchaient tant bien que mal suspendus sur le miroir de ma Renault 5 ! Rien n'allait toutefois me priver de mon bonheur de participer à une vraie course, rien n'allait freiner mon enthousiasme, pas même la pluie battante et mes modestes moyens. Le bruit des moteurs, l'odeur de l'essence, de l'huile et des pneus qui s'usent sur la piste : tout ça me grisait et me faisait oublier tout le reste.

Le battage médiatique

De la même façon me suis-je laissé entraîner dans le tourbillon médiatique qui entourait ce Championnat canadien sans vraiment réaliser ce qui se passait autour de moi. Je ne comprends rien à ce cirque, mais me voilà, à ma troisième course seulement en karting, avec un micro de CKAC sous le nez et un jeune journaliste qui me demande de lui parler de Villeneuve fils comme si je le connaissais mieux que quiconque ! C'est le premier journaliste que je vois en chair et en os de ma vie. Je suis un peu surpris parce qu'il a l'air aussi jeunot que moi. Je croyais alors que tous les journalistes étaient de vieux messieurs. Ce sera la toute première entrevue que j'aurai accordée. Au départ, je ne réalise pas trop qui il est, et ce qu'il fait. Quand il me demande mon opinion sur le jeune Jacques Villeneuve, je crois qu'il le connaît personnellement, qu'il fait partie de son entourage. « Vous êtes parents ? » lui demandé-je. « Non, mon nom est Charles-André Marchand et je travaille à CKAC », répond-il avant de me demander de lui accorder une courte entrevue, ce que j'accepte. Pendant que je réponds aux questions de Charles-André, je vois, du coin de l'œil, Gilles Bourcier, de *La Presse*, et Pierre Lecours, du *Journal de Montréal*, des vétérans de la presse écrite s'approcher, calepin de notes à la main, puis, quelques instants plus tard, c'est une caméra de télévision de la SRC qui avance vers nous. Me voilà entouré de quatre journalistes et un caméraman avec deux micros sous le nez ! Je ne suis pas prêt d'oublier ce baptême médiatique ! Soudainement, j'ai l'impression d'être un vétéran de la course automobile à qui l'on demande de parler de cet adolescent de 15 ans qu'est Jacques Villeneuve et qui semble destiné à suivre les traces de son célèbre père. D'ailleurs, je ne me gêne pas pour les rappeler à l'ordre en déclarant le plus sérieusement du monde : « Je suis content que vous vous intéressiez tant à Jacques, mais je trouve aussi que c'est un peu injuste pour les pilotes qui comme moi fréquentent régulièrement les circuits et ne reçoivent pas autant d'attention médiatique. » Je n'en suis peut-être qu'à ma troisième course, mais ça, de toute évidence, ils ne le savent pas. Et c'est vrai que ça m'apparaissait un peu injuste puisqu'à mes yeux tous les pilotes de course sans exception méritent que l'on s'intéresse à eux. Depuis des années que je déplore la timide couverture médiatique du sport automobile au Québec, voilà que des journalistes me donnent l'occasion de m'exprimer. Je n'étais pas pour m'en priver ! Après tout, ce sont eux qui m'ont approché comme si j'étais un vieux de la vieille ! Le lendemain, je me vois en page frontispice du quotidien de Granby, *La Voix de l'Est*... derrière Jacques Villeneuve ! J'en étais fier, même si je n'étais dans la photo que par un simple hasard. Je prenais aussi la mesure de l'intérêt que suscitait mon jeune rival et bientôt nouvel ami. Décidément, ça me semblait étrange que les journalistes surveillent de près les débuts d'un adolescent de 15 ans, même s'il était le fils d'un pilote légendaire. Je trouvais tout aussi étrange le fait qu'ils m'encerclaient, moi, un illustre inconnu, pour m'arracher des commentaires sur cet adversaire que je ne connaissais que par la notoriété de son père.

Bagarre avec Villeneuve

Le circuit sur lequel nous allions disputer le Championnat canadien avait été redessiné à l'intérieur de la piste triovale de Sanair et les installations qui y avaient été aménagées étaient des plus professionnelles. Dès les premiers essais du vendredi, malgré la pluie, j'ai pu me bagarrer à la régulière avec le jeune Villeneuve. C'est le cas de le dire, notre premier contact s'est fait en piste lorsque nos roues se sont touchées. Manifestement, il avait déjà un bon coup de volant malgré son jeune âge. Nous nous sommes tellement amusés qu'à notre retour dans les puits, nous sommes allés à la rencontre l'un de l'autre pour fraterniser, moi avec ma combinaison complètement détrempée, lui avec sa combinaison à peine humide qu'il fera sécher avant de reprendre la piste. Alors que nous faisons connaissance près de l'autocaravane des Villeneuve, je reconnais l'homme qui discute avec l'oncle Jacques et la femme qui est à ses côtés. Ce sont les parents de Gilles ! Séville et Georgette Villeneuve sont ici. Les parents de mon idole sont là, à quelques mètres de moi. Leur petit-fils Jacques continuait de me parler, mais je ne l'écoutais plus, le regard béat d'admiration rivé sur ses grands-parents comme s'il eut s'agit de super vedettes. C'est là que ça m'a frappé de plein fouet. J'étais entré dans l'univers de la course automobile. Voilà que j'étais dans l'antre du clan Villeneuve, à me lier d'amitié avec le fils de Gilles et sur le point de faire la connaissance de son frère ainsi que de ceux qui avaient eu le mérite de donner la vie à mon idole ! Je ne le savais pas encore, mais bientôt, l'amitié qui se développera entre Jacques et moi m'amènera chez Séville, à Berthier, là où Gilles a grandi. Là où bien avant la construction d'un musée à l'honneur de Gilles Villeneuve, j'aurai la chance de découvrir des centaines de souvenirs de ce prodigieux pilote qui nous a quittés trop tôt. Je revois Séville, son sourire éclatant et chaleureux, m'accueillir chez lui à bras ouverts, puis me guider à travers les souvenirs de son fils. Tel un ange protecteur, Gilles Villeneuve était désormais bel et bien présent dans ma vie. C'était, à mes yeux, un coup du destin qui m'entraînait corps et âme dans cet univers fascinant dont j'avais tant rêvé, soit la course automobile.

Départ en position de tête

J'ai pris le départ de ce Championnat canadien en position de tête, non pas en raison d'une excellente qualification, mais plutôt par un coup de chance lors du tirage au sort qui déterminait alors la grille de départ. Autour de moi, tout le monde me semblait soudainement beaucoup plus expérimenté que moi ou, à l'instar d'un Jacques Villeneuve, beaucoup mieux entouré. Je me sentais bien seul dans ma combinaison alourdie par trois jours de pluie, et fort mal à l'aise devant les caméras de télévision et les journalistes qui allaient m'observer. Pendant trois jours, je me suis laissé prendre au jeu, mais en ce dimanche pluvieux de la mi-août 1986, alors que je m'apprête à prendre le départ d'un Championnat de karting, je réalise que j'ai encore beaucoup à apprendre avant de prétendre être au plus haut niveau, que le travail ne fait véritablement que commencer si je veux, un jour, être un véritable pilote de course dans les rangs professionnels. Derrière moi, il y a certains des meilleurs pilotes de karting au pays, venus de partout du Québec et d'Ontario. Il y en a même des Maritimes. J'en ai le vertige et j'essaie de chasser ces pensées de mon esprit afin de me concentrer sur la course qui est sur le point de débuter. J'essaie de remplacer mon analyse lucide par des pensées positives. Après tout, je pars en position de tête et je n'ai qu'à la protéger. J'ai gagné la dernière fois après être parti en milieu de peloton, alors je n'ai qu'à enfoncer l'accélérateur, bien négocier mes virages, et je monterai à nouveau sur le podium. Le départ est donné, et je dois aussitôt céder la 1re place à un rival plus rapide. Avant même que le 1er tour soit complété, j'aurai perdu plusieurs positions.

Mon kart numéro 26 terminera loin derrière les meneurs. Ce sera une course à oublier, mais une fin de semaine mémorable dont je suis ressorti plus motivé que jamais. Ce fut une fin de semaine déterminante où j'aurai rencontré des gens qui allaient prendre beaucoup d'importance dans ma vie. Gilles Bourcier, journaliste de sport automobile, allait jouer un rôle essentiel dans ma carrière naissante, Jacques Villeneuve l'oncle allait me permettre de gagner ma vie dans le sport automobile, sans compter Jacques Villeneuve le fils et l'animateur de radio Charles-André Marchand. Ils allaient tous devenir des amis et confidents.

CHAPITRE 10

Envers et contre tous

Quelques jours après le Championnat canadien de karting de 1986, je reçois un appel de Jacques. « Salut, Bertrand, me lance le fils de Gilles sans plus de cérémonie. Je vais passer les prochaines semaines chez mon grand-père Séville à Berthier et je me disais que ce serait plaisant de faire des trucs ensemble. » Il est alors âgé de 16 ans et profite de son séjour au Québec pour suivre son cours de conduite automobile afin d'obtenir son permis de conduire, ce qu'il ne peut faire en Europe à l'époque. On convient d'aller passer une journée à La Ronde. Je suis allé le chercher chez lui à Berthier, puis nous avons roulé ensemble jusqu'à Montréal où nous avons laissé la voiture au parc de stationnement de la Place Versailles[26], pour ensuite nous rendre sur l'île Sainte-Hélène en métro. En sortant de la station de métro, située tout près du circuit Gilles-Villeneuve, ça me fait tout drôle d'être là avec le fils de ce pilote dont la piste de l'île Notre-Dame porte maintenant le nom. Bien entendu, je me garde de dire quoi que ce soit à ce sujet à Jacques. Nous avons passé une journée divertissante où nous

26. La Place Versailles est un centre commercial.

avons essayé tous les manèges. À peine débarqués d'un manège, nous nous précipitions vers le suivant. Quand c'était possible, nous sommes retournés dans les manèges les plus « périlleux ». Puis, Jacques et moi avons attaqué les arcades de La Ronde. Nous nous affrontions dans chaque jeu où il était possible d'avoir une compétition, un face à face. Il était aussi compétitif que moi. Si l'un battait l'autre à un jeu, un match revanche était aussitôt exigé de la part du perdant. Il était mon cadet de deux ans, mais je découvrais que nous avions beaucoup en commun. Ce fut la naissance d'une belle amitié. Puis, lorsque la dernière pièce de monnaie fut dépensée, nous nous sommes résignés à rentrer. Cependant, nous avions oublié un détail important. Nous n'avions plus un traître sou pour prendre le métro et retourner chercher ma voiture. Il nous a fallu parlementer avec le préposé du métro qui, de guerre lasse, nous a finalement laissé passer sans payer. Nous avons donc pu rentrer à la maison en nous promettant de nous revoir plus souvent au cours de l'été. C'est ainsi que je me suis retrouvé régulièrement chez les Villeneuve où nous allions, Jacques et moi, faire du motocross, ou encore donner un coup de main à l'oncle qui, dans son garage, ne cessait de travailler sur la mécanique de ses karts. Quand Jacques est reparti en Europe, au Collège Beausoleil, nous gardions le contact par correspondance. L'été suivant, lorsque Jacques rentre au Québec, il me rappelle et me demande d'aller le rejoindre chez son oncle. Nous avons alors passé la journée ensemble dans le garage. J'étais à la fois émerveillé et impressionné par la passion de l'oncle Jacques pour tout ce qui touchait la mécanique. Le lendemain, nous nous sommes rendus ensemble à Saint-Hilaire où devait avoir lieu une compétition à laquelle les Villeneuve envisageaient de participer.

J'avais, à tout hasard, aussi apporté mon kart. La course a toutefois été annulée à cause de la pluie. Qu'à cela ne tienne, malgré la pluie, nous nous étions disputés avec quelques amis, une manche « hors championnat » de karting. Avec les deux Jacques Villeneuve, René Fagnan, Gilbert Labrecque et Bruno Therrien, nous nous étions éclatés sur la piste détrempée pendant des heures. Sur le chemin du retour, Jacques est passager à bord de ma voiture. Nous tirons la remorque dans laquelle sont nos deux karts. On rigole encore de notre folle course lorsque je sens la remorque que je traîne avoir de drôles de comportement sur la route. Je comprends rapidement que c'est à cause d'une crevaison. Une autre, devrais-je préciser, parce qu'en allant à Berthier chercher Jacques et son kart, j'en avais déjà eu une la veille. Et là, vous avez deviné, je n'ai plus de pneu de secours. Nous sommes au milieu de nulle part sur la route 112. Je m'immobilise en bordure de la route. Il est hors de question de continuer à traîner la remorque avec un pneu crevé. « On fait quoi là ? » me demande Jacques. « Il va falloir que j'aille chercher un pneu de rechange. Mais je n'ai pas un sou sur moi. » Il hausse les épaules et me tend un billet de 50 dollars[27]. « Tu crois que ce sera suffisant ? » Ouais, on a beaucoup en commun, sauf les moyens financiers, me dis-je. « Il y a un autre problème. Il faudrait laisser la remorque ici pendant que je vais aller au garage. Mais on ne peut tout de même pas laisser nos karts ici sans surveillance ! » Encore une fois, Jacques semble trouver que c'est un faux problème. « Tu n'as qu'à me laisser ici. Je vais surveiller les karts, c'est pas plus compliqué que ça. » C'est ainsi que j'ai abandonné le fils de Gilles, âgé de 16 ans, au beau milieu d'un champ, pour surveiller la remorque et nos deux karts, pendant que j'allais

27. Autour de 32 euros (selon le taux de change d'aujourd'hui).

à la recherche d'un pneu de secours. Je suis finalement revenu plus de 90 minutes plus tard. Loin d'être énervé, Jacques jasait plutôt mécanique avec le propriétaire d'un magasin de motos situé à proximité. Décidément, avec le fils de Gilles, il n'y avait jamais de retour à la maison sans histoire ! Cet été-là, nous avons aussi été voir l'oncle Jacques disputer une manche du Championnat Can-Am, à Sanair. Je ne rêve plus de sport automobile, je gravite désormais dans son univers. Mais cela ne se fait pas sans heurts.

Tensions au garage

Mon oncle Gérald, pour qui je travaille au garage, insiste pour que je m'investisse davantage dans ce métier de garagiste que lui et mon père semblent avoir choisi pour moi. En fait, ils souhaitent me voir racheter le garage, rien de moins, et m'y consacrer pleinement. Gérald est d'abord entrepreneur-électricien, et mon père, camionneur. Ma mère a délaissé la coiffure pour s'occuper de la comptabilité et de l'administration du garage dont j'ai, pour le reste, l'entière responsabilité des opérations. Ce n'est pas un travail que je déteste parce que j'aime la mécanique et surtout le contact avec les clients. Ça ne me dérange pas d'y consacrer de longues heures, mais ma véritable passion est ailleurs. Je ne me vois pas, malgré l'insistance de mon entourage familial, m'encombrer d'un garage. Pendant l'hiver, je ne pensais qu'à ma deuxième saison de karting. Je m'y étais préparé afin de pouvoir l'entreprendre au même niveau que les meilleurs de la spécialité, et le travail au garage n'était pour moi qu'un prétexte pour gagner un peu d'argent tout en améliorant mes connaissances en mécanique. La course est ma véritable passion, et je sens que mon oncle développe une aversion pour le sport automobile. Mon kart, qui est alors en permanence dans le garage, devient pour lui une source d'irritation. Ainsi, un jour, il m'annonce que je devrai trouver un autre endroit pour l'entreposer et m'installer pour travailler dessus. « Si tu tiens à le garder, faudra le mettre dans la cave », tranche-t-il sans appel. Or, la cave est d'une hauteur d'environ un mètre et demi. Durant tout l'hiver, je travaillerai la mécanique de mon kart, le dos courbé. Mon acharnement l'agaçait où, à défaut d'avoir eu raison de cette passion, il en devenait parfois agressif. Si une pièce du kart se trouvait sur son chemin, il la lançait à bout de bras avec une méchanceté non dissimulée. Nous habitions au-dessus du garage, mais jamais ne me suis-je aussi peu senti chez moi, mon oncle n'hésitant pas à me rappeler qu'il était propriétaire de l'édifice. Ce qu'il ne réalisait pas c'est que plus il tentait de faire obstacle à mon rêve, plus je sentais que ma détermination était inébranlable.

Un nouveau kart

Ma persévérance allait porter ses fruits, car à l'été 1987 je me suis battu aux avant-postes pour le Championnat du karting Saint-Hilaire pendant toute la saison. Mon budget était limité, mes connaissances aussi, mais au moins les résultats étaient enfin à la hauteur de mes ambitions. À l'issue de la saison, j'en viens à la conclusion que je suis prêt pour passer à une autre étape, à délaisser la catégorie des karts avec moteurs à quatre-temps, simples moteurs de tondeuses à gazon, pour les moteurs deux-temps, plus rapides et plus compétitifs. La carrosserie de ces karts de catégorie F-100, comme on les appelait à l'époque, ressemblait quelque peu à celle des F1 et me plaisait d'autant plus. J'ai donc vendu mon kart pour le remplacer par un 100 cc usagé. Mon oncle n'a guère apprécié ce nouvel achat qui devenait à ses yeux un nouvel acte de désobéissance. Désormais, mon kart n'est plus le bienvenu dans le garage, pas même dans le sous-sol. « L'hiver prochain, c'est dans le cabanon que tu iras jouer sur ton kart », m'annonce-t-il dédaigneusement. L'idée de passer l'hiver dans un cabanon non chauffé afin de préparer mon nouveau kart pour la prochaine saison ne m'enchantait pas trop. Fort heureusement, j'avais développé de belles amitiés dans le monde du karting dont une avec Gilbert Labrecque, qui avait l'appui indéfectible de son père. Quand j'ai raconté mon histoire à monsieur Labrecque, il m'a immédiatement proposé d'utiliser son garage, à Longueuil, pour entreposer et travailler sur mon kart. « Tu pourras venir y travailler quand tu veux », m'a-t-il dit. Une offre que je me suis empressé d'accepter, même si Longueuil se trouvait à environ 90 minutes de chez nous. C'est ainsi que cet hiver-là, j'allais, à la fermeture du garage à 22 h 30, partir de Waterloo pour me rendre à Longueuil où j'arrivais vers minuit. Je travaillais le kart jusqu'à 2 h du matin, je me couchais vers 3 h 30 du matin et j'ouvrais le garage à 7 h ! C'était complètement fou, mais j'étais tellement motivé que cela me semblait alors tout à fait normal. C'était, à mes yeux, le prix à payer pour réussir à atteindre mes ambitieux objectifs. Je ne ménagerais aucun effort pour y parvenir. Heureusement que j'avais une voiture qui évitait soigneusement de rencontrer de gros chiens blancs sur son passage !

Dérapage automnal

Ces allers-retours Waterloo-Longueuil ont toutefois failli ne jamais être possibles à la suite d'un autre accident de voiture que j'ai eu à l'automne 1987. En octobre, mon grand-père maternel, Wilfrid, est décédé. Le matin des funérailles, mon père, constatant que ma voiture commençait à souffrir de l'usure du temps et à se détériorer tant sur le plan mécanique que de la carrosserie, décide de me prêter sa Renault 5, dont il a fait l'acquisition récemment. « Prends-là, pas sûr que tu vas te rendre avec ta voiture ! » m'avait-il lancé au petit-déjeuner. Effectivement, sa voiture me semblait à moi aussi beaucoup plus fiable, et c'est avec confiance que je me suis baladé à son volant au cours de la journée. Jusqu'au moment où je me suis rendu au salon funéraire[28] pour rendre mes derniers hommages à mon grand-père. Sur la route, au moment de négocier un virage qui me semblait anodin, la voiture est partie en sous-virage sur une chaussée humide que je ne soupçonnais pas si glissante. En voulant redresser pour tourner dans le rang Charlotte, la voiture s'est mise à déraper, puis a terminé sa route dans le poteau de téléphone. Je ne roulais même pas vite, je le jure ! Évidemment, j'étais convaincu que mon père ne me croirait jamais. L'accident est survenu à cinq ou six kilomètres du salon funéraire, et c'est à pied que je m'y suis rendu. À mon arrivée au salon, j'avais la tête basse. Je me souviens de m'être dirigé prestement vers le cercueil de mon aïeul et de m'être agenouillé pour lui dédier une petite prière... dans laquelle je lui demandais essentiellement de me protéger de la colère paternelle ! Mon signe de croix complété, je me suis relevé, puis discrètement je me suis

28. Funérarium.

approché de mon père pour lui annoncer la nouvelle. Ma mine catastrophée lui avait mis la puce à l'oreille. « Qu'est-ce qu'il y a ? » me demande-t-il avec un brin d'inquiétude dans la voix. « J'ai eu un accident avec ta voiture. » À ma grande surprise, il a semblé soulagé, comme s'il avait appréhendé une nouvelle plus terrible. « Ce n'est pas grave », me répond-il machinalement. Peut-être pense-t-il que je n'ai qu'égratigné la tôle. « Je ne roulais pas vite, mais c'était glissant... » lui dis-je. « C'est pas grave », répète-t-il, décidément peu ému par cet accident. « Je suis parti en dérapage dans le virage et je l'ai échappé... » Cette fois, j'ai son attention. Il fronce les sourcils et me toise sévèrement. « Et... ? » grogne-t-il. « J'ai frappé[29] un poteau... » Cette fois, je sens qu'il doit contenir sa colère et respecter le décorum d'un salon funéraire qui pourrait rapidement devenir ma prochaine demeure. « Y'est où le char[30] ? » me demande-t-il en serrant les dents. J'essaie de redevenir nonchalant, de dédramatiser la nouvelle et, avec un geste vague, je lui dis : « Au coin du rang, là-bas... » Sans dire un mot, nous y sommes rendus. Avant que la dépanneuse n'arrive pour remorquer la voiture jusqu'au garage, mon père m'a lancé sèchement : « C'est moi qui étais au volant ! » Je ne comprends pas ce qu'il essaie de me dire et je le sens impatient devant ma mine éberluée. « C'est pour les assurances ! On va dire que c'est moi qui étais au volant, sinon tu ne seras plus assurable ! » J'ai envie de le remercier, mais je sens que le moindre son qui sortirait de ma bouche, aussi gentil soit-il, risquerait d'attiser sa colère qu'il s'efforce de maîtriser. Les dommages étaient moins importants que je ne l'avais cru, et la voiture fut rapidement remise en

29. Heurté.

30. Automobile.

état de rouler. Quelques mois plus tard, j'allais en faire l'acquisition. J'avais à peine 20 ans et j'en étais déjà à ma troisième voiture. À l'époque, j'étais très loin de me douter que ce serait un avant-goût de ce qui m'attendrait beaucoup plus tard dans ma carrière de chroniqueur automobile qui, de nos jours, m'amène à essayer des nouveaux véhicules chaque semaine !

CHAPITRE 11

La Formule 100

C'est en 1988 que j'ai fondé ma première écurie de course automobile. Mon ami René Fagnan et moi avions alors décidé de mettre sur pied FG Racing (Fagnan-Godin), modeste équipe de karting 100 cc qui allait disputer le championnat local de Saint-Hilaire. J'avais rencontré René deux ans plus tôt, à la suite de ma première victoire. Il m'avait alors félicité et raconté qu'il avait été impliqué dans l'étude sur la condition physique des pilotes de F1 menée en 1983 par son professeur de l'époque, le docteur Jacques Dallaire de l'Université McGill. C'est René qui avait eu l'idée de faire des pilotes tels Nigel Mansell, Nelson Piquet ou Ayrton Senna, les « sujets » de son analyse de l'entraînement cardio-vasculaire nécessaire à la pratique du sport automobile dans le cadre du cours donné par le Dr Dallaire. Il m'avait d'ailleurs obtenu un autographe de Mansell. René Fagnan a joué un grand rôle dans ma carrière et m'a été très souvent de bon conseil. Professeur d'éducation physique et tout aussi passionné que moi, René, qui est aujourd'hui journaliste de sport automobile, avait deux ans d'expérience de plus que moi en karting. Nos bolides étaient orange, et nous ne manquions pas d'imagination pour améliorer nos performances. René travaillait son kart en solitaire tandis que je m'étais adjoint les services de Gilles Labrecque, dans le garage duquel j'entreposais et préparais mon kart. Mécanicien de métier, Gilles était particulièrement doué, capable de monter une voiture de toutes pièces. J'apprenais beaucoup de lui sur le plan mécanique, et de plus, il m'aidait à améliorer considérablement les performances de ma monture avec des trouvailles originales, quoique pas toujours concluantes. Ainsi, avions-nous décidé de modifier les têtes de moteurs de nos karts dans l'espoir d'aller chercher davantage de puissance. Mal nous en prit. Mon kart n'était pas plus performant et le moteur calait à la moindre occasion. En outre, nous avions échoué l'inspection d'après-course, et mon moteur avait été déclaré illégal ! J'ai finalement puisé dans mes économies pour acheter une tête de moteur conforme aux règlements, puis les victoires ont commencé à se succéder.

Tour du chapeau

Mon premier grand succès de cette saison 1988 est survenu en juin sur ce même circuit du Mont Saint-Hilaire qui m'était désormais bien familier. Le samedi 26 juin, trois courses de Formule 100 étaient à l'affiche. J'ai remporté toutes les trois ! Après avoir gagné la première épreuve de 12 tours, je prenais le départ de la seconde en fond de grille. Je savais que je pouvais remonter le peloton, et c'est ce que je fis jusqu'à ce qu'un problème avec le carburateur me fasse perdre beaucoup de puissance. Malgré tout, je réussis à terminer en tête. Ce doublé me permettait de partir en position de tête de l'épreuve finale de 15 tours, épreuve que j'ai menée du départ à l'arrivée pour clôturer une journée qui restera gravée à tout jamais dans ma mémoire. D'autant que j'en avais profité pour améliorer le record du circuit ! René et moi devons maintenant attendre tout près d'un mois avant de pouvoir disputer notre prochaine course, cette fois à Saint-Roch-de-l'Achigan, en Mauricie. Aussi bien dire une éternité ! Dans l'attente, mon triplé et l'excellente prestation de mon coéquipier René Fagnan nous comblent d'optimisme et d'enthousiasme. Pas de doute dans notre esprit, nous serons aux avant-postes dans Lanaudière, à la fin juillet.

Jalousie et mesquineries

Nous étions donc gonflés à bloc lorsque vint le temps de disputer notre Grand Prix de Monaco à nous, pilotes de kart 100 cc autour de la polyvalente de Saint-Roch-de-l'Achigan. Près de 3 000 personnes assistaient à la course du dimanche. L'oncle Jacques Villeneuve participait à l'épreuve de F125, ce qui expliquait l'engouement populaire. Je savais qu'il me surveillerait de près et je ne voulais certes pas le décevoir. J'étais déterminé à remporter cette épreuve et je le disais à qui voulait l'entendre. L'épreuve était disputée en trois manches. La piste était très cahoteuse. Dans la première manche, je suis parti 7e et j'ai terminé 1er lorsque le pilote qui était devant moi a connu des ennuis mécaniques. Dans la deuxième manche, je prenais le départ du 6e rang et je suis sorti de piste pour terminer au 8e rang. C'était bien mal parti. Je prenais le départ de la course finale au 3e rang, celle que je m'étais juré de gagner, et je n'allais pas repartir bredouille. Dès le départ de cette course, possiblement l'un des meilleurs de ma jeune carrière, je me suis emparé du 1er rang. Je m'étais bâti une avance respectable lorsqu'un accrochage force les commissaires à sortir le drapeau rouge et interrompre l'épreuve. Je fulminais puisque mon avance sur mes rivaux avait été réduite à néant. À la reprise, j'ai pris un départ canon et conservé la tête de la course. Mais derrière moi, la bagarre était endiablée. Mes pourchasseurs se montrent trop gourmands, et, dans l'un des virages, ils s'accrochent et s'envolent hors piste. Plus personne ne m'inquiétera, et je remporterai la course comme je l'avais prédit. Avec ce quatrième triomphe en autant de courses, je me retrouvais au 7e rang du classement général, même si je n'avais pas disputé toutes les épreuves du calendrier. J'ai alors vite senti que ma victoire dérangeait. Certains commençaient à maugréer et à chuchoter dans notre dos. Les succès de FG Racing devenaient la proie des ragots et des commérages de compétiteurs frustrés qui nous percevaient comme des intrus. On m'accusait à mots couverts d'être responsable de l'accrochage survenu derrière moi. Je m'expliquais mal ces réactions hostiles, cette jalousie rampante et les propos mesquins qui venaient à nos oreilles. À mes yeux, c'était une attitude incompatible avec l'essence même du sport automobile et des preux chevaliers qu'étaient toujours pour moi les pilotes de course. Certes, il y avait des méchants dans les aventures de Michel Vaillant, mais ils étaient eux-mêmes indignes de la confrérie. Malgré tout, je suis rentré à la maison le cœur léger, oubliant rapidement les récriminations des envieux pour savourer cette victoire qui devenait alors l'une des plus significatives de ma jeune carrière. Cette course je l'avais voulue, je l'avais gagné, et, ne leur en déplaise, c'était pleinement mérité. Il en restait quatre autres, et j'entendais bien en remporter au moins deux ou trois. Je savais désormais que c'était tout à fait possible, que j'en étais capable. Oui, c'était un objectif tout à fait réaliste. Avec un peu de chance, je pourrais même les remporter toutes les quatre !

Victime d'une injustice

J'étais sur le point de réaliser à quel point ce sport que je voyais si noble n'était pas à l'abri de l'injustice et de la petite politique. À la course suivante, sur le circuit de Saint-Hilaire dans une autre manche du championnat de 100 cc, je sens qu'il y a un froid entre moi et les autres compétiteurs, qui, de toute évidence, n'ont toujours pas accepté ma victoire à Saint-Roch-de-l'Achigan. Dès le départ de la course, je me fais rentrer dedans. Le choc est violent, mais je réussis à rester en piste. Il n'en a pas fini avec moi. Quelques tours plus tard, mon assaillant récidive et réussit à m'envoyer en tête-à-queue. Ébranlé, je réussis à nouveau à redresser ma voiture et repartir. Ce que j'ignore c'est que mon agresseur est le fils du signaleur en chef qui n'hésite pas un instant à me brandir le drapeau noir. Je suis stupéfait, mais j'obtempère et rentre dans les puits où je me fais dire que je suis un « danger sur la piste ». Je n'y comprends rien. « Ben voyons, je me fais sortir de piste par-derrière et ce serait de ma faute ? » Je me sens injustement accusé et je suis livide. J'ai toujours pensé que le sport automobile était « propre », qu'il n'y avait pas de magouilles politiques possibles, que la victoire se décidait à la régulière en piste. J'avais encore la conviction très innocente que la victoire allait inévitablement à celui qui serait le meilleur en piste. J'ai quitté le circuit en furie, convaincu d'avoir été floué, mais sans comprendre par qui ni pourquoi. Plus tard dans la semaine, j'y suis retourné pour y rencontrer le propriétaire du circuit de karting de Saint-Hilaire. Sans détour, il me dit : « Écoutes, Bertrand, j'ai reçu plusieurs plaintes à ton sujet. Je suis désolé, tu pourras venir t'entraîner ici, mais tu n'as plus le droit de participer à des courses. » Je n'en crois pas mes oreilles. Je suis sans voix. On vient de me déclarer *persona non grata*. Le coup est dur à encaisser. C'est comme si le ciel venait de me tomber sur la tête. Je suis sans connaissance. Ma saison est terminée, et je dois me résoudre à l'idée de vendre mon kart.

Une dernière victoire

Fort heureusement, René Fagnan me convainc de disputer une autre course, cette fois à Sanair. Il s'agit d'une épreuve d'endurance de 60 tours où les deux pilotes se partagent le travail. René a commencé la course en 11e position et a rapidement remonté le peloton pour me confier le volant, à la mi-course, alors que nous étions au 2e rang. Quand je suis entré en piste au 31e tour, j'accusais toutefois un retard d'un tour sur le vétéran Gary Werve. Avec 10 tours à faire, je parvins à combler ce retard pour finalement remporter la victoire avec 15 secondes d'avance ! Victoire d'autant plus satisfaisante qu'elle avait été remportée à la régulière face à un pilote qui avait participé au Championnat d'Europe de karting. À mes yeux, ma carrière de karting était désormais bel et bien terminée. Mon objectif pour la saison 1989 était de faire le saut en Formule 2000 à l'école Spénard-David. Pour ce faire, il me faudra investir beaucoup plus d'argent, mais ça pose un sérieux problème.

L'ami François

Encore une fois, malgré les embûches qui se dressent devant moi, le destin se montre généreux. Ainsi, en novembre 1988, alors que je m'apprêtais à célébrer mes 21 ans, mon ami François m'annonce son intention de s'acheter deux karts de Formule 125. Il travaille alors chez R & S Automobiles, un garage qui financera cet achat. Le jour de mon anniversaire, il me remet une lettre m'annonçant que le garage lavallois m'offre un volant pour la prochaine saison en Formule 125. Le propriétaire lui-même m'appelle pour me demander si ça m'intéresse de faire partie de son équipe. Il m'annonce qu'il payera la voiture et le transport. Naturellement, j'ai accepté. J'étais fou de joie. Je rêvais de perfectionner ma technique et m'inscrire à un cours de mécanicien-pilote de l'école Spénard-David. Il en coûtait toutefois quelques milliers de dollars que je n'avais malheureusement pas pour m'y inscrire. Mais je savais très bien que le gagnant du Championnat de la Formule 125 méritait un cours gratuit à cette école de pilotage parmi les plus réputés au pays. De plus, cette série gagnait en visibilité, notamment en raison de la participation régulière de l'oncle Jacques qui y participait pour s'y amuser. Lui et moi allions bientôt nous battre à armes égales sur des circuits tels que ceux d'Ottawa, Shannonille, Saint-Luc et Saint-Roch-de-l'Achigan. Ça aussi, ça me motivait incroyablement.

Jacques est sceptique

Quand je retrouve Jacques Villeneuve, l'oncle, quelques semaines avant le départ pour le début de la saison 1988-1989, il me semble préoccupé, et surtout peu enthousiaste face à mes ambitions en Formule 125. « Ne te fais pas d'illusion, me prévient-il un peu sèchement. Quand tu vas te retrouver en Formule 125, tu vas frapper un nœud[31]. » Un commentaire qu'il me répète souvent au cours de l'hiver de l'année 1989. « Tu vas voir, Bertrand, que ça ne sera pas facile. Tu vas en arracher. » Je ne sais pas s'il voulait me tester ou me décourager, mais il finissait par m'agacer avec sa façon de me présenter ce qui m'attendait en Formule 125 comme une montagne que je n'arriverais probablement pas à gravir. Tant et si bien que mon ami Bruno le rappela un jour à l'ordre : « Tu pourrais être surpris, Jacques. En piste, Bertrand est capable de se débrouiller drôlement bien. Pas sûr qu'il aura l'air d'un manche à balai en Formule 125 comme tu sembles le penser. » Jacques avait haussé les épaules et s'était replongé le nez dans sa mécanique en maugréant quelque chose d'inaudible. Le débat était clos, et de toute façon il y avait des motoneiges à préparer en vue du début de saison à Calgary, à la mi-décembre, et du Championnat du monde d'Eagle River qui suivrait en janvier. Cet hiver-là, je n'attendais que l'arrivée du printemps et de ma première fin de semaine de course en F125, prévue à la mi-mai.

31. Se heurter à un obstacle.

CHAPITRE 12

Mécano de Jacques Villeneuve

Mes parents ont décidé de se séparer à l'été 1987. Ce fut un été particulièrement difficile sur le plan personnel. Je l'avais pressenti, mais j'étais tellement concentré sur mon rêve que ce fut néanmoins un choc. Je savais pourtant que plus rien ne tournait vraiment rond entre eux, ce qui ne m'empêchait pas d'avoir l'impression qu'en m'isolant pour ne penser qu'à la course j'en faisais fi et que peut-être en étais-je aussi quelque peu responsable. J'étais dans mon monde. Jusqu'au jour où le mari de la maîtresse de mon père téléphone à ma mère pour la confronter avec la dure réalité. Ma mère et moi avons par la suite déménagé à Granby. Ma mère n'avait plus de lien avec le garage, mais moi je continuais d'y travailler malgré la lourdeur de l'atmosphère que cette séparation avait générée. Je n'avais qu'une envie, quitter pour de bon cet endroit devenu insoutenable, mais je n'en avais pas les moyens. J'étais dans un cul-de-sac. Plus que jamais, je savais que mon avenir ne passerait pas par ce garage. Mon oncle en était conscient et exaspéré. À ses yeux, je n'étais pas un gars sérieux. Il n'en finissait plus de me dire que je perdais mon temps et que j'aspirais à des rêves impossibles. « Tu vas te planter, Bertrand. Tu ne seras jamais pilote de course, tu fais mieux d'oublier ça. Tes projets n'ont ni queue ni tête », me disait-il avec aplomb. Il voulait mon bien, j'en suis certain. Cependant, il ignorait tellement mon rêve que j'en suis devenu amer. Quand je le voyais balancer mes pièces de kart sans raison, je devenais furieux. J'avais beau consacrer plus de 24 heures au garage, ce n'était jamais assez. J'étais alors à bout de nerfs.

L'appel de Jacques

Par un beau vendredi soir de novembre 1988, un appel de l'oncle Jacques allait donner un nouveau tournant à ma vie. Le téléphone sonne, il est environ 22 h 30, et ma mère répond sèchement. Qui donc appelle à pareille heure, même un vendredi soir ? Elle se tourne vers moi. « C'est pour toi, Bertrand. Je crois que c'est Jacques Villeneuve », me dit-elle. Je m'empare du combiné. C'est bien Jacques. Non, pas le fils de Gilles, mais son frère. Dans mon empressement pour répondre à l'appel, je me cogne violemment le gros orteil sur le coin d'une table. Qu'importe, je suis tout ouïe. « Salut, Bertrand ! » me lance-t-il avec enthousiasme. Sans me laisser le temps de placer un seul mot, il ajoute : « T'as l'air d'aimer ça la mécanique, et justement je me cherche un mécanicien pour ma saison de motoneige. » Je l'interromps. « Excuse-moi, Jacques, mais je ne connais rien à la motoneige. Je connais le karting, et mes compétences de mécanicien sont plutôt limitées. » Il insiste, et je ne comprends pas comment un gars comme Jacques Villeneuve, frère de Gilles, est tellement dépourvu au point de faire appel à un gamin comme moi. Il essaie de me rassurer. « Tu ne seras pas tout seul, j'ai un autre mécano d'expérience. » Mes visites antérieures chez les Villeneuve me rappellent que René Coulombe, un mécanicien d'expérience, était justement l'homme de confiance de l'oncle Jacques. Cela dit, je suis incapable d'accepter son offre sur-le-champ. Je lui demande du temps pour réfléchir. Entre-temps, la tension ne cessait de grandir entre moi et mon oncle qui acceptait mal ma décision de ne pas continuer à m'investir dans ce garage qui m'était destiné et où je continuais de travailler malgré le déménagement de ma mère et moi à Granby. « Si seulement tu mettais autant d'efforts dans le garage que tu en gaspilles avec ton kart ! » déplorait-il avec fureur. La frustration qui m'habitait devant l'intolérance de cet oncle jadis si *cool* était à ce point devenue si grande que j'avais parfois envie de le frapper. Je passais pourtant 80 heures par semaine au garage, et il ne s'en rendait même pas compte. C'était insuffisant. Il semblait jaloux de ma passion pour la course, comme déterminé à me ramener dans le « droit chemin ». Nous avons eu une violente engueulade. J'estimais qu'il ne reconnaissait pas la qualité de mon travail et je n'étais tout simplement plus capable d'accepter qu'il me traite de façon aussi injuste. Mon père s'en est mêlé et m'a menacé. « Écoute-moi bien, Bertrand, si ça continue comme ça, il va falloir te mettre dehors. » J'ai bondi. Mon propre père venait de me menacer de me congédier. C'en était trop. « Non. Vous ne me mettrez pas à la porte, c'est fini, je m'en vais », ai-je répondu en regardant mon paternel droit dans les yeux. Cette fois, lui et mon oncle avaient dépassé ma limite de l'acceptabilité. « J'ai une offre de Jacques Villeneuve, le frère de Gilles, pour devenir mécano au sein de son équipe de motoneige. *Good bye*[32], Jack, bonne chance

32. Au revoir !

avec votre garage ! » Mon père était bouche bée, estomaqué par ma réaction. Je me suis empressé de lui préciser qu'il devait trouver un remplaçant et qu'il avait deux semaines pour le faire. Ce père que j'ai craint dans ma jeunesse ne m'a jamais semblé aussi vulnérable que ce jour-là. Je l'avais défié ouvertement, et il se trouvait incapable de me donner la réplique. Il était littéralement sonné. Il était échec et mat. Je suis moi-même encore surpris de mon impétuosité.

Nuits blanches

Vous pouvez imaginer que les deux dernières semaines au garage furent pour le moins pénible. Mon père, mon oncle et moi nous nous évitions. L'ambiance était glaciale. C'était d'autant plus difficile qu'au même moment ma mère vivait une dépression. La rupture, et surtout les infidélités de mon père lui étaient difficiles à digérer.

Elle est au début de la quarantaine et nourrit des idées sombres pour l'avenir. Suffisamment pour laisser une lettre inquiétante sur le frigo à quelques jours de Noël. Je tente de la réconforter, mais à peine ai-je abandonné le garage que je me retrouve à travailler pour l'oncle Jacques Villeneuve qui est en pleine saison de motoneige. Ce n'est pas rien. Je n'ai jamais été aussi près de mon but. Je suis mécanicien à plein temps avec un pilote qui dispute un Championnat professionnel de motoneige. Et c'est un Villeneuve, de surcroît ! Si je travaillais 80 heures par semaine au garage, c'était probablement pire avec Jacques ! Parfois, j'ai l'impression que ça devait être presque le double ! C'est sans compter les deux heures de route qui séparent le logement que je partage avec ma mère à Granby et le garage de Jacques à Saint-Cuthbert. D'ailleurs, il est arrivé à plusieurs occasions que je reste à coucher chez lui, trop exténué pour reprendre la route aux petites heures de la nuit. En fait, il n'était pas rare que nous travaillions jusqu'à l'aube. Aveuglé par ma passion, j'en oubliais ma mère et sa détresse qu'elle essayait de contenir, de garder pour elle tout en pleurant en silence. Avec le recul, j'en conclus que c'est parfois étrange de constater à quel point nos parents peuvent nous culpabiliser pour les mauvaises raisons et s'interdire de le faire quand ils en auraient vraiment besoin. Je n'étais pas le seul à passer des nuits blanches à cette époque, mais ce n'était pas pour les mêmes raisons que ma mère.

À l'aventure !

À 20 ans, les peines d'amour de ceux qui ont deux fois notre âge nous semblent incompréhensibles. Surtout quand il y a tellement plus à penser qu'à l'amour. C'est donc le cœur léger que j'ai accompagné Jacques Villeneuve à Beauséjour, au Manitoba, pour la première course de la saison. Bruno Therrien, qui est depuis devenu mon beau-frère, était l'autre mécano de cette folle équipée. Je nous revois dans les préparatifs pour partir de Saint-Cuthbert vers le Manitoba, et me remémore Céline, la conjointe de Jacques, qui nous avait préparé un festin de hot-dogs et de patates frites. Jacques ne tient plus en place. Il regrette, comme toujours, de ne pas avoir eu trois semaines de plus pour se préparer. Je réalise plus que jamais à quel point la motoneige c'est sa vie. Il est comme un enfant qui tempête parce que Noël n'arrive pas assez vite. Je dois dire que moi aussi je trépigne d'impatience. Ce sera ma première course à l'extérieur du Québec, voire un de mes premiers voyages loin de chez nous. Lorsque nous prenons la route, la musique disco roule à fond la caisse. Il faut savoir que l'oncle Jacques a déjà eu sa propre disco-mobile. J'essaie de lui faire parler de sport automobile, mais il n'a la tête qu'à la motoneige. C'est le seul sujet de conversation qui l'intéresse. Lorsque vient le temps de s'arrêter pour manger, c'est toujours dans un des restaurants-minute : Wendy's, Harvey's, McDonald, Burger King, et tutti quanti. Pas de grands soupers gastronomiques avec lui qui privilégie ces grands plats que sont hot-dogs, hamburgers et frites. Éternel enfant, il ne manquait pas, lorsque l'on entrait dans un Burger King, de s'emparer des petites couronnes en carton destinées aux enfants, de se la mettre sur la tête et de demander d'un air taquin : « Me reconnaissez-vous ? Non, c'est pas Gilles, mais son frère Jacques », se moquant ainsi de l'imitation célèbre que faisait alors de lui l'humoriste Pierre Verville. Évidemment, lorsqu'il faisait ça en Ontario ou quelque part aux États-Unis le gag n'amusait que son entourage, mais il ne manquait jamais d'attirer l'attention avec son cabotinage sans prétention. Et si nous arrivions à un endroit où il y avait une bonbonne d'hélium servant à souffler des ballons, vous pouviez être assurés que l'oncle Jacques en prenait une bonne bouffée pour parler avec une voix de personnage de bande dessinée ! Dès mon premier voyage avec lui, je découvris un homme fort différent de ce que l'on connaissait de lui publiquement, capable d'autodérision et d'une simplicité désarmante. Certes, je l'avais côtoyé au garage, chez lui et lors de courses de karting, mais là nous étions sur la route, et une autre facette de sa personnalité de boute-en-train se dessinait sous mes yeux. Je découvrais aussi à quel point il restait en tout temps concentré sur l'objectif. Aussitôt le repas terminé, nous repartions. Pas question de s'arrêter pour la nuit. À tour de rôle, nous allions dormir dans l'arrière du camion. Il ne fallait pas perdre de temps. Or, pour Jacques Villeneuve, manger et dormir étaient des pertes de temps. C'est ainsi que nous sommes arrivés à Beauséjour, au Manitoba, exténués, du moins, je l'étais. Je crois que Bruno l'était, lui aussi. Et si Jacques l'était, il n'en laissait rien paraître. Peu importe, nous étions dans les Prairies sous une température de 40 degrés au-dessous zéro, nous transperçant les os comme je n'ai jamais imaginé possible. Il faisait tellement froid qu'avec ou sans mitaines, on ne pouvait dire la différence ! On se coupait les doigts en travaillant sous la motoneige sans même sans rendre compte. Je me suis même endormi, tant j'étais à bout de souffle, sous la motoneige, sur la petite planche à roulettes de motoneige, dans la remorque ! Il était 4 h du matin. Jacques s'était endormi à côté de la génératrice alors que Bruno ronflait assis à côté de l'établi. Nous n'avions pas le temps de dormir dans un motel. Avec Jacques Villeneuve, il y avait toujours du travail à faire sur la motoneige, il y avait toujours des réparations à effectuer ou, si rien n'avait cassé, des expériences à tenter. Parce que Jacques n'était jamais satisfait de sa monture s'il n'avait pas « testé » de nouvelles choses. Il était toujours à la recherche de la perfection, de cette « recette » magique qui lui donnerait plus de puissance, plus d'adhérence, plus d'aérodynamisme. Jacques n'en finissait plus de modifier ses pistons, ses cylindres, en fait, tout ce qu'il pouvait modifier, il le modifiait. Il avait un souci du détail absolument phénoménal. Autant j'étais fier d'être enfin dans les ligues « majeures », autant je réalisais à quel point j'avais encore beaucoup à apprendre pour atteindre un pareil niveau de perfectionnisme. Pourtant, jusque-là, je pensais être maniaque dans le souci du détail. Je ne pouvais soupçonner quelqu'un capable de l'être encore plus que moi. Il travaillait jusqu'à atteindre l'épuisement total et, je vous l'assure, il n'en attendait pas moins de nous.

Course dans le désert blanc

Beauséjour, au Manitoba, c'est le milieu de nulle part. L'épreuve n'attire que les véritables maniaques. Il n'y a pas de foule de spectateurs comme à Eagle River, où se dispute en janvier le Championnat mondial de motoneige, ou encore comme à Valcourt, le berceau de Bombardier. Mais j'y rencontre les ténors de l'époque : Bruce et Gary Vassair, Chuck Decker, tous aussi compétitifs, passionnés et perfectionnistes. Si je me souviens bien, Jacques avait connu une bonne fin de semaine, terminant en 2e position, même si à ces yeux seule la victoire était véritablement satisfaisante… et encore ! N'allez pas croire que le chemin du retour allait être de tout repos pour autant. Une route avec à son bord un Villeneuve n'est pas qu'une route, c'est un circuit de rallye, de courses ou d'accélération. Pour admirer le paysage avec un Villeneuve à bord, je crois qu'il faut carrément se fondre dans le décor.

Un retour mémorable

Cette première course de la saison terminée, nous revenions vers Saint-Cuthbert en sachant que la prochaine ne serait présentée qu'en janvier, après le congé du temps des fêtes, à Eagle River. Rien ne pressait. Rien ? Faux. Avec Jacques, il faut toujours se dépêcher à arriver à destination. Le temps presse toujours. Et c'est parfois extrêmement périlleux. D'abord, il faut savoir que la remorque de Jacques était immense. Un véritable garage ambulant qui était beaucoup trop lourd pour la camionnette qui tirait tout ça. À l'intérieur de la remorque, il y avait tous les outils imaginables, les motoneiges, à tel point qu'il nous arrivait régulièrement de casser des essieux. Avec l'oncle Jacques, il n'y avait pas de voyage sans histoire. Tellement que je vous dirais que, dans ma vie, les plus grands risques que j'ai courus l'ont été à cette époque, et bien davantage que dans toutes les courses auxquelles j'ai participé. On voyageait donc avec une remorque beaucoup trop lourde, sans compter le fait qu'au volant, Jacques n'avait aucun maudit bon sens ! Peu importe les conditions routières, il avait toujours la pédale au plancher. Villeneuve étant un Villeneuve, il se permettait des dépassements sur des routes sinueuses malgré les lignes doubles. D'ailleurs, la fois où j'ai eu le plus peur de me tuer ce fut justement à bord de ce camion-là. Il était environ 3 h du matin. J'étais au volant. Jacques était couché à l'arrière et Bruno était assis dans le siège du passager. La pluie s'est mise à tomber. Je décide de vérifier l'état de la chaussée, puis des freins alors que nous gravissons une côte. Le camion se met à déraper de gauche à droite. Avec la remorque derrière, je tente de garder le cap, mais nous sommes sur les deux voies. Bruno tente de rester calme et ne cesse de me dire : « Corrige, Bert. » Ce n'est pas compliqué, si j'échappe le camion et que l'on se retrouve dans le fossé, nous sommes tous morts. C'est certain que nous allons être écrasés par la lourde remorque que nous tirons. J'essaie de jauger la situation : dois-je accélérer ou freiner ? Les secondes me semblent s'écouler au ralenti. Je dois prendre une décision rapidement, et il faut que ce soit la bonne. Je choisis finalement d'accélérer en douceur et, fort heureusement, le camion se remet en ligne droite et j'en reprends la maîtrise. Encore heureux que nous n'ayons croisé personne. À bout de souffle, et aussi de nerfs, je décide de m'arrêter sur le bord de la chaussée. Derrière moi, Jacques se réveille en sursaut. « Qu'est-ce qu'il y a ? » demande-t-il sur un ton un peu bourru. « De la glace, lui dis-je. On a failli se planter. » Encore à moitié endormi, il ne réalise pas que nous avons nettement frôlé la catastrophe. Pour lui en donner une idée, je repars doucement et immédiatement le camion esquisse un léger dérapage. « Arrête ça tout de suite ! » commande Jacques. Il me remplace derrière le volant et tente de repartir, mais rien à faire, nous sommes sur de la glace vive. C'était aussi ça, la réalité de voyager avec l'oncle Jacques Villeneuve. Mais j'étais tellement fier de faire partie de son équipe que ça faisait tout simplement partie de l'aventure. J'étais honoré d'être dans son entourage, il m'apprenait beaucoup tant sur le plan mécanique que sur le plan humain. C'est à cette époque que j'ai réalisé à quel point c'est un fonceur qui ne reculera devant rien pour atteindre ses objectifs, peu importe ce qui arrive. Parfois, nous voyons des gens se faire mal et se plaindre à n'en plus finir. Pas lui. Fréquemment, je l'ai vu se faire mal et même passer à un cheveu de se tuer, pourtant jamais rien ne venait à bout de sa détermination, jamais rien ne le faisait dévier de sa trajectoire et des objectifs qu'il s'était fixés. Je sais qu'au Québec plusieurs se sont souvent moqués de l'oncle Jacques, mais pour l'avoir côtoyé, je peux vous dire qu'il aura été pour moi un exemple de combativité, de ténacité et de détermination. Comme je le disais plus tôt dans mon récit, Jacques Villeneuve était aussi un innovateur, toujours à la recherche d'améliorations mécaniques ou technologiques. Dès mes premières semaines en sa compagnie, il me demandait les trucs les plus incroyables. Un jour, il m'a demandé de lui confectionner des crampons pour sa motoneige ayant un angle de 45 degrés, en vue du Championnat mondial de motoneige qui allait se dérouler en janvier à Eagle River, au Wisconsin. Il était convaincu que ce « gadget » lui procurerait un avantage et lui donnerait plus d'adhérence et de meilleures chances de vaincre ses adversaires. Il n'était jamais à court d'idées pour essayer de rendre sa monture plus compétitive. Il a toujours été un homme franc et loyal, même si ça ne l'a pas toujours bien servi. Déraisonnable et casse-cou ? Souvent. Il a pris trop de risques inutiles, mais j'ai appris de ça aussi. On ne pourra jamais l'accuser d'être un lâcheur. Et c'est encore vrai aujourd'hui. Je lui dois beaucoup d'autant qu'il est arrivé dans ma vie à un moment où tout ne baignait pas dans l'huile et que mon destin se retrouvait, encore une fois, à une croisée des chemins. Je croyais alors que la vie serait désormais beaucoup plus facile. Pas aussi simple que ça. J'étais sans doute un peu naïf.

CHAPITRE 13

Une importante leçon

De retour à la maison, c'est le temps des fêtes qui commence. Pour la première fois, mes parents ne célébreront ni Noël ni le jour de l'An ensemble. Je dois avouer que ça me fait tout drôle. J'ai l'impression que les célébrations ont perdu une partie de leur essence. On m'a tellement répété que Noël c'était une fête de famille. C'est aussi la première fois que je célèbre le temps des fêtes sans être « à l'emploi » de mon père qui s'efforce d'être civilisé, mais sans déborder d'affection. Il évite le plus possible de me parler de mon travail avec Jacques Villeneuve ou de sports motorisés. Il s'informait par politesse, mais ne souhaitait visiblement pas en faire un long sujet de conversation. Je n'insistais pas. Quant à mon oncle, je ne le vois plus. De toute façon, la relation d'affaires entre lui et mon père n'est déjà plus au beau fixe, et les deux hommes sont sur le point de se dissocier. De son côté, ma mère essaie de garder le moral, même si elle continue de souffrir secrètement. Bref, j'ai déjà la tête à la prochaine épreuve de motoneige de « mononcle » Jacques, soit le Championnat mondial qui sera disputé le 15 janvier 1988, à Eagle River, au Wisconsin. Et je pense aussi plus que jamais à ma propre saison de Formule 125 qui m'attend au cours de l'été qui viendra. J'ai moi aussi mes propres priorités.

Occasion ratée

Perdu dans les magnifiques forêts du Wisconsin, Eagle River est un véritable paradis pour tous les adeptes de plein air, à longueur d'année. C'est un site enchanteur parsemé de lacs et de rivières dont raffolent les amateurs de pêche, ses forêts sont giboyeuses à souhait et font les délices des chasseurs, et l'hiver, c'est La Mecque des motoneigistes qui débarquent de partout. C'est là où année après année, depuis 1964, les Yvon Duhamel et Gilles Villeneuve y ont signé des victoires dont on parle encore là-bas. Jacques Villeneuve a aussi soulevé les foules de la place. Frustré l'année précédente par un talentueux natif de la place, Chuck Decker, Jacques Villeneuve s'amenait au Championnat mondial 1988 avec la ferme intention de remporter à Eagle River sa quatrième victoire en carrière. Plus que jamais, l'oncle Jacques ne voulait aucune distraction. Pourtant, dès notre arrivée, les journalistes québécois sur place le préviennent tour à tour que le propriétaire d'écurie de Formule Indy, Ron Hemelgarn, pour qui il avait d'ailleurs piloté deux ans plus tôt, affirmait avec vigueur avoir le financement et un volant pour lui en vue de la prochaine saison. Ni Pierre Lecours, ni Gilles Bourcier, ni Charles-André Marchand, qui avaient tous trois été mis au courant par Hemelgarn de ses projets, n'auront réussi à convaincre Jacques d'aller au moins le saluer, voire prendre un café avec lui. « Je n'ai pas l'temps, leur répliquait-il chaque fois. J'ai une course à gagner dimanche. S'il veut me parler, il sait où me trouver. » J'étais complètement abasourdi par son intransigeance. À mon tour, je lui offrais de prendre la relève, de travailler sur sa motoneige pendant qu'il irait discuter avec Ron Hemelgarn. « Tu te rends compte de la chance que tu as, Jacques ? Ce gars-là n'arrête pas de leur dire que tu es son homme, qu'il a le financement pour te faire courir toute l'année en Indy. » D'autant que les chiffres rapportés par les journalistes annonçaient une commandite de plus d'un million de dollars[33] pour permettre à Jacques de courir en CART, dont au Indy 500 de 1988. C'était non seulement beaucoup d'argent, mais il faut savoir qu'à l'époque, Jacques Villeneuve, l'oncle, était loin de rouler sur l'or. Il avait quelques commanditaires qui lui permettaient à peine de faire ses frais au cours de la saison de motoneige. Je me souviens d'ailleurs de m'en être étonné. Jacques Villeneuve était pourtant le premier Québécois de l'histoire, que dis-je, le premier Canadien à remporter une course de la série Indy Car. Il avait un palmarès des plus respectables, un palmarès qui encore aujourd'hui mérite qu'il soit considéré comme l'un des meilleurs pilotes de l'histoire du sport motorisé au Québec. Si un pilote aussi connu et surtout aussi doué que Jacques Villeneuve, le frère de Gilles, a du mal à trouver des commanditaires, qui donc le pourra au Québec ? Pourtant, cette question ne résonnait plus dans ma tête quand je pensais à ma future carrière de pilote. J'étais tout de même fort conscient de l'importance des commanditaires, et surtout de l'importance de prendre grand soin de ces mécènes qui vous permettent de réaliser vos rêves sur la piste. Je commençais aussi à comprendre à quel point il fallait soigner son image à l'extérieur de la piste. J'ai trop souvent entendu des

33. Autour de 670 000 euros (selon le taux de change d'aujourd'hui).

railleries au sujet des accidents de Jacques, railleries qui ont pris de telles proportions que les gens en venaient à oublier son immense talent. J'ai aussi entendu trop d'anecdotes sur le manque de flexibilité, et surtout d'intérêt de la part de Jacques Villeneuve lorsque venait le temps de se plier aux exercices de relations publiques pour plaire aux commanditaires. C'était un crime encore plus grave. Je l'avais bien compris et je n'en étais que plus choqué par l'obstination de Jacques face aux perches que lui tendait Hemelgarn par l'intermédiaire des journalistes québécois venus couvrir ce Championnat du monde de motoneige à Eagle River. Je faisais de la projection, et je me disais que, moi, je saurais quoi faire dans pareilles circonstances. Dans mon for intérieur, je l'enviais tellement et je rageais de le voir rater une telle occasion. Je ne comprenais pas son attitude butée. À son tour, Normand Prieur, qui était alors relationniste[34] pour Bombardier, avait tenté de faire entendre raison à Jacques, mais en vain. Jacques demeurait inflexible, totalement absorbé par sa motoneige. « J'irai le voir après la course, me disait Jacques. On aura tout le temps de se jaser à ce moment-là. Et comme je lui en aurai mis plein la vue, là ce sera le temps de négocier. » Jacques Villeneuve a connu un départ canon dans la finale du dimanche, mais encore une fois sa témérité lui aura coûté cher. Dès le 3e tour, il a perdu la maîtrise de sa motoneige et s'est retrouvé dans le décor, après s'être littéralement envolé au-dessus de la piste. Ron Hemelgarn est reparti chez lui avant la fin de la course. L'été suivant, Scott Brayton était son pilote principal en série CART. Trois autres pilotes l'ont secondé en cours de saison, Ludwig Heimrath, Gordon Johncock et Ken Johnson. Jacques Villeneuve n'a pas reçu d'invitation. Je ne

34. Spécialiste des relations publiques.

pouvais croire qu'il avait raté une aussi belle occasion d'obtenir un volant de qualité en Indy. Je me suis juré que si une telle occasion se présentait un jour à moi, je la saisirais au vol. J'étais déçu de l'attitude de Jacques Villeneuve. Je réalisais surtout qu'il était humain et que malgré ses formidables qualités, il avait aussi d'immenses défauts.

L'élève défie le maître

Je ne suis plus l'élève docile et humble qui est juste heureux de pouvoir côtoyer un Villeneuve, le frère de Gilles de surcroît. Je suis un jeune homme de 20 ans qui ambitionne, plus que jamais, de suivre les traces de ses idoles et d'accéder un jour à la Formule Un. Je ne le dis à personne, mais dans mon for intérieur je me dis que je suis l'avenir. Jacques Villeneuve l'oncle, qui est alors âgé de 33 ans, c'est le passé. Sa dernière chance de courir dans les ligues majeures lui a échappé par sa propre faute, me semble-t-il. Désormais, je vais certes apprendre de lui, mais aussi me comparer. Il suffisait d'ailleurs de lui lancer le moindre défi pour que ce soit possible. Avant les épreuves de motoneiges, il nous arrivait d'utiliser le quatre-roues[35] pour enregistrer des temps chronométrés sur les pistes de glace. Puisque le quatre-roues n'avait pas de pneus à crampons, c'en était doublement excitant. Je me souviens de la première fois où j'ai signé un meilleur temps que lui. C'était à Owen Sounds, en Ontario. Le circuit était désert, et nous avions décidé de l'explorer à l'aube. À tour de rôle, nous montions à bord du quatre-roues pour prendre la piste d'assaut tandis que l'autre s'occupait du chronomètre. Jacques Villeneuve était le plus rapide

35. Quad.

jusqu'à ce que je réussisse un meilleur chrono à ma dernière présence en piste. J'étais aux anges, mais lui ne le prenait pas du tout et, d'un ton bourru, s'était empressé de me rappeler à l'ordre. « Bon, ce n'est pas tout, ça, on n'est pas ici pour s'amuser. Il y a du travail à faire. » Ma victoire allait rester secrète, mais elle n'en était pas moins délicieuse.

Un accident terrifiant

Cette fin de semaine à Owen Sounds allait aussi me faire vivre des sensations fortes beaucoup moins agréables. Je crois que c'est là où j'ai vu, pour la première fois, l'oncle Jacques impliqué dans un accident des plus terrifiants. Il avait décidé d'utiliser les petits crampons à 45 degrés qu'il m'avait demandé de confectionner sur cette piste des plus rapides. Dès le 1er tour de la fin de semaine, je m'installe au radar, et la motoneige de Jacques Villeneuve passe devant moi à une vitesse de 96 milles à l'heure (154 kilomètres à l'heure). Le chiffre reste gravé dans ma mémoire parce que Jacques arborait alors le numéro 96. « Quelle drôle de coïncidence », me suis-je dit quand un vacarme assourdissant est venu me sortir de mes pensées. En me retournant sur ma droite, je vois un vaste tourbillon de neige retomber sur la piste. Il y a eu accident d'une violence inouïe. Mon regard scrute le circuit, et je ne vois plus nulle part la motoneige de Jacques. Je me précipite alors vers la direction de l'accident, désormais convaincu que c'est mon mentor qui est impliqué. Les chenilles de la motoneige avaient débarqué de la suspension à cause des fameux crampons qui s'étaient avérés beaucoup trop adhérents. Cela avait fait plier les chenilles. À cette vitesse-là, l'accident devenait alors inévitable. Il avait fait un vol plané de 60 mètres dans les airs avant de retomber violemment sur la glace. Quand j'arrive près de lui, il a les yeux grands ouverts, mais il est totalement inconscient. Un frisson me parcourt l'échine. « Ce n'est pas possible. Il ne peut pas être mort », me répété-je complètement terrifié par cette possibilité. Je me penche vers lui pour prendre son pouls et je remarque que sa cagoule est recouverte de chiendent. Dans sa culbute, il a roulé dans cette plante désagréable. J'en oublie mes appréhensions, et la scène me fait sourire. Jacques ferme alors un œil, puis le second avant de les ouvrir et de bondir sur ses jambes comme quelqu'un qui sort du lit avec la conviction d'être en retard : « Je suis correct ! Je suis correct ! » se met-il à crier en gesticulant avant de retomber dans la neige. Tout autour de lui les gens lui ordonnent d'attendre les secouristes, de ne plus bouger. Il ne veut rien savoir. « Je vous dis que je suis correct », plaide-t-il. Menotté sur une civière dans l'ambulance, Jacques Villeneuve fulminait. À peine arrivé à l'hôpital, il se montre impatient d'en repartir. Il harcèle les médecins dans son anglais approximatif : « Apportez-moi les papiers que je les signe. *Gimme the papers* », ne cesse-t-il de répéter. Les médecins ne veulent rien savoir puisqu'ils soupçonnent Jacques d'avoir subi des hémorragies internes. Il a du sang dans ses urines, ce qui les inquiète. Ils lui recommandent alors fortement de passer la nuit en observation, que ce serait extrêmement dangereux pour sa santé de repartir dans un tel état. Mais Jacques Villeneuve ne veut absolument rien savoir. De guerre lasse, les médecins lui font signer les fameuses décharges de responsabilité et lui donnent, à contrecœur, son congé. Il ne tient toujours pas très bien sur ses jambes, et c'est en fauteuil roulant qu'il quitte l'hôpital. Ce qui ne l'empêche pas de nous ordonner, aussitôt que nous nous retrouvons dans l'autocaravane, de remettre sa motoneige en état de rouler. « On a du temps en masse », nous lance-t-il, tout sourire, oubliant ses blessures. Nous passerons une autre nuit blanche à tenter de remonter une motoneige qui a frappé un mur de glace à 154 kilomètres à l'heure. Je n'en revenais pas. Tant bien que mal, nous avons réparé les dégâts et, à l'aube, l'oncle Jacques était de retour en piste comme si de rien n'était. La monture n'était plus compétitive, et il n'a jamais été vraiment dans la course, mais il était au départ et pour lui, c'était inconcevable qu'il en soit autrement. Ce ne fut d'ailleurs pas la seule fois où j'ai été témoin de sa ténacité et de son refus obstiné de se laisser arrêter par les blessures, les bris mécaniques, ou quoi que ce soit. Par la suite, je serai témoin de plusieurs effroyables accidents de Jacques Villeneuve. Le nombre de fois que ce diable d'homme a défié la mort est beaucoup plus élevé que ce que peuvent croire les gens.

Une p'tite gorgée d'essence

Un autre exemple mémorable de cette détermination à toute épreuve que me montrait quotidiennement Jacques Villeneuve me vient à l'esprit. Nous étions à Brainerd, au Minnesota. Le matin de la course, l'oncle me demande d'aller siphonner de l'essence depuis le gros baril de 45 gallons pour nos fin de semaines de courses. Un gros baril de 45 gallons de VP pour nos fin de semaine de course. Muni d'un petit tuyau à peine plus gros qu'une paille, je m'exécute, mais au bout d'un moment, voilà qu'il s'impatiente. « À ce rythme-là, ça va te prendre la journée,

Bertrand. Regarde-moi faire ! » me dit-il avant de prendre un boyau d'arrosage[36] et d'en insérer une extrémité dans le baril. Il se met alors à pomper l'essence à pleins poumons avant de la transvider dans les bidons qui nous serviront pendant les essais de qualifications et la course. Mais Jacques y met un peu trop d'enthousiasme et finit par ingurgiter une bonne tasse d'essence. Ça lui ressort par les narines, et il s'étouffe quelque peu. Il continue tout de même le transvidage sans se soucier de la rasade d'essence qu'il vient d'avaler. Il est tôt le matin, et j'appréhende la suite des événements. Mon ami Jean Coupal, qui était l'autre mécano, nourrissait les mêmes craintes. Encore là, nos appels pour qu'il consulte au moins un médecin sont restés vains. Sa réputation de tête de mule n'était certainement pas surfaite. Jacques Villeneuve avait décidé qu'en buvant quelques litres de lait, tout rentrerait dans l'ordre et qu'il n'aurait aucun problème à compétitionner. Ce ne fut évidemment pas le cas, bien au contraire. Plus la journée avançait, plus il souffrait de nausées, de maux de tête, d'étourdissements... et surtout d'incontrôlables diarrhées. Je vais être honnête, dire que nous étions inquiets serait un euphémisme. Nous étions carrément terrifiés par son état qui se dégradait à vue d'œil. C'est ainsi qu'après chaque séance d'essais, nous le voyons quitter la piste à toute vitesse, monter sur son VTT et se rendre à son autocaravane pour s'enfermer dans les toilettes pendant de longues minutes. Je vous épargne les détails, mais vous avez certainement assez d'imagination pour deviner. Puis, il en ressortait, le teint blême, le regard vitreux et s'étendait dans la neige en

36. Tuyau d'arrosage.

attendant son prochain tour de piste. Le spectacle n'avait vraiment rien de réjouissant.

Un podium inoubliable

Malgré la température sibérienne, son visage est recouvert de sueurs. Mais pas question de se plaindre. Quand nous approchons, il nous jure que tout va bien, qu'il ne fait que se reposer et qu'il n'a pas besoin de personne pour lui tenir la main. Le plus étonnant de l'histoire c'est qu'à chaque fois qu'il est en piste, il est parmi les plus rapides. Lorsque la course est lancée, il connaît un mauvais départ, mais il attaque et revient en force tant et si bien qu'à notre grande surprise, il termine sur la deuxième marche du podium. Ma foi, s'il avait eu deux tours de plus, il aurait gagné cette course ! Mais là, ça se compliquait. La cérémonie s'est éternisée, alors que sa diarrhée a repris de plus belle. Debout sur le podium, sa combinaison en est pleine. Aussitôt la cérémonie terminée, je l'entends implorer mon nom : « Bert, viens m'chercher !!! » La détresse dans sa voix me fait sursauter, car vraiment inhabituelle chez lui. Je comprends rapidement le pourquoi de cette détresse. Nous l'avons rapidement dérobé à la foule d'amateurs pour trouver rapidement quelqu'un pour le conduire à l'hôtel. C'est finalement Marc Dandurand, de Bombardier, qui lui sert d'accompagnateur pendant que Jean et moi ramassons le matériel sur le circuit. Arrivé à l'hôtel, Jacques est subitement entré sous la douche avec sa combinaison de pilote ! L'anecdote me fait sourire aujourd'hui, mais démontre à quel point rien ne pouvait l'arrêter. Un enseignement dont j'essaierai toute ma vie de tirer profit.

CHAPITRE 14

Formule 125

C'est avec un budget fort limité que j'entreprends, à l'été 1989, ma première saison en Formule 125 avec mon coéquipier de l'époque François Geffray. L'argent gagné en assistant Jacques Villeneuve au cours de la saison de motoneige me permet à peine de financer ma saison, même si le kart que je pilote a été commandité par le garage où travaille François. J'ai assez d'argent pour payer mes pneus, de l'essence et quelques pièces de rechange, mais guère plus. Je décroche donc un emploi qui me donnera plus d'argent à réinvestir sur ma carrière. C'est ainsi que je me retrouve aux ateliers de l'entreprise manufacturière Dutuilier à Saint-Pie-de-Bagot, qui fabrique des chaises sur billes, des fauteuils et des meubles. On m'engage pour y poncer, à longueur de journée, des morceaux de bois. Dès ma première journée, je déteste ça pour mourir. C'est d'un ennui mortel. Mais j'ai besoin d'argent, et c'est un emploi qui est relativement payant. Afin que mes journées de travail soient moins pénibles, je me lance des défis. Quel défi y a-t-il à poncer des morceaux de bois, me demanderez-vous ? Je suis un maniaque de vitesse, alors c'était tout trouvé : chaque jour, il me fallait poncer plus de morceaux de bois que la veille. Je comptabilisais donc ma production à l'heure, voire à la minute, et j'essayais de battre mes records. J'avais trouvé un moyen de rendre mon travail moins aliénant, et même de me présenter le matin de bonne humeur, motivé, prêt à relever le défi et battre mes records de la veille. Ça, c'était jusqu'au jour où quelqu'un du syndicat vienne me demander de diminuer la cadence parce que je faisais mal paraître les autres. Je suis resté un peu surpris, convaincu que c'était important d'être performant, que c'était une qualité, pas un défaut. « Je ne comprends pas », répliqué-je au représentant syndical qui me fait la leçon. « Ce n'est pas compliqué, le jeune. Tu produis trop, et nous ne sommes pas capables de te suivre. Si tu continues à ce rythme-là, le *boss*[37] va nous demander de produire autant que toi. Or, il n'en est pas question. » Ça ne m'arrive pas souvent, mais là j'avais vraiment envie d'être insolent. Je me suis contenté de lui dire « Je vois que tout le monde n'est pas habité par l'esprit de compétition », avant de tourner les talons et de continuer à travailler. Non, tout le monde n'est pas compétitif. J'ai même vite constaté que dans certaines mentalités syndicales, c'est plutôt le contraire qui soit vrai. J'y ai tiré une autre leçon de vie.

Vie monastique

Mon adolescence et ma jeune vie adulte peuvent parfois ressembler à une vie monastique, et ce n'est pas tout à fait faux. Entre le travail chez Dutailier durant l'été, les voyages sur le circuit de la motoneige durant l'hiver et les innombrables heures passées dans les garages à travailler sur ma monture et les compétitions, il ne

37. Patron.

me restait plus vraiment de temps pour un semblant de vie sociale. Je ne fumais pas, je ne buvais pas, et je ne pensais qu'à la course automobile et au sport motorisé. Pourtant, j'avais aussi mes propres pulsions de jeune adulte. Au cours de l'été 1989, je me suis amouraché d'une jeune fille, Sylvie, qui semblait comprendre ma passion, et même la partager. Elle venait aux courses avec moi et lorsque nous allions au cinéma, c'était généralement pour voir un film dont l'action ne se déroulait pas tellement loin d'une piste de course. Elle m'avait accompagné au banquet des pilotes de fin de saison, et je croyais que notre relation aurait duré. Avec le recul, je sais que je souffrais de pensée magique. Ça ne pouvait pas durer. Je l'aimais bien, mais j'avais si peu de temps à consacrer à ma blonde qu'elle a fini par se désintéresser de moi pour me tromper avec l'un de mes amis. Le coup a été difficile à encaisser. Je ne sais pas si c'était une vraie peine d'amour ou un coup de poignard dans l'amour-propre, mais je sais que j'ai été blessé par cette histoire. J'étais à la fois choqué et dégoûté. Triste et furieux. Je ne sais pas si j'en voulais davantage à mon ami qu'à ma blonde adultère, mais ça faisait mal, très mal. Pour une fois que je baissais ma garde et que je me laissais aller au sentiment amoureux, voilà que j'étais trahi ! On ne m'y reprendrait pas de sitôt. La colère est certes passée, mais je me suis quand même dit à l'époque que ma seule véritable passion, c'était le sport automobile. Une fois de plus, je réalisais à quel point j'étais obsédé par la course, que c'était ce qui hantait chacune de mes pensées, 24 heures sur 24, 7 jours sur 7. Il n'y avait que ça d'important. J'étais prêt à n'importe quel sacrifice pour atteindre mes objectifs. Oui, j'aurais aimé, comme tous les gars de mon âge, avoir une blonde. Cependant, je n'étais alors pas capable d'aimer une autre personne, encore moins de lui consacrer du temps de qualité. Tout mon amour était dirigé vers la course. Tout mon être était mobilisé par ma passion. Il m'arrivait de trouver que j'exagérais. Ça ne durait pas longtemps. Et jamais, au grand jamais, n'ai-je douté du bien-fondé de ma passion. D'autres s'en chargeaient pour moi. Mes parents estimaient que mon comportement était obsessif, mais mes grands-parents ne cessaient de les exhorter à me laisser vivre ma passion, mon rêve jusqu'au bout, de ne pas me décourager. Je leur en suis reconnaissant, ils m'ont beaucoup aidé à cet égard. Ils ont certes joué un rôle de facilitateurs. N'empêche que mon comportement pouvait être perçu comme obsessif. Je savais ce qui m'allumait, et rien n'allait m'arrêter. On reproche trop souvent aux jeunes de ne pas avoir de but, d'objectif. Or, moi, j'en avais un, et il était aussi clair que limpide. Il n'y avait pas de place pour le doute. Je devais absolument aller au bout de mon rêve, coûte que coûte ! Au fond de moi, j'avais surtout la conviction que les passionnés finissent par se retrouver dans la vie et c'est ainsi qu'ils progressent, ensemble, vers la conquête de leurs rêves. J'avais trop à faire pour regarder bêtement la vie passer autour de moi, pour ne pas saisir chaque occasion qui me rapprocherait de mon but ultime. La flamme qui m'allumait embrasait impitoyablement le moindre doute qui aurait pu surgir avant même qu'il gagne mon cerveau. Elle me consumait inexorablement, et je n'y pouvais rien. C'est comme si j'étais entré dans un ordre religieux : celui de l'automobile, le seul et unique Dieu pour lequel j'étais totalement dévoué. Il me fallait me résigner, il n'y aurait pas de place pour l'amour dans ma vie. Je n'avais pas de temps pour ça. J'acceptais donc de vivre une vie monastique. Ainsi soit-il. Du moins, pour l'instant !

Victoire surprise

Les F125 sont beaucoup plus rapides que les F100. Comme le nom l'indique, il s'agit de karts propulsés par un moteur de 125 cc de 32 chevaux. Ces karts sont munis de 4 freins à disque, 6 vitesses, et peuvent atteindre des vitesses de pointe de l'ordre de 160 kilomètres à l'heure. Certains des plus grands pilotes au monde ont fait leur apprentissage sur ce type de karts : Prost, Patrese, Piquet, Senna, Mansell, etc. Je m'adapte rapidement à ce type de kart et, dès la troisième course de la saison, à Shannonville, je remporte une victoire que les observateurs ne manquent pas de qualifier de « surprenante », puisque j'y ai notamment battu des pilotes aussi expérimentés que Stéphane Proulx et Jacques Villeneuve. Après avoir connu une disqualification et une course décevante à mes deux premiers départs en F125, je sens dès les premières séances d'entraînement de l'épreuve de Shannonville, que je serai compétitif. Mes départs sont canon, et si mon kart manque de puissance en ligne droite, il tient bien la route et me permet d'obtenir de bonnes reprises en accélération. C'est ainsi que, lors de la finale, je me retrouve aux commandes de l'épreuve. Mais tour à tour, Riccardo Almeida et Alexandre Tagliani profitent de la puissance de leurs bolides pour me ravir le 1er rang et me reléguer en 3e place, ce qui n'est déjà pas si mal. Je décide donc d'être patient et de rester dans leur sillage en espérant voir l'un ou l'autre commettre une faute. J'avais observé leur comportement agressif en piste et j'avais le pressentiment que cela pourrait tourner à mon avantage. Je ne m'étais pas trompé. À l'avant-dernier tour de l'épreuve, Tag a tenté un malheureux dépassement sur Almeida.

Les deux s'accrochent et sortent de piste. Je me retrouve soudainement à nouveau en tête, mais cette fois plus personne n'allait venir menacer ma victoire. Tagliani avait été contraint à l'abandon tandis qu'Almeida avait manqué de temps pour me rattraper, même s'il continuait d'être le plus rapide en piste. Je me souviens d'avoir été scandalisé après la course en voyant Remo Tagliani bousculer et engueuler son fils comme du poisson pourri devant tout le monde. Je m'étais même dit que j'étais drôlement chanceux de ne pas avoir mon père dans les pattes pour me servir une telle humiliation publique. J'aurais souhaité plus d'enthousiasme de la part de mes parents face à mon choix de carrière, mais je préférais de beaucoup leur non-ingérence au spectacle disgracieux que donnait le père de Tag. Je n'ai jamais eu besoin de taloches pour fonctionner. Pour ce qui est de la course, Proulx aussi avait dû abandonner, alors que l'oncle Jacques, qui s'était payé une violente sortie de piste en essayant de prendre la chicane à fond la caisse, s'était classé 6e. Après trois courses, voilà que je me retrouvais 3e du Championnat de F125 à seulement 15 points du 1er rang détenu par Ricardo Almeida. Je goûtais au succès, mais mon coéquipier François Geffray n'avait pas autant de veine. Il n'était pas du tout compétitif, et je le sentais se désintéresser de la course. L'envie de s'investir, tant humainement que financièrement, diminuait. Depuis quelque temps, je remarquais qu'il préférait s'acheter des appareils électroniques plutôt que de dépenser pour son kart. Après cette troisième course infructueuse pour lui, il décida de mettre fin à sa saison, et même à sa carrière de pilote, et notre commanditaire R&S jugea alors qu'il valait mieux vendre ses karts et de ne pas continuer à s'investir dans la Coupe Solignum. Je me suis retrouvé sans volant. J'étais découragé. Il m'offrait son kart pour environ 2 000 dollars[38], mais je n'en avais pas les moyens. Quand j'ai annoncé la nouvelle à Jacques Villeneuve, pour qui je continuais de travailler comme mécano, il me proposa de piloter son deuxième kart que me céderait Jean-Pierre Borne, celui qui devait être son coéquipier, mais qui s'était finalement désisté. Jacques consulta son commanditaire, qui accepta que je devienne son nouveau coéquipier. Je me retrouvais ainsi avec un kart plus récent, plus rapide, et d'un coéquipier, du nom de Jacques Villeneuve, soucieux du détail et assoiffé de victoire. Nous portions les mêmes couleurs, nous avions un gros motorisé[39] pour nous rendre aux courses et des commanditaires, dont Chalut Automobile, pour nous permettre d'acheter les pièces de rechange nécessaires. Je n'y perdais certainement pas au change. J'étais redevenu l'homme le plus heureux au monde et les sacrifices que je m'imposais prenaient à nouveau tout leur sens.

Près du titre

Puisque les bonnes nouvelles n'arrivent jamais seules, j'ai appris, à la veille du Grand Prix de Lévis, que je pourrais faire partie du contingent canadien qui participerait, en septembre, en Union soviétique, à une confrontation de karting entre le Canada, les États-Unis et l'URSS. Gilles Bourcier, du quotidien *La Presse*, qui était l'un des organisateurs de la Coupe Solignum, avait établi les contacts en Lettonie pour cette confrontation internationale. Le Canada devait être représenté par les deux premiers pilotes au classement du Championnat de F125 à l'issue de l'épreuve de Lévis. En principe, ce devait donc être Ricardo

38. Autour de 1 345 euros (selon le taux de change d'aujourd'hui).

39. Autocaravane.

Almeida et Alex Tagliani puisque j'étais 3e au classement. Cependant, Tag ne pouvait faire ce voyage en URSS, en septembre. Je devenais donc automatiquement le deuxième pilote de la délégation canadienne. À la fin de la saison, j'aurais donc droit à ma première compétition sur la scène internationale. L'idée m'emballait au plus haut point, mais il me fallait rester concentré et continuer de bien performer jusqu'à la fin de la saison. Ce n'était pas si facile que ça. Le temps commençait à presser pour que je me procure un passeport, mon premier à vie, ainsi qu'un visa qui était alors obligatoire pour entrer sur le territoire de l'URSS. Il y avait toute cette paperasse à remplir, ce voyage au bout du monde à préparer et une saison de F125 à continuer. Je me devais de gérer tout ça sans perdre de vue mes objectifs. Le titre que défendait Almeida me semblait jouable. On s'occuperait des Soviétiques plus tard !

CHAPITRE 15

Godin au pays des Soviétiques

C'est avec un mélange d'excitation et de nervosité que je suis monté à bord de l'avion qui allait nous amener, Gilles Boursier, Ricardo Almeida et moi, à Moscou, en URSS, via Amsterdam. D'autres pilotes du Canada anglais étaient aussi du voyage, dont Walter Kuehler. C'était, à toutes fins utiles, mon baptême de l'air. À l'exception d'un petit tour de Cessna avec mon père quand j'étais tout jeune, je n'avais jamais pris l'avion. Et là, nous nous embarquions sur un vol qui allait durer une dizaine d'heures. Même le gigantisme de l'aéroport Mirabel m'avait alors émerveillé. À cela s'ajoutait un sentiment de fierté et de patriotisme. Comme les hockeyeurs de mon enfance, voilà que je partais vers l'Union soviétique pour y représenter mon pays. J'étais trop jeune pour conserver un réel souvenir de la Série du siècle de 1972, mais j'avais encore en mémoire les duels épiques entre les hockeyeurs canadiens et soviétiques dans les années subséquentes. Ce serait la première fois que j'aurais la chance de représenter mon pays sur la scène sportive, et pas seulement pour ma quête personnelle de victoire. C'était comme si je me sentais investi d'une importante mission. D'autant plus qu'il n'y aurait pas que les Soviétiques à battre, mais aussi les Américains. Pour un petit gars de village, c'était tout un événement. La tête dans le hublot, j'admirais le paysage qui défilait sous mes yeux jusqu'à ce que l'appareil s'élève au-dessus des nuages que je voyais de cet angle pour la première fois. J'avais l'impression d'être plongé dans un rêve. C'était presque irréel. Je me pinçais pour m'assurer que j'étais bien éveillé. Je me félicitais pour mes choix parfois téméraires et je savourais pleinement ce premier voyage sur le vieux continent. J'étais perdu dans mes rêveries lorsque l'avion a entrepris sa descente vers l'aéroport d'Amsterdam-Schipol, aux Pays-Bas, où ne devions faire escale pour monter à bord du Tupolev d'Aeroflot qui nous mènerait à Moscou. Lorsque les terres verdoyantes de Hollande me sont apparues, j'étais bouche bée. Sous mes pieds, il y avait l'Europe. J'avais traversé l'Atlantique. Déjà, j'avais hâte d'atterrir, de humer l'air européen. L'escale fut brève, et j'ai eu un premier choc en montant à bord du spartiate aéronef soviétique. Rien à voir avec le luxe déployé par l'avion qui nous avait amenés de Montréal à Amsterdam. Ce fut mon premier contact avec l'URSS. Je n'étais pas au bout de mes surprises.

Pays de grisaille

Le contraste entre la descente vers Amsterdam et celle vers Moscou était frappant. Même du haut des airs, l'URSS me semblait grise, morne et terne. Peut-être était-ce une illusion. Même le gazon m'apparaissait plus sombre, moins vert. En sortant de l'avion, il me semblait que les mines étaient renfrognées. On nous a remis des roubles aux couleurs délavées après nous avoir expliqué que nous ne pourrions convertir ce qu'il nous resterait en dollars canadiens à notre sortie du pays. Ça me semblait injuste, car je n'avais pas un sou ni un rouble à gaspiller. Il me faudrait donc être vigilant et ne pas convertir plus de dollars canadiens que nécessaire. Un comité d'accueil nous attendait. À bord du véhicule qui nous amenait à l'hôtel, je regardais les façades grises défiler dans la pénombre de rues mal éclairées. J'ai grandi dans un milieu modeste, mais ici la pauvreté me semblait rimer avec misère et tristesse. Les gens de ma famille et de mon entourage dans le petit village de Sainte-Hélène-de-Bagot n'étaient peut-être pas très riches, mais ils étaient souriants, chaleureux et relativement heureux. Règle générale, je n'avais pas l'habitude de côtoyer des « faces de bois ». Ici semblait régner une morosité généralisée qui m'était totalement incompréhensible. Nous avons certes quelque peu visité la capitale soviétique dont l'inévitable place Rouge et son Kremlin, et là je dois dire que j'étais vraiment impressionné par la stature des monuments, le gigantisme de la place et des édifices. Toutefois, l'ambiance demeurait lourde et sans chaleur. Je n'arrivais pas à passer outre la froideur apparente des gens. Je n'arrivais pas à m'habituer à ne voir personne sourire, à part les gens de notre délégation. Par la suite, nous avions eu droit à un repas dans le restaurant situé dans la célèbre tour Ostankino de la télévision moscovite, le Sedmo Nevo[40], où il nous était formellement interdit de prendre des photographies. Bien dommage, car le restaurant n'existe plus depuis qu'il a été détruit dans un incendie en 2000. Cette tour, haute de 540 mètres, était magnifique, surtout lorsqu'elle s'illuminait le soir venu. Du restaurant tournant, nous pouvions admirer le panorama de la ville. En la voyant

40. Le Septième Ciel.

scintiller la nuit, celle-ci me semblait moins déprimante, mais à l'exception des touristes, personne ici ne semblait déborder de joie de vivre. Je vivais de drôles d'émotions. J'étais toujours enthousiaste de vivre ce premier voyage loin de chez moi, j'admirais le paysage et je savourais la nourriture qui m'était servie, mais en même temps j'avais l'âme à la vague. J'étais heureux, alors pourquoi eux ne le seraient-ils pas ? Ça doit être mon petit côté missionnaire qui veut sans cesse répandre le bonheur. Sérieusement, cette première expérience dans un pays communiste fut des plus déroutantes, et elle m'a troublé. Même notre hôtel, prétendument l'un des plus chics de la ville, me semblait froid et spartiate. Dans la grisaille du hall d'entrée et des chambres, seuls les rideaux rouges donnaient quelque couleur. Par ailleurs, peut-être étions-nous paranoïaques, car nous avions tout le temps l'impression d'être suivis, d'être espionnés, d'être sous écoute. Le soir venu, en se couchant sur un lit de camp inconfortable, il m'est même venu à l'esprit que peut-être je ne me réveillerais pas pour vivre un autre jour.

Le lendemain, nous sommes montés à bord d'un train qui devait nous mener à Riga, en Lettonie. À travers monts et forêts, c'était une autre interminable balade d'une douzaine d'heures en train pour y arriver ! Mais déjà le paysage me devenait plus familier, la forêt et la végétation russe ressemblant à ce que l'on retrouve chez nous. Il me semblait enfin retrouver mes repères. La ville de Riga m'est aussi apparue moins austère, plus jolie que Moscou dont je n'avais pas vu grand-chose en si peu de temps. Ville portuaire d'importance, Riga présentait une architecture stylisée que je m'attendais à retrouver en Europe. Les voyages, me suis-je alors dit, ne sont pas toujours ceux que l'on s'imagine. Ainsi va la vie.

Course de nations

L'accueil fut d'ailleurs beaucoup plus chaleureux à Riga où les organisateurs nous attendaient avec impatience, mais aussi avec beaucoup de fierté à l'égard de leur événement. Ils avaient organisé une véritable course des nations de karting opposant des pilotes des trois pays participants, dont, bien sûr, le Canada. La course allait se dérouler sur un circuit absolument magnifique avec des virages techniques et de longues lignes droites. L'événement se disputait par équipes de quatre. Le circuit, situé dans la campagne avoisinant Riga, était ceinturé de gradins qui, le jour de la course, étaient bondés de spectateurs enthousiastes et bruyants. Ils devaient être au moins 5 000. Puisque nous n'avions certes pas les moyens de transporter nos karts de F125 jusqu'en Lettonie, nous devions courir avec ceux mis à notre disposition, ce qui posa un sérieux problème pour une raison bien simple : le levier de vitesse était inversé par rapport à ce à quoi nous étions habitués. C'est-à-dire que lorsque nous poussions vers l'avant, nous rétrogradions, alors que c'était le contraire sur leurs karts. En piste, c'était l'horreur ! Ce qui devait arriver est arrivé ! Au départ de la course, je me suis trompé de vitesse, et au lieu de passer de la deuxième à la troisième, j'ai involontairement rétrogradé en première. Le genre d'erreur qui vous fait perdre beaucoup de temps et de positions. Pour ajouter au plaisir de la chose, Walter Kuehler, l'un des deux Ontariens avec qui nous devions faire équipe, décide de brasser un peu tout le monde en piste, même nous. Moi et Ricardo Almeida étions furieux. Ce cowboy-là faisait cavalier seul au détriment de la délégation canadienne. Ajoutez à cela de nombreux problèmes mécaniques, et ce ne fut pas ma meilleure performance en carrière. Loin de là. Mais ce fut une belle expérience de vie, une belle expérience de course dont j'ai beaucoup appris. D'ailleurs, plus le temps passait, plus je me plaisais dans ce pays. Après la course, nous avons eu droit à une fête folklorique très haute en couleur. Les filles étaient magnifiques, les danses, entraînantes, et j'ai eu l'impression que pour la première fois depuis notre arrivée, tout le monde autour de nous était souriant et heureux. Soudainement, je n'étais plus à des milliers de kilomètres de Sainte-Hélène-de-Bagot, mais dans une petite ville de campagne comme il y en a plein chez nous, où les gens sont accueillants et adorent faire la fête. J'avais peut-être porté un jugement téméraire sur la vie en URSS. Après cette magnifique fête, nous avions eu droit à quelques jours de congé pour visiter la région. Nous avons fait une croisière de Riga jusqu'à Talinn en Estonie, située sur la côte du golfe de Finlande. Cette ville magnifique, avec ses bâtiments à la façade pastel, abrite de nombreux vestiges datant du Moyen-Âge, ce qui ne manquait pas de m'impressionner. Et que dire de la nature environnante ! De Talinn nous nous sommes rendus à Helsinki, une autre ville fabuleuse. Une croisière qui nous a permis de découvrir des paysages féériques à couper le souffle. C'est d'ailleurs depuis la Finlande que nous avons fait le voyage de retour vers Montréal. En une semaine, je venais d'élargir mes horizons, de réaliser à quel point il était important de pouvoir s'adapter aux situations les plus déroutantes afin de garder le cap sur ses objectifs. Rien de tel qu'un intense choc culturel et une équipe dysfonctionnelle pour apprendre ces leçons-là.

Victoire à Deux-Montagnes

Peu de temps après notre retour à Montréal était présentée la toute dernière course de la saison 1989 en F125, sur le circuit de Deux-Montagnes, au nord de Montréal. Tout au long de cette première saison, je me suis battu aux avant-postes avec celui qui allait remporter le championnat, Ricardo Almeida, et celui qui allait devenir un rival pour de nombreuses années à venir, Alex Tagliani. Si, jusqu'à mon départ pour l'URSS, j'avais cru en mes chances de remporter le titre de la série, je savais au départ de cette course que je ne pouvais guère améliorer mon classement. Seuls Almeida et Tagliani pouvaient encore prétendre remporter le championnat. De mon côté, peu importe mon classement à cette épreuve, je devais me contenter de terminer au 3e rang derrière le vice-champion. J'ai donc pris le départ de la course en sachant que je n'avais rien à perdre, que je pouvais prendre des risques et m'amuser en piste. Ce que j'ai fait, savourant pleinement chaque tour de piste avant que ne tombe le rideau sur la saison.

À l'an prochain

Ce fut une saison où je suis ressorti satisfait dans l'ensemble, une saison remplie de hauts et de bas et où il s'est passé toute sorte d'incidents venant s'ajouter à mon petit bagage d'expérience de l'époque. Mon coéquipier, Jacques Villeneuve, avait remporté les épreuves de Sainte-Agathe et Sanair avant d'être disqualifié pour avoir utilisé une essence jugée non réglementaire. De mon côté, j'ai raté de peu le podium dans les Laurentides pour terminer 3e sur le triovale de Sanair derrière Almeida et Tag. Lors de l'ultime manche sur le circuit de Deux-Montagnes, j'ai remporté la victoire, mais c'est Almeida qui a été couronné champion, même s'il a dû regarder la course des puits après avoir reçu un drapeau noir dès le 2e tour pour avoir reçu une assistance extérieure pour l'aider à redémarrer son moteur, calé au départ. La saison se terminait donc sur une note positive pour moi, et je pensais déjà à la prochaine saison. Je savais que 1990 serait pour moi une année déterminante et j'avais bon espoir que mes rêves étaient tous sur le point de se réaliser. En attendant, j'allais continuer de passer l'hiver avec l'oncle Jacques sur les circuits de motoneige.

CHAPITRE 16

Saison sur fond de crise

En 1990, le Québec fut paralysé par la crise d'Oka. Pour les pilotes de la F125, cela compliquait quelque peu les choses puisque la plupart des courses étaient présentées sur le circuit de Deux-Montagnes ou encore à Saint-Eustache. Or, plusieurs routes étaient bloquées et celles qui ne l'étaient pas se voyaient souvent plus achalandées qu'à l'habitude. Cette année-là fut particulièrement passionnante sur la scène de la Formule Un. Ayrton Senna et Alain Prost se bagarraient sans merci pour le championnat des pilotes que remporterait finalement dans la controverse le brésilien sur McLaren-Honda. Mon ami et conseiller René Fagnan me poussait pour sa part à m'inscrire à l'école Elf-Winfield. Lui et moi avions été ensemble à Nogaro, dans le sud-ouest de la France, pour y voir à l'œuvre Stéphane Proulx et Claude Bourbonnais en Formule 3000 sur le circuit Nogaro. Je caressais le projet de devenir mécanicien pour une écurie en Europe, et en échange je demanderais d'avoir du temps de piste. J'étais donc prêt à l'idée de m'y expatrier. René, qui avait de nombreux contacts, m'a alors présenté à plusieurs personnes influentes du sport automobile européen. Plus j'entendais parler de l'école Elf et de son concours, et plus je me laissais séduire par cette option. Surtout que l'une des conditions pour y être admis était de n'avoir jamais piloté de monoplace auparavant. Les pilotes de kart, en revanche, étaient bienvenus. Bref, tous ceux qui s'y présentaient se retrouvaient, en principe, sur un pied d'égalité. Je me sentais à l'aise en Europe, et la réputation de cette école ne faisait plus aucun doute. Toutefois, je me demandais bien comment j'y arriverais parce que ça coûtait très cher et que mes moyens étaient plus que limités. Fort heureusement, René ne lâchait pas prise et entreprit mille et une démarches pour que je puisse m'y inscrire et payer mon inscription qui s'élèverait probablement à plusieurs milliers de dollars. À ce moment-là, nous ne savions trop ce que coûterait pareille aventure, sinon qu'elle serait onéreuse. C'était peut-être le prix à payer pour que ma carrière prenne son envol. On verrait bien. En attendant, je me préparais pour mon Championnat de F125. Jacques Villeneuve, qui ne courait plus en karting, me prêta à nouveau son kart de F125 pour toute la saison 1990. J'avais aussi accès à son garage pour préparer mon kart et tenter de l'améliorer. Jean Coupal, un de ses mécaniciens, me donnait de précieux coups de main. Il a consacré un nombre incalculable d'heures pour démonter et remonter le moteur de mon kart. Tout comme moi, il a toujours eu ça dans le sang, un vrai passionné de mécanique. Mon principal rival serait Alex Tagliani, dont le père était alors aussi l'importateur des pièces de son kart ce qui lui conférait un avantage certain. Le kart dont je disposais datait déjà de quelques années, c'était en fait un modèle 1984, et il me faudrait travailler très fort pour le rendre aussi compétitif qu'un modèle 1990. Or, Tag et son coéquipier de l'époque, Bernard Danelle, avaient tous deux le luxe de posséder des karts de l'année. Nous passions donc des nuits entières à monter et démonter le kart, à l'examiner sous toutes ses coutures afin de trouver le moyen d'en améliorer les performances en piste. Cela se traduisait par de très longs allers-retours entre Saint-Hyacinthe, où j'habitais alors avec ma mère, et Saint-Cuthbert, où était situé le garage de Jacques. Je quittais la manufacture, à Saint-Pie-de-Bagot, vers 17 h, pour monter à Saint-Cuthbert où je passais la soirée dans le garage de Jacques à travailler sur mon kart. Puis, je redescendais chez moi à Saint-Hyacinthe pour y dormir quelques heures avant de repartir le lendemain matin travailler chez Dutailier. Des voyages aller-retour de plus de 250 kilomètres par jour qui ne firent qu'allumer davantage ma passion de vaincre ce rival dont, je l'avoue aujourd'hui, j'étais devenu un peu jaloux en raison des moyens financiers dont il semblait disposer. D'ailleurs, dès les premiers essais libres de la saison, sur le circuit Deux-Montagnes où seraient présentées la majorité des épreuves, je me suis efforcé de ne pas lui montrer les véritables performances dont était capable ma monture. Je savais ce qu'elle avait dans le ventre et j'avais la conviction de pouvoir non seulement être compétitif, mais aussi de le battre régulièrement de manière convaincante. Cependant, il n'était nullement question d'ouvrir mon jeu tout de suite. Je le laissais donc volontairement me doubler pendant les entraînements pour lui donner l'illusion que je n'étais pas dans le coup. J'en rajoutais même dans les puits en lui concédant presque la victoire. « Ça n'a aucun bon sens. Vous êtes bien trop rapides, leur disais-je dans le clan Tagliani. Je ne serai jamais capable de rivaliser avec vous. » Les sourires qu'ils étaient incapables de dissimuler effaçaient tout scrupule que j'aurais pu entretenir de leur mentir de la sorte.

Lorsque nous nous sommes retrouvés en course, c'est avec un malin plaisir que j'ai servi la surprise à mon ami Tag. Dans cette première épreuve de la saison, je n'ai pas roulé un seul tour en 2e position. Tout allait pour le mieux, ni Alex ni son coéquipier, avec leurs montures neuves, ne pouvaient m'approcher. En fait, j'ai été dominant dans la première tranche de la saison 1990 jusqu'à ce qu'un bris de moteur vienne compliquer les choses. Par la suite, je n'ai plus retrouvé la puissance que me fournissait mon kart dans les courses précédentes. D'autres nuits blanches au garage de Jacques avaient été nécessaires, mais les efforts n'ont pas toujours été couronnés de succès. Ce fut une saison où j'ai signé deux positions de tête, je me suis qualifié deux autres fois sur la première ligne de départ, et je suis parti de la 3e position à deux reprises. Ma pire qualification de la saison avait été une 5e place. Encore une fois, le titre était à ma portée, mais j'ai dû me contenter du 3e rang du classement général à l'issue de la saison à cause d'un abandon sur bris mécanique, le seul de ma saison. Mon moral restait tout de même intact parce que, sans rien enlever à Patrick Potvin qui avait remporté le titre cette année-là, je demeurais convaincu dans mon for intérieur que j'aurais gagné ce championnat, si ce n'avait été d'une pièce mécanique qui en a décidé autrement. Dans cette course qui s'est terminée par un abandon, il m'aurait suffi de terminer parmi les 10 premiers pour être couronné champion. Plus que jamais, je débordais de confiance en mes capacités. Cette fois, c'est la chance qui n'a pas voulu être au rendez-vous, et c'est un facteur déterminant qu'il ne faut surtout pas sous-estimer en course automobile, peu importe le championnat auquel on participe. Je venais d'apprendre à la dure une autre grande leçon de vie qui s'appliquait merveilleusement à

Godin. Je comprends très bien que chez vous, au Canada, vous vouez une admiration sans borne pour le pilote que fut Gilles Villeneuve. Mais cela n'est pas une raison pour vous comporter sur cette piste comme il le faisait. Nous n'enseignons pas ici la technique Villeneuve, suis-je bien clair ? » Je n'ai pas eu le temps de lui répondre qu'il ajouta d'une voix sèche et d'un ton sans équivoque : « Si je vous reprends à refaire la même chose, ne serait-ce que sur un ou deux virages, vous serez expulsé de l'école sans aucune autre forme d'avertissement. Est-ce bien clair ? » Penaud, j'ai baissé la tête et acquiescé. J'allais par la suite lui démontrer que je pouvais aussi être un pilote discipliné et respectueux des consignes.. J'estimais qu'au prix d'une remontrance, j'allais ainsi gagner des points à ses yeux. C'est ce que j'ai fait. Je pouvais recommencer à piloter de façon « pépère » à 4000 tours par minute comme les autres élèves, mais au moins je savais désormais quelles performances je pouvais atteindre avec cette voiture. Je jugeais que cette incartade, bien qu'elle ait pu m'occasionner des ennuis plus graves, n'aurait pas été inutile dans mon cheminement vers les étapes subséquentes. Il faut parfois accepter d'encaisser certaines inévitables défaites, nous permettant de mieux réussir par la suite.

Première étape franchie

Les cours théoriques devinrent de plus en plus pointus. Cette fois, il fallait performer. Fini les limites à 4000 tours par minute, ils allaient désormais homologuer nos chronos. Nous n'avions encore que très peu de temps en piste. Trois séances d'une dizaine de minutes par jour, pas plus. Le processus éliminatoire se ferait rapidement. Les plus lents seraient renvoyés chez eux. Le processus d'élimination était absolument impitoyable. La marge d'erreur pour chacun d'entre nous devenait inexistante. De 400, nous ne serions qu'un peu plus de 200 à la fin de la semaine. Je me suis non seulement qualifié, mais j'avais également réussi à être le plus rapide de mon groupe. J'ai donc franchi un premier pas vers une saison française en Formule Renault en étant retenu pour la prochaine étape du volant Elf-Winfield sur le circuit Paul-Ricard. La petite fortune que j'avais déboursée pour y faire école me semblait plus que jamais bien investie. Si je gagnais le concours, c'était mon billet pour une saison complète en Formule Renault, un prix qui à lui seul valait la rondelette somme de 250 000 dollars[43]. J'avais été le premier choix des instructeurs dans mon groupe qui était composé de 13 Américains, 1 Canadien, soit Glen Nixon, 1 Argentin et 1 Panaméen. Parmi les Américains, il y avait Jason Engle, qui s'avérerait l'homme à battre, et Jerey Drew, le triple champion national, qui lui aussi avait été retenu. Ce ne fut toutefois pas facile. Il m'a fallu me défaire de mes habitudes de pilote de kart et de ne pas avoir un pilotage aussi agressif, tout en dérobade. Le directeur de l'école, Simon de Lautour, qui fut, entre autres, le premier instructeur d'Alain Prost, m'avait dit sans ambages, dès le premier jour, que j'étais le genre de pilote qu'il n'aimait pas voir en piste. Mais, de toute évidence, je leur aurai finalement donné pleine satisfaction. Quand ils ont annoncé les résultats, je savais que j'étais dans le coup. Je repartis de France optimiste en vue de la grande finale qui allait se tenir à l'automne. J'avais réussi un temps à deux secondes du record du tour bien que sous le régime maximum et avec un puissant vent de face. Nous n'étions plus

43. Autour de 168 000 euros (selon le taux de change d'aujourd'hui).

que 25 diplômés à nous donner rendez-vous en octobre pour les demi-finales. Seuls les cinq meilleurs seraient invités à la finale dont l'enjeu serait l'unique voiture Elf-Winfield inscrite au Championnat de France. Mon seul regret était la perspective de devoir renoncer à la saison de Formule 125 au cours de l'été afin d'économiser pour poursuivre l'aventure européenne. Je devais aussi repousser mon projet de m'inscrire à l'école de pilotage Spénard-David. À mes yeux, la route vers la Formule Un passait inévitablement par l'Europe. C'est là où je devais me faire connaître et le Championnat de France de Formule Renault me semblait un tremplin formidable. Ne me restait plus à passer devant 24 autres pilotes qui caressaient la même ambition.

CHAPITRE 18

Une lutte sans merci avec les Tagliani

Je ne pensais pas avoir les moyens de courir en F125 au cours de l'été 1991, ayant dépensé déjà beaucoup d'argent pour mon bref séjour en France, sans compter le fait que je devrais y retourner à l'automne. Aujourd'hui, je me dois d'être reconnaissant de l'aide reçue de la part de plusieurs personnes. Gilles Bourcier est de ce nombre. L'oncle Jacques avait décidé de vendre ses karts, et je me retrouvais donc sans volant. Cependant, Gilles, qui avait quitté la direction du championnat, m'a prêté son kart, modèle 1990. Nous avions alors mis sur pied l'équipe Québekart Toyota Duval, mes coéquipiers étant Stephane Gabriele, qui s'occupait de la gestion et qui m'a donné un grand coup de main, et Ricardo Almeida, qui, finalement, n'a disputé que quelques épreuves du championnat. Jean Coupal était notre mécano. Lui aussi m'a souvent rendu de fiers services. Lorsque j'étais incapable de me payer une pièce pour améliorer mon kart, il puisait de sa poche pour me la procurer. En fait, je dois reconnaître que j'ai été privilégié d'avoir autour de moi autant de gens prêts à m'aider. Je pense, notamment, à Claude Bouchard, d'Amzoil, qui me fournissait l'huile à moteur et me donnait fréquemment de l'argent pour que je puisse continuer. Je ne le répéterai jamais assez, le succès n'est jamais vraiment l'affaire d'un seul homme.

La vengeance des Tagliani

J'allais toutefois bientôt payer pour mes succès face à Alexandre Tagliani. En vue de la saison 1991, il me fallait un pointeau de carburateur que j'avais commandé au mois de mars chez Remo, pièce nécessaire au bon fonctionnement de mon kart. Toutes les fois que je téléphonais pour m'enquérir de ma commande, on me rétorquait que la pièce était difficile à obtenir, qu'il fallait la faire venir d'Italie et qu'elle n'était toujours pas arrivée. Je trouvais que c'était très long, beaucoup trop long, et je commençais à soupçonner Remo d'avoir délibérément omis de passer ma commande afin de me désavantager par rapport à son fils. Cependant, je n'avais aucune preuve pour appuyer mes soupçons... jusqu'à ce qu'un bon matin je me retrouve chez un ami, Daniel Britten, étant aussi un compétiteur. Sauf que Daniel ne disposait pas de l'aide que j'avais, ne roulait pas aux avant-postes et ne menaçait aucunement les prétendants au championnat de la saison, dont Alex Tagliani et moi. Nous discutions de choses et d'autres, ce matin-là, lorsqu'il me dit sans arrière-pensée qu'il devait placer une commande chez Remo pour obtenir certaines pièces. Une idée me vint à l'esprit. « Lui demanderais-tu s'il n'aurait pas aussi un pointeau de carburateur de telle dimension ? » Je lui demandai de s'assurer de dire que c'était pour lui, et non pour moi. Daniel n'y vit aucun inconvénient. Il téléphona aussitôt à Remo, et une fois la conversation terminée, il m'annonça fièrement qu'il aurait le pointeau de carburateur en question. Pourtant, une heure plus tôt, Remo m'avait juré que la pièce n'était pas encore arrivée d'Italie. « Parfait, mon Daniel, allons chercher les pièces. » Nous nous sommes rendus chez Remo Tagliani, mais j'ai laissé Daniel aller conclure la transaction tandis que je l'attendais dans un McDonald tout près. Mon ami est revenu avec ses pièces... et le fameux pointeau de carburateur que j'attendais depuis des mois. J'étais livide, et prêt à affronter de ce pas le père Tagliani. J'ai renoncé, bien que je n'en étais pas moins en rogne. Ça m'a tellement choqué que j'ai écrit à la Fédération Auto-Québec pour exiger la liste des pièces disponibles en Formule 125 afin que tous soient logés à la même enseigne. J'étais personnellement lésé par le comportement des Tagliani, mais je n'étais certainement pas le seul. La Fédération Auto-Québec a toutefois ignoré ma demande. J'ai écrit de nouveau pour obtenir des explications, mais toujours sans succès. Même une mise en demeure est restée lettre morte. Il devenait évident que la Fédération s'était rangée du côté des Tagliani pour des raisons qui m'échappaient, même si je ne pouvais cesser de soupçonner quelconque malversation. Je découvrais progressivement les travers de la petite politique qui ne cessait de pourrir le climat du sport que j'aimais avec une passion possiblement trop chevaleresque. J'étais un grand naïf. Quand j'ai finalement confronté Remo Tagliani, il a nié avec véhémence. Je savais qu'il me mentait, mais il n'y avait rien à faire. J'avais beau m'époumoner en lui disant que j'avais la preuve qu'il avait essayé de me priver d'une pièce importante, il s'entêtait dans son déni, peu importe les arguments que je lui soumettais. Il en était presque convaincant.

Et le condensateur ?

Plus tard au cours de la saison, Daniel Britten s'est retrouvé en Europe où il fit la rencontre de l'exportateur de pièces de Formule 125. Britten lui expliquait que nous éprouvions des problèmes de reprise avec ses moteurs TM. Le monsieur lui demanda, tout surpris : « Mais quel condensateur utilisez-vous donc ? » Daniel resta interdit. « De quoi parlez-vous ? » L'homme lui montra alors une toute petite pièce d'équipement, pas plus grosse que le bout d'un crayon-feutre, le fameux condensateur, et lui expliqua que c'était là une pièce essentielle pour que le moteur performe à la mesure de son potentiel et qu'il offre de la puissance tant à bas régime qu'à haut régime, sans risque de surchauffe. Encore une fois, voilà une pièce maîtresse dont Remo nous avait caché l'existence... sauf à son fils. Au retour de Daniel, qui avait acheté le condensateur, nous avons profité d'une inspection technique pour jeter un coup d'œil sur le kart de Tag. Évidemment, il était déjà équipé de ce gadget. Lorsque j'ai équipé mon kart de ce condensateur, sans surprise, j'étais beaucoup plus performant, mon kart plus rapide... aussi rapide que celui de mon adversaire qui devenait de plus en plus mon ennemi. Malgré tout son talent, Alex Tagliani était alors, à mes yeux, un sale tricheur qui m'avait volé des victoires avec la complicité de son père. Je me suis toujours dit que pour être performant, il faut s'y prendre de la bonne façon, sans essayer d'écraser les autres pour se mettre en valeur. C'est la philosophie qui depuis toujours dicte mes actions. Nous sommes tous des compétiteurs, et je n'ai jamais eu la prétention d'être parfait et j'ai toujours assumé mes erreurs. Or, j'avais l'impression qu'Alexandre n'assumait pas du tout ses erreurs. J'ai toujours eu de la difficulté avec ça. Cela dit, j'en ressortais plus convaincu d'avoir un meilleur coup de volant que lui. Après tout, la véritable performance ne se traduit pas nécessairement par le meilleur résultat. Peu importe la série, en course automobile, l'important c'est de tirer le maximum du matériel qui est à notre disposition, repousser ses propres limites humaines pour être en mesure de repousser celles de la machine. Si pour gagner il avait besoin d'avoir un kart doté de pièces dont personne d'autre ne disposait et que son clan était prêt à tricher pour y parvenir, cela ternissait, à mes yeux, ses performances en piste. Je ne voyais rien de bien glorieux de gagner de cette façon-là. Je me disais qu'en jouant ce petit jeu-là, il n'irait pas très loin. L'avenir allait me contredire.

Incident à Sanair

Encore une fois, j'ai été outré par les guerres politiques qui ternissaient mon sport. Lors d'une épreuve du Championnat 1991, à Sanair, je partais en 2e position et rapidement je me suis emparé du 1er rang. Pendant toute la course, Alex Tagliani me pourchassait. J'ai réussi à le contenir jusqu'à l'avant-dernier tour, avant qu'il ne parvienne à me dépasser. Au tour suivant, juste avant de prendre un virage, j'ai réussi à lui faire l'intérieur. Il s'est alors rabattu sur moi, mais il est parti en tête-à-queue, entrant en collision dans le mur de pneus. Je remportais donc l'épreuve. Cependant, à mon arrivée dans les puits, le nouveau responsable de la série s'amena vers moi, furieux, et me brandit une feuille de papier qu'il m'ordonnait de signer. Il y était écrit que je reconnaissais avoir volontairement envoyé Tagliani dans le décor ! Je lui ai aussitôt redonné son bout de papier. « Je ne signerai pas ça. Ce n'est pas du tout ce qui s'est produit sur la piste. » Il devint cramoisi et me lança sur un ton menaçant : « Si tu ne signes pas ça, tu seras automatiquement exclu ! » Je l'ai envoyé paître. « C'est bien de valeur, mais je ne signerai pas. Tu peux te torcher avec ton bout de papier, mon vieux ! C'est tout ce qu'il vaut ! » À mon tour, j'étais hors de moi. Mon attitude avait changé depuis que j'avais réussi la première phase du concours Elf, en Europe. Pour moi, la F125 était devenu, en 1991, un laboratoire pour perfectionner mon pilotage. Dans mon esprit, j'étais un pilote de monoplace en devenir. Tout ce que je faisais était désormais en fonction de la ronde demi-finale pour obtenir le volant Elf en Formule Renault. Je n'allais certainement pas me laisser intimider par un individu qui jouait le rôle de Bernie Ecclestone de la formule 125. J'ai effectivement été disqualifié de la course. « Tu as voulu jouer aux avocats, eh bien, tu vas en avoir besoin parce que je te déclasse ! » Je fais appel de son jugement sans fondement puisque je savais qu'il n'avait pas vu l'incident, que je n'avais commis aucune irrégularité, que j'étais dans ma ligne de course. Alex, en voulant se rabattre sur moi, jouait le tout pour le tout et a tout simplement perdu son pari. C'est au cours de l'audition en appel que j'ai réalisé à quel point notre sport était infesté par la politique. Tant et si bien que certains amis qui étaient venus assister à l'audition en étaient ressortis tellement dégoûtés qu'ils m'avaient suggéré de tout abandonner. « Tu n'as ni l'argent ni les appuis politiques pour te battre avec ces gens-là », me disaient-ils. De mon côté, j'avais déjà ma petite idée pour la suite de ma carrière. J'étais convaincu que je me rendrais en Formule Renault l'année suivante. Tagliani, son papa et leurs amis pouvaient continuer à tricher tant qu'ils le voulaient en F125, je n'en avais cure, car j'avais la certitude que j'allais atteindre un autre niveau. Le titre de F125 m'a donc échappé une troisième fois en 1991, et j'ai dû me contenter d'être vice-champion de la saison derrière Alex Tagliani. À la fin du mois d'août, au Grand Prix de Drummondville, j'avais enlevé la position de tête pour finalement terminer 2ᵉ tandis que mon coéquipier, Ricardo Almeida, dont ce n'était que la deuxième course de la saison, avait terminé 6ᵉ. Même s'il restait une course à disputer, sur le circuit de l'Autodrome Saint-Eustache, la semaine suivante, le titre était déjà dans la poche pour Tag. Pour une troisième année de suite, je terminais tout juste derrière lui au classement général du championnat de la saison. Je ne la trouvais vraiment pas drôle, mais je me consolais en me disant qu'il n'avait pas gagné à la régulière et que de toute façon je ne le retrouverais probablement plus jamais sur ma route. Sur ce dernier point, l'avenir m'a donné tort. Entre-temps, mon propre avenir passait par Elf-Winfield. C'est là que j'allais enfin devenir un pilote professionnel reconnu.

CHAPITRE 19

Retour en Europe

De retour à l'école Elf-Winfield, notre apprentissage devint plus intensif que jamais. Nous n'étions plus que 200 et quelques prétendants au volant pour la prochaine saison de Formule Renault. La formule demeurait toujours la même. Nous avions trois séances d'une dizaine de minutes par jour pour nous faire justice. Les cinq meilleurs temps à la fin de la semaine détermineraient qui resterait pour une semaine supplémentaire. Parce que cette fois, on voulait voir nos chronos baisser, les instructeurs souhaitaient identifier les plus rapides d'entre nous. Optimiste, j'avais déjà avisé mon employeur, Duval Toyota, que je serais parti pour deux semaines. Un optimisme qui aura finalement été de la prévoyance parce qu'encore une fois j'ai été le plus rapide des 25, par beaucoup, et je me suis qualifié pour la ronde ultime sans trop de difficulté. Mieux encore, j'avais roulé plus vite que l'instructeur qui avait testé ma voiture afin de déterminer le meilleur chrono dont elle était capable ! La cerise sur le gâteau fut la combinaison de pilote que donnait la compagnie FranAm aux cinq finalistes. Je me félicitais d'avoir, à mon séjour précédent, fait fi des directives et tenté de pousser ma voiture à sa limite parce que j'avais obtenu là un avantage sur mes rivaux. Un seul pilote me semblait capable de me donner du fil à retordre en finale, soit l'Américain Jason Engle qui était assez rapide, même si dans l'ensemble mes chronos étaient régulièrement plus bas que les siens et que je l'avais battu avec assez de facilité en demi-finale. Bref, j'étais plutôt confiant. Toutefois, la veille de la finale, nous avions disputé une « finale blanche » qui devait servir à déterminer l'ordre de passage. Cette fois, Jason Engle s'était montré nettement plus rapide que moi, devant me contenter du 2e chrono. Là, je me suis un peu inquiété. Un doute m'assaillait, comme dirait Achille Talon. Avait-il caché son jeu, comme je l'ai souvent fait auparavant, pour se montrer plus rapide que prévu en grande finale ? Allait-il me faire goûter à ma propre médecine ? C'était loin d'être impossible. Mais là n'était pas la question. Ce n'était pas vraiment la source de mes inquiétudes. La vraie question, celle que je me posais du bout des lèvres était plutôt celle-ci : « Est-il meilleur que je le croyais ? » Je refusais d'y croire. Je refusais de me laisser ébranler. C'était une finale blanche, sans grande conséquence. Demain serait un autre jour. Je ne pouvais tout simplement pas me permettre de perdre. À cette école-là, finir en 2e position ou à la 400e, c'était la même chose. Seul le gagnant aurait droit au volant Elf la saison prochaine en Formule Renault. Et ce serait moi, pas Jason Engle. C'est du moins ce que je me répétais intérieurement. Il s'était montré plus rapide que moi une seule fois. Je l'avais battu à toutes les autres occasions. Et je le ferais à nouveau en finale, c'est tout. J'essayais donc de ne pas trop m'en faire et de me reposer en vue de la finale du lendemain. Il ne me fallait surtout pas me laisser déconcentrer. J'étais si près du but que je m'étais fixé. Cette semaine supplémentaire en France, j'en avais rêvé. J'avais même maintenant une vraie combinaison de pilote. Il ne me restait plus qu'à terminer ce rêve en beauté. Mais la vie n'est malheureusement pas un conte de fées, et une fois de plus le destin dresserait un nouvel obstacle sur ma route.

Un échec porteur d'espoir

Il avait plu le matin de la finale. Les dés venaient donc d'être pipés par dame Nature dans cette finale où nous n'étions plus que cinq, dont le Canadien Glen Nixon, à tenter d'enlever ce précieux volant. Ce n'est pourtant pas parce que le jury n'était pas composé de juges chevronnés. Il y avait Lionel Froissard, journaliste et commentateur télé (*Libération,* Canal Horizon *et* TMC*)*, Gérard Crombac, journaliste réputé du *Sport Auto*, le tout aussi célèbre Johnny Reeves (que j'avais découvert dans ma jeunesse en lisant Michel Vaillant) du quotidien *L'Équipe,* Bernard Dudot de la société Renault, ainsi que les pilotes Jacques Laffite, Henri Pescarolo et Olivier Grouillard. La piste était légèrement humide, nous devions donc utiliser des pneus pluie. J'avais choisi de partir dernier. Dès la première des deux séries de cinq tours chronométrés que nous devions parcourir, une certitude se dessinait : le volant Elf 1991 se jouerait entre Jason et moi. J'avais réussi le meilleur chrono sur un seul tour, mais l'Américain affichait une meilleure régularité. Troisième à prendre d'assaut le circuit, voilà que mes pneus se sont rapidement dégradés. La piste s'asséchait, ce qui est la pire chose pour la gomme des pneus pluie. La voiture devenait extrêmement sous-vireuse, et j'avais désormais du mal à négocier les virages. Le train avant était constamment en dérapage. À la fin, mes pneus étaient carrément en lambeaux. Résultat, Engle avait un avantage d'un dixième de seconde au tour. L'injustice était tellement flagrante que les instructeurs de l'école ont demandé aux juges de superviser une ronde éliminatoire avec des pneus « secs » entre Jason et moi. Il était clair que Jason avait été avantagé par une piste plus humide et il avait des pneus en meilleurs états, alors que moi, j'utilisais des pneus où le caoutchouc s'arrachait sur la piste plus asséchée. Ils ont délibéré pendant de longues minutes, et nous manquions cruellement de temps. D'une part, l'avion les attendait. Mais j'ai appris par la suite qu'il y avait un autre facteur qui avait joué contre moi. Lorsqu'en début de semaine on nous avait interviewés et que nous devions expliquer comment nous allions subvenir à nos besoins pour une saison complète en France, je n'avais pas encore de plan précis. Convaincu que de remporter ce précieux volant suffirait à voir les entreprises québécoises m'ouvrir leurs coffres pour courir en Europe, je n'avais pas ébauché de plan B si cela ne devait pas se concrétiser. Ce fut une grave erreur de ma part. La bourse couvrait tout ce qui touchait la course, mais le lauréat se devait d'être en mesure de se loger et de se nourrir. J'étais dans l'attente de commanditaires qui me permettraient de vivre en Europe pendant les quelque six mois de la saison. De son côté, Jason n'avait pas à attendre une commandite pour s'installer en France puisque son père était un industriel fortuné qui possédait une usine de fabrication de plastique. Ce fut le coup de grâce. Les dirigeants de l'écurie craignaient que je n'aie pas les moyens de vivre si longtemps en Europe. Ils n'avaient pas tout à fait tort. De toute façon, Jason Engle avait été le plus rapide, et il ne tenait qu'à moi d'éviter de me retrouver dans une telle situation.

La vie est inique… c'est comme ça !

C'était à moi d'être le plus rapide, un point c'est tout. N'empêche que je trouvais la situation injuste. La pluie me semblait injuste. La fortune des Engle aussi était injuste. Bref, j'étais déchiré. Déçu, mais fier de mes performances. Résigné, mais plein de frustrations. Abattu, mais accroché à de folles espérances. J'avais envie de pleurer. J'avais envie de tout lâcher. Ironiquement, j'avais aussi envie de me battre. La vie est inique… et c'est comme ça, un point c'est tout. Il ne tenait qu'à moi d'en réparer les injustices. J'avais surtout envie de continuer d'y croire. Mais tout ça se passait en dedans de moi. Je continuais de sourire. Je gardais la tête haute. Même si j'avais le cœur en lambeaux sous ma belle combinaison neuve qui ne servirait peut-être plus jamais.

Question de langue

Il me restait un espoir, malgré mon échec de mériter ce volant Elf pour une saison complète en Formule Renault en France. Je parlais français. Pas lui. Mon espoir reposait maintenant sur une question de langue. L'Américain Jason Engle, qui m'avait battu, ne parlait pas un traître mot de français. En vertu des règlements du concours, il avait jusqu'à la fin janvier pour maîtriser la langue de Molière. Or, nous étions déjà à la mi-novembre. Ce règlement avait été adopté parce que les gagnants des deux dernières années, tous deux des Américains, avaient eu toutes les misères du monde à s'adapter à la vie en France, principalement parce qu'ils ne comprenaient pas le français. Cela dit, le papa de Jason avait de l'argent à ne plus savoir quoi en faire. Il y avait fort à parier qu'il lui payerait les meilleurs professeurs. Je refusais toutefois de croire qu'il y parviendrait. Autre baume sur ma blessure, plusieurs responsables d'Elf m'avaient promis de tout mettre en œuvre pour que je trouve preneur dans une autre équipe pour la saison prochaine. Et ils me rappelaient que ce n'est pas un déshonneur que d'avoir terminé deuxième à ce concours. Avant moi, Jean Alesi, Jacques Laffite et Patrick Depailler ont tous terminé 2e au concours Elf-Winfield. Je me souviens toutefois d'une conversation que j'ai eu le lendemain avec Olivier Panis, alors pilote en Formule 3, il me disait : « Tu sais, Bertrand, ce que tu viens de vivre, c'est l'épreuve la plus extrême que l'on puisse faire subir à un pilote. Dans une course, tu te loupes, et la fin de semaine suivante, tu te reprends. Mais ici, tu n'as pas le droit à la moindre erreur. C'est cruel, mais tu n'as pas à rougir. » Il essayait de me réconforter, mais en l'écoutant je n'étais pas capable de réprimer mes larmes. Mon château de cartes s'effondrait. Qu'est-ce que j'allais donc m'imaginer ? À la place de Jason Engle, j'aurais appris le mandarin, l'italien et l'allemand en trois semaines, si cela signifiait de courir toute une saison en Formule Renault. À bien y penser, je me disais qu'il réussirait probablement à revenir à la fin janvier capable de parler un français fort convenable. Mon chien était mort[44].

Un hiver difficile

Je suis rentré à Montréal déprimé, la mort dans l'âme. Cet hiver-là fut particulièrement pénible. J'avais recommencé à travailler au garage, mais le cœur n'y était pas. J'avais l'impression de

44. Expression qui signifie « Je n'ai aucune chance. »

tourner en rond, que ma vie ne menait nulle part. De plus, j'étais encore endetté. Était-ce ainsi que prendrait fin une carrière qui n'avait pas encore vraiment démarré ? Devais-je me résoudre à laver et cirer des voitures chez un concessionnaire jusqu'à la fin de mes jours ? Juste d'y penser me rendait malade. C'est là que je m'accrochais à mon rêve. Mais la vérité est que je n'avais plus les moyens d'accompagner l'oncle Jacques dans ses aventures en motoneige, que je ne retournerais pas en karting l'été prochain... Et puis, il y avait mes instructeurs de l'école Elf-Winfield qui m'appelaient régulièrement pour me prodiguer des mots d'encouragement. C'est là que j'essayais de me convaincre que ce n'était pas terminé. Pour ajouter au suspense, en janvier 1992, les gens d'Elf-Winfield m'invitèrent à passer, avec Jason Engle, une série de tests d'évaluation physiques, psychologiques et visuels avec le groupe de recherche en sport motorisé de l'Université McGill sur l'île Notre-Dame. Je serais là « au cas où ». Mais comme je le craignais, Engle suivait des cours de français depuis novembre à raison de trois séances de trois heures par semaine. Il était toutefois nerveux à l'idée de subir l'examen des gens d'Elf la semaine suivante. S'il échouait, je prendrais sa place. Bref, tout n'était pas encore perdu. Je sentais même que les gens d'Elf préféreraient qu'il se plante, que c'est moi qu'ils souhaitaient voir à bord de leur voiture. Je me disais alors que c'était encore possible. Qu'il me fallait juste y croire plus fort ! Et j'avais eu une très bonne couverture médiatique, notamment grâce à Gilles Bourcier, alors je savais qu'il y avait des gens intéressés à ce que je poursuive ma carrière. Je ne pouvais faire totalement mon deuil de la saison en Formule Renault, mais plus le temps avançait, plus mes chances s'amenuisaient. Puis, j'ai appris que les gens d'Elf seraient contentés par les efforts de Jason à apprendre le français. Ma vie était comme une balade dans les montagnes russes. Un instant j'y croyais, ce qui me rendait de bonne humeur, et l'autre instant je n'y croyais plus, ce qui me rendait morose. Pendant ce temps, mon ami René Fagnan avait un autre plan pour la suite de ma carrière. Deux options se dessinaient : le Championnat de Formule Ford de France ou le nouveau Championnat de F3 en Amérique du Nord. Mais dans les deux cas, il me fallait trouver de l'argent. Beaucoup d'argent. Une saison complète dans l'un ou l'autre de ces championnats coûterait facilement 150 000 dollars. J'étais plutôt loin du compte.

CHAPITRE 20

Premier pilote chez Mygale !

« Tu te souviens à Nogaro, quand nous avons rencontré Bertrand Decoster de l'écurie Mygale ? » me demanda un jour René Fagnan. Mygale était une petite écurie française qui participait au Championnat de Formule Ford, dans l'Hexagone. « Eux aussi ont décidé de mettre sur pied une école comme celle de Elf-Winfield. Ils ont un commanditaire, Maxauto, et le meilleur élève de leur école gagne lui aussi un volant pour la prochaine saison. Tu devrais t'inscrire. Ça ne te dirait pas te retourner faire un tour en France ? L'école est à Montlhéry, en banlieue de Paris. » Le problème est que je n'en avais vraiment plus les moyens. Et cette fois, lorsque je suis retourné cogner à la porte de Bertrand Lemay à la Banque Nationale, le prêt me fut refusé. Sans cet argent, je pouvais dire adieu à l'aventure française. Mais étant tenace, je me disais qu'il devait y avoir une solution qui m'avait échappé et qui me permettrait de continuer à me battre pour réaliser mon rêve de devenir pilote de course. C'est alors que je me suis souvenu que mes grands-parents avaient mis de l'argent de côté pour moi depuis ma naissance. Ils déposaient dans un compte de banque une vingtaine de dollars tous les mois. C'était ce qu'ils appelaient mon compte de banque de situation urgente. J'avais été prévenu : « Cet argent-là, Bertrand, tu ne le prends qu'en cas d'extrême besoin. » Il y avait près de 3000 dollars[45], dans ce compte-là. À bien y penser, c'était un cas d'extrême besoin. Il fallait que je le prenne. Une fois de plus, j'étais à la croisée des chemins et je me disais que je ne pourrais pas vivre le reste de ma vie en regrettant de ne pas avoir tout tenté pour réussir. Je ne voulais pas vieillir en me disant constamment : « J'aurais dû... » ou « Si j'avais essayé plus fort, peut-être que... » Je venais de passer si près du but. Je me disais : « Faut que j'y aille. » Ce n'était pas le moment de baisser les bras. Il me fallait retourner en France. Il me fallait aller tenter ma chance chez Mygale. J'ai appelé mes grands-parents qui passaient l'hiver en Floride pour leur expliquer la situation et leur demander la permission de retirer l'argent du compte. Ils n'ont même pas hésité et m'ont donné leur bénédiction. Ils allaient libérer les fonds pour que je puisse poursuivre ma quête. « C'est ton rêve, me répétait affectueusement ma grand-mère. Il faut que tu ailles au bout de ton rêve. »

Pas de luxe

J'avais l'argent et j'étais prêt à repartir. René Fagnan s'inquiétait toutefois des limites de mon budget. « Tu es conscient que tu vas devoir te serrer la ceinture avec si peu d'argent, il n'y aura pas de luxe ! » Il y avait exactement 2800 dollars[46] dans le compte bancaire dont mes grands-parents venaient de me faire cadeau.

45. Autour de 2015 euros (selon le taux de change d'aujourd'hui).

46. Autour de 1880 euros (selon le taux de change d'aujourd'hui).

Heureusement, je n'avais pas à payer à nouveau pour le cours de pilotage chez Mygale. Je passerais directement aux épreuves de sélection à compter du 14 février. Un autre Québécois, Éric Ouanounou, qui avait déjà obtenu son billet pour la finale à l'école Cendrine Nahon, à Dreux, serait aussi au rendez-vous. Je me suis donc rendu en France, à la mi-février, pour tenter une fois de plus de mériter un volant pour la prochaine saison. Cette fois, nous étions 300 à prétendre à ce volant sur le circuit mythique de Montlhéry, à une trentaine de kilomètres au sud de Paris. Ce circuit avait été inauguré en 1924. Un peu comme celui de Monza, il était doté d'un anneau de vitesse vertigineux, qui devait faire neuf mètres de haut. C'était assez hallucinant. On raconte que cet anneau permettait à des voitures de 1 000 kilos d'atteindre en haut des virages une vitesse avoisinant les 220 kilomètres à l'heure. De plus, la courbure de l'anneau était telle et les virages étaient tellement relevés qu'un étrange phénomène si produisait. Quelques secondes avant qu'une voiture passe devant nous, nous pouvions entendre clairement son moteur par réverbération. Tout le contraire de l'éclair qui précède le tonnerre. À Montlhéry, le son semblait voyager plus vite que la lumière ! En fait, le son était tellement clair que l'on pouvait même distinguer le type de moteur qui s'approchait. Pour son époque, l'anneau de vitesse de Montlhéry était considéré comme l'un des plus modernes au monde. D'ailleurs, de nombreux pilotes et plusieurs manufacturiers automobiles venaient y faire des essais privés et tenter de battre différents records du monde. Dans les années 1930, Citroën y avait une station d'essai où jour et nuit l'on testait la fiabilité de ses modèles. Je me souvenais d'ailleurs d'avoir lu à ce sujet que les metteurs au point devaient se taper 2 000 kilomètres en première vitesse, 2 000 kilomètres en deuxième vitesse, 2 000 kilomètres en vitesse maximale, mais aussi 2 000 kilomètres en marche arrière ! En regardant ce circuit, j'eus un petit fou rire en essayant d'imaginer un pauvre pilote devoir y parcourir 2 000 kilomètres en marche arrière. Mais cet autodrome, aujourd'hui menacé d'être complètement rasé, a connu la déchéance autant que la gloire. En 1936, ses propriétaires étaient en faillite. Il avait aussi servi de circuit d'entraînement pour la conduite de motocyclettes et d'automitrailleuses militaires à la veille de la Deuxième Guerre mondiale avant de servir de 1940 à 1942, de camp d'internement pour les romanichels et autres nomades ou bohémiens ! Une anecdote plutôt savoureuse, voire ironique quand on y pense. N'étais-je pas moi-même un bohémien sans le sou dans cet autodrome, 50 ans après qu'il eût servi de prison ? À la différence que moi, je ne me plaindrais jamais d'être séquestré sur un circuit automobile ! Évidemment, mes conditions de vie n'y seraient jamais aussi misérables qu'elles le furent pour ses malheureux bagnards.

Fantômes sous la pluie

Je résidais dans un petit hôtel abritant des voyageurs dont le budget, comme le mien, était des plus limités. Je logeais donc à l'hôtel Formule Un Linas de Montlhéry, situé à environ deux kilomètres et demi du circuit. À vol d'oiseau, c'était à moins d'un kilomètre, mais il fallait faire un détour dans le village pour s'y rendre, à pied ou à vélo. Encore une fois, prendre un taxi aurait été un luxe inacceptable dans ma situation, et c'est à pied que soir et matin je me rendais ou revenais du circuit. Comme la nature aimait bien se moquer de moi, c'est sous une pluie battante que j'ai dû me rendre sur le circuit la première journée, avec mon casque sur la tête. J'avais probablement l'air d'un extra-terrestre. Les gens que je croisais me regardaient d'ailleurs d'un drôle d'air, allez savoir pourquoi ! D'autant que malgré mon allure plutôt étrange, je prenais tout mon temps, fasciné notamment par l'architecture du village, passablement différente de celle à laquelle j'avais été habitué au Québec, mais aussi par les étranges noms de rue : Chemin de Tabor, Chemin des Mitettes, Chemin du Vieux Pavé de Bruyères-le-Châtel, Chemin des Roches, Chemin de Vaux le Roy, Chemin Rural ! Arrivé sur le circuit, j'ai vite réalisé que l'école était à l'autre bout complètement de la piste recouverte d'un épais brouillard. Je me souviens de m'être approché des statues de pilotes d'avant-guerre morts en piste, qui longeaient le circuit et qui, dans ce brouillard, prenaient des airs fantomatiques. Je me souviens de m'être particulièrement attardé devant le buste du légendaire Antonio Ascari, mort au volant de son Alfa Romeo P2 en 1925, peu de temps après avoir remporté le Grand Prix de Belgique. Quelques années plus tôt, Ascari faisait équipe avec un certain Enzo Ferrari. L'année précédente, il avait triomphé au Grand Prix de Monza et il était considéré comme l'un des meilleurs pilotes italiens de son époque. J'avais tellement lu sur Ascari qu'en regardant son buste tout aussi dégoulinant de pluie que mon casque, j'avais l'impression de m'être approché de la tombe d'un grand-oncle. Je n'étais pas très bon en histoire à l'école, mais c'est parce qu'on n'y parlait pas assez de course automobile. Ascari, c'était de l'histoire facile à mémoriser. D'autant que son fils Alberto, qui n'avait que sept ans quand son illustre père a trouvé la mort ici à Linas-Montlhéry, deviendrait également une icône de mon sport, un double champion du monde de Formule Un avant de connaître une fin tragique en piste. J'en oubliais la pluie et mes os transis. Je continuais à rêvasser devant ces bustes des légendes d'autrefois. Un autre monument attira alors mon attention. Celui-là rendait hommage à Jean Rolland, ancien champion de France dans les années 1960, qui avait fière allure sur son buste, le regard vers le ciel, son casque lui donnant des allures d'aviateur. J'avais tout lu sur ses exploits en GT au volant d'une Alfa Romeo 33. Son petit sourire en coin me semblait destiné. Comme si son fantôme venait me souhaiter bonne chance. Lui aussi était mort sur ce circuit, en 1967, lors de séances d'essais. Il n'avait que 32 ans. Je me sentais trembler d'émotions, mais c'était peut-être aussi de froid ! Quand je suis arrivé à l'école, j'étais complètement détrempé, mais tout aussi euphorique. Le temps d'essayer de faire sécher mes vêtements en vitesse dans la tente adjacente au circuit, il me fallait donner mes premiers coups de volant. Rapidement, un instructeur, Jean-Luc, m'a entraîné vers la voiture. « Tu vas te débrouiller sous la pluie ? » me demanda-t-il après m'avoir expliqué certaines subtilités du bolide. « Ça devrait aller », répondis-je avec un sourire confiant. Quand j'ai entendu le moteur vrombir derrière moi, je me suis senti revivre. Les fantômes de tous les grands pilotes qui m'avaient précédé sur ce circuit étaient là, bien vivants, dans les gradins, et ils applaudissaient ma détermination… j'en suis convaincu. Encore une fois, je me félicitais de ma décision, peu importe le prix à payer. La Formule Ford était quelque peu différente d'une Formule Renault, ne serait-ce que par son absence d'appui aérodynamique. Il fallait surtout travailler les réglages de suspension en plus d'être capable de procéder à une très bonne analyse de pilotage. Il me fallait aussi découvrir rapidement les subtilités de ce circuit extrêmement rapide dont la majeure partie était au cœur de la forêt où, surtout sous une pluie battante, la visibilité pouvait s'avérer problématique, voire nulle par endroits. Toutefois, pas question de laisser un aussi petit détail m'empêcher de rouler vite et de pousser la voiture au maximum de son potentiel. Les excuses ne valent que pour les perdants, ne cessais-je de me répéter. Pas question de décevoir tous ces fantômes de pilotes venus m'encourager ! J'ai fait quelques tours de piste plutôt rapides, puis en voyant la mine de Jean-Luc quand je suis débarqué, je savais que j'avais encore du potentiel ! Ce fut une première journée exaltante.

Les Jeux d'Albertville

Quand je n'étais pas en piste, je passais mes journées dans ma petite chambre d'hôtel où je regardais les Jeux olympiques d'Albertville à la télévision. Il ne semblait d'ailleurs n'y avoir que ça à la télé, alors aussi bien m'y intéresser même si j'étais un néophyte pour ce qui est de la majorité des épreuves. J'étais à plus de 600 kilomètres de la Savoie, mais en étant en France, j'avais tout de même le sentiment d'être tout près. Je repense avec émotion aux spectaculaires cérémonies d'ouverture, aux exploits du coloré skieur italien Alberto « La Bomba » Tomba, premier de sa discipline à remporter deux fois de suite la même épreuve aux Jeux olympiques. Je compris rapidement à quel point le ski alpin était un sport majeur en France. C'est d'ailleurs en direct que j'ai assisté à la plus surprenante médaille d'or de Kerrin Lee-Gartner, première athlète canadienne à remporter la descente olympique. Je n'avais jamais entendu parler d'elle auparavant, mais j'étais aussi fier de sa victoire que si elle avait été ma propre sœur. Une Canadienne médaillée d'or à Albertville, c'était très bon pour mon moral de Canadien errant ! Évidemment, le désavantage de voir les Jeux dans un pays étranger, c'est que l'accent était mis sur les athlètes du pays hôte. Mais j'ai quand même pu voir l'improbable médaille de bronze remportée par Myriam Bédard. Je me souviens aussi de cette controversée équipe canadienne de hockey, dont les seuls Québécois étaient Joey Juneau et Patrick Lebeau, ayant invité ce renégat d'Éric Lindros qui refusait de porter les couleurs des Nordiques parce qu'il n'avait pas envie de se retrouver dans un environnement francophone. Sans le sou pour sortir, en dehors de l'école, je n'avais que les Jeux d'Albertville pour me divertir. Ne le dites à personne, mais je me suis même fait prendre par le patinage artistique où j'ai applaudi, tout seul dans ma chambre d'hôtel, la médaille de bronze d'Isabelle Brasseur et Lloyd Eisler. Je préférais toutefois le patinage de vitesse, surtout sur courte piste, où les Sylvie Daigle, Nathalie Lambert, Frédéric Blackburn, Michel Daigneault et compagnie nous avaient fait vivre des émotions fortes. Je revois la déception de Jean-Luc Brassard qui croyait bien monter sur le podium dans l'épreuve de bosses de ski acrobatique. J'enviais tous ces athlètes de haut niveau qui y participaient et représentaient leur pays. Je les regardais en me disant que je m'approchais aussi de mon idéal, et je pouvais imaginer le parcours tortueux qu'avait parcouru chacune et chacun de ceux qui avaient obtenu leur qualification olympique. Quand il m'arrivait de tourner en rond dans ma petite chambre d'hôtel de Montlhéry, leur courage m'inspirait. Ils ne le savent pas et ne l'ont jamais su avant aujourd'hui, mais tous ces athlètes qui nous représentaient aux Jeux d'Albertville ont eu une influence plus que positive dans ma quête du volant de Formule Ford de l'écurie Mygale. J'en profite donc pour les remercier, à l'exception d'Éric Lindros bien entendu. Évidemment, je ne pouvais pas comprendre, à l'époque, les véritables raisons qui ont motivé sa décision de ne pas aller à Québec. Les perceptions sont parfois trompeuses. Avec le recul, je réalise à quel point les gens, et j'en suis, sont parfois tentés de porter des jugements lapidaires. Les athlètes d'élite sont, sans exception, des êtres passionnés qui sont tantôt portés aux nues, tantôt condamnés injustement.

Entrevues encourageantes

À la différence du programme Elf-Winfield, chez Mygale, on nous avait prévenus que le coup de volant n'était qu'un aspect du concours. Les entrevues pèseraient également lourd dans la balance. Or, les entrevues que j'ai passées avec les gens représentant le commanditaire Maxauto m'ont donné confiance. Encore une fois, je sentais que le courant passait, même si ceux-ci s'efforçaient de ne rien montrer de leurs émotions ou de ce qu'ils pensaient de mes réponses. Qu'importe, j'avais le sentiment d'avoir fait une belle impression. Il ne me restait qu'à être performant en piste, convaincu que l'affaire serait dans le sac. Il y avait dans ce groupe un individu particulièrement intimidant. Il avait l'air austère et sévère. Le genre d'homme que l'on imagine plus facilement congédier un employé que de le féliciter. On me l'avait présenté comme un des principaux directeurs de Maxauto, mais je ne me souvenais plus de son nom. J'étais loin, à ce moment-là, de me douter que cet homme-là jouerait bientôt un rôle important dans ma vie. Je me souviens encore aujourd'hui du regard qu'il m'a adressé à ma sortie de la voiture le deuxième jour. Il m'a souri et m'a fait un clin d'œil complice. Un sourire et un clin d'œil sur un visage aussi imposant, et surtout aussi dur et très peu porté sur les émotions, voilà des signes que j'interprétais comme étant des plus favorables. Visiblement, il avait aimé ce qu'il avait vu. On se dit souvent que tout se décide dans la voiture et en piste, mais pour réussir en course automobile, et dans la vie en générale, il faut aussi avoir une bonne attitude et surtout être bien dans sa peau. Une défaite peut souvent nous faire avancer, et je crois, avec le recul, que l'échec chez Elf-Winfield aura pavé la voie aux succès chez Mygale. Je n'étais pas dans le même état d'esprit pour cette nouvelle tentative en France. En demi-finale, j'allais en mettre plein la vue à ceux qui deviendraient assurément mes nouveaux patrons, qu'ils le veuillent ou non, m'étais-je dit, et c'est avec deux secondes d'avance que j'aurai distancé mon plus proche rival. Je reviendrais disputer la finale dans moins d'un mois. Un voyage de plus en France qui continuerait de tarir mes ressources financières, mais je m'en foutais. J'irais enfin au bout de mes rêves. Du moins, je m'en approcherais autant que possible.

Décalage horaire

Le décalage horaire me jouerait toutefois un vilain tour à mon retour sur le circuit de Montlhéry. Lors de la préfinale, j'étais épuisé et j'avais les jambes comme de la guenille. Résultat, je tournais sept dixièmes de seconde plus lentement que lors des qualifications. Le Français Frank Servol, le plus rapide des cinq finalistes, roula deux dixièmes de seconde plus vite que moi. Je me consolais toutefois en constatant qu'il n'avait pas amélioré ses chronos du mois dernier. J'étais deuxième à pouvoir choisir ma position de départ pour la finale qui serait couru dans quatre jours. J'aurais donc amplement le temps de me remettre du décalage horaire et de me présenter frais et dispos pour cette finale. Encore une fois, j'avais choisi d'être le dernier à aller en piste, même si cette stratégie m'avait mal servie chez Elf-Winfield. Je continuais d'espérer que la voiture serait en température et que les pneus, des radials de rue, seraient plus usés, donc plus collants. Cette fois, ce serait un choix heureux. Le matin de la finale, je suis arrivé en pleine forme. J'ai visualisé ma course et mentalement je me sentais plus fort que jamais. Je crois avoir tiré d'importantes leçons de ma défaite face à Jason Engle en portant plus d'attention à ma préparation mentale. La course, comme n'importe quelle compétition sportive, ça se passe aussi entre les deux oreilles. Je pense qu'une de mes forces a toujours été d'être capable d'introspection et d'autoanalyse. Cette fois, je n'avais négligé aucun détail. Je savais que la compétition serait féroce, mais je m'y étais préparé en conséquence. Lorsque je me suis élancé sur la piste, j'étais en parfaite maîtrise et tout s'est déroulé comme je l'avais imaginé. J'étais à la limite de la voiture et des lois de la physique partout sur ce circuit extrêmement dangereux, où il n'y avait aucun rail de sécurité. À la moindre sortie, je risquais la catastrophe. Mais je n'y pensais pas. De toute façon, si j'échouais, ce serait pour moi une catastrophe à tous points de vue. Il me fallait donc en mettre plein la vue aux gens de Mygale et de Maxauto. Peu importe les risques. Le sourire affiché par tous les membres du jury à mon retour dans les puits me confirmait que j'avais réussi. À ma sortie de la voiture, j'étais épuisé, complètement vidé de toutes mes énergies. J'avais tout donné en piste et je me sentais comme un gars qui venait de terminer un marathon. Frank Servol, ayant remporté la préfinale, avait complètement raté sa sortie, arrachant trois cônes du parcours en plus de se payer un tête-à-queue. Restait maintenant à distancer le Français Christian Perrin, ce que je fis en remportant la finale avec une priorité d'une seconde complète ! Cette fois, c'était gagné. Je venais de décrocher le volant de l'écurie Mygale pour les 11 courses du Championnat de France de Formule Ford. Un prix qui valait pas moins que 150 000 dollars. Évidemment, il me restait à trouver des appuis dépassant les 30 000 dollars[47] pour mon séjour en France, mais à ce moment-là ce n'était plus qu'un simple détail à mes yeux, j'aurais amplement le temps d'y penser. Je vivais le plus beau jour de ma vie, et il n'était pas question de gâcher la fête par de telles préoccupations. D'autant qu'au Québec je pouvais compter sur le travail de mes amis Gilles Bourcier, René Fagnan et Stéphane Gabriele qui multipliaient les appels et le travail de démarchage pour me dénicher les commandites nécessaires. Cette victoire devrait leur faciliter considérablement la tâche, me disais-je alors. Après tout, je devenais le troisième Québécois, avec Steve Wester (qui courrait en Formule Vauxhall, en Angleterre) et Stéphane Proulx (inscrit au Championnat français de F3), à participer à une course en Europe au cours de la saison 1992. J'étais attendu dans une dizaine de jours pour amorcer les 2 000 kilomètres d'essais présaison qui commenceraient à Ledenon, dans le Gard, sur un circuit considéré comme le plus vallonné, le plus sinueux et le plus technique de tous les circuits de France. Je salivais d'anticipation. Ce soir-là, j'ai été invité dans un grand restaurant par les dirigeants de Mygale et de Maxauto. J'y ai retrouvé la plupart des gens avec qui

47. Autour de 20 170 euros (selon le taux de change d'aujourd'hui).

j'aurais à travailler au cours de la saison : mécanos, ingénieurs, concepteurs... J'avais déjà rencontré plusieurs d'entre eux à l'usine lors d'une visite guidée en compagnie du grand patron Bertrand Decoster entre deux séances d'essais. Moi et Jean-Claude Silani, qui serait désormais mon ingénieur, avions une excellente communication et allions assurément développer une belle complicité. Je ne pouvais demander mieux. Ce fut une soirée de rêve. C'était mon premier véritable repas de la semaine (mes moyens financiers ne me permettaient pas de grands excès de table), sans compter le fait que nous discutions de course automobile, des améliorations à venir sur la voiture et du calendrier d'essais. J'étais leur pilote numéro un, et on ne me cachait pas que l'on misait sur moi pour donner à Mygale une première victoire en Formule Ford. Il faut dire que Mygale, c'était d'abord un fabricant de châssis. Michel Tétu, celui qui avait conçu ma voiture, avait auparavant dessiné les voitures de Renault et Ligier en Formule Un. Ce n'était pas rien. D'ailleurs, chez Mygale, on nourrissait de grandes ambitions, et l'une d'elles étaient d'amener un pilote en Formule Un. Visiblement, ces gens-là avaient à cœur mes succès futurs et ma progression vers le grand cirque. Ça tombait bien, c'était aussi mon projet de vie. Et avec pareille écurie, je serais plus qu'un simple pilote puisque l'on me consulterait pour développer la voiture. Ce fut pour moi une chance extraordinaire que j'entendais saisir. Plus que jamais, il me semblait que je m'approchais chaque jour des objectifs que je m'étais fixés.

Saison compromise

De retour au Québec, je constate que malgré les valeureux efforts de mes trois amis, la recherche de commandite est beaucoup plus ardue qu'anticipée. Le temps presse puisque je dois repartir pour la France dans moins d'une semaine et il me faut, au moins pour m'installer là-bas, quelque 2 000 dollars. Pour subsister pendant toute la saison, c'est de 30 000 dollars dont j'aurais besoin. Pourtant, avant de gagner le volant Mygale, plusieurs entreprises nous avaient donné l'assurance de nous appuyer si je réussissais à l'obtenir. J'avais le volant, mais ces gens-là n'étaient pas pressés de rappeler. Nous ne cessions d'établir des contacts, mais les réponses positives tardaient. Ma saison était même compromise. En 1992, le Québec est en récession et les entreprises font davantage dans la restructuration et les mises à pied que dans la commandite de pilote automobile. Plusieurs m'appellent en s'excusant de ne pas être en mesure de m'aider. Je suis à court de solutions et, une fois mon billet d'avion payé, il ne me reste plus que 200 dollars[48]. Le temps presse. Il ne me reste que 3 semaines pour trouver les 30 000 dollars nécessaires pour que je puisse survivre en France, me payer un petit appartement et me nourrir ! J'avais beau être le plus grand optimiste, l'inquiétude prenait de l'ampleur. Stephane Gabriele, un gars pourtant drôlement bien organisé et avec énormément d'entregent, déploie tous les efforts possibles et imaginables pour convaincre des entrepreneurs de dénouer les cordons de leur bourse pour me permettre de repartir en France la tête tranquille et avec au moins une partie de l'argent dont j'aurai besoin pour subsister au cours des prochains mois, voire des prochaines semaines. Parce qu'il est clair qu'avec 200 dollars dans les poches, je ne pourrai pas rester bien longtemps en France même en couchant sous les ponts ! Deux jours avant mon départ, c'est toujours l'impasse. J'ai un billet d'avion pour Paris et 200 dollars. Un blitz

48. Autour de 135 euros (selon le taux de change d'aujourd'hui).

de sollicitations s'avère aussi infructueux que les précédentes tentatives. Je dois avouer que le découragement commence alors à me gagner, même si je m'efforce devant mon entourage de ne rien laisser paraître de mes états d'âme. Je ne voudrais surtout pas que mon découragement devienne contagieux. Gilles Bourcier me recommande alors de partir malgré tout et d'expliquer ma situation aux gens de Maxauto. Il a bon espoir que l'on trouvera de l'argent en cours de route. « L'important, c'est que tu sois présent sur place, que tu arrives à la date prévue. On va s'occuper du reste », me dit-il alors avec beaucoup d'assurance dans la voix. À ce jour, je ne suis pas convaincu qu'il était si confiant que ça, mais je préférais le croire et partager son optimisme. Ma mère, elle, était sans connaissance. « Tu ne peux pas retourner en France avec seulement 200 dollars dans les poches ! C'est de la folie furieuse, Bertrand ! » glapissait-elle comme si elle allait s'étouffer juste d'y penser. Gilles a même dû intervenir pour tenter de calmer ses appréhensions. « Ne vous inquiétez pas, c'est un grand garçon, il va se débrouiller, ça va bien aller », ne cessait-il de lui dire en ignorant ses protestations. « Tu es encore plus fou que mon fils », lui disait-elle en essayant de se contenir. Il en fallait plus pour déranger l'ami Gilles, un éternel bohème que rien n'effraie. « Faites-lui confiance. Il va réussir, je le sais », lui répondait-il avec insistance pour la rassurer. Il y réussit plus ou moins, mais de toute façon rien ni personne ne m'empêcherait de partir. C'est ainsi que sans savoir où je coucherais à mon arrivée, je suis monté dans l'avion pour Paris avec seulement 200 dollars en poche.

CHAPITRE 21

Vivre en France avec moins de 200 dollars

Arrivé à Paris, il me fallait maintenant m'acheter un billet de train pour Vichy, à plus de 400 kilomètres de la Ville Lumière, là où m'attendrait le patron de Mygale, Bertrand Decoster. Je m'attendais à débourser quelques dollars, en classe économique, pour le train qui assurait la liaison. C'était toutefois beaucoup plus cher que j'avais prévu. Je voulais me munir d'un billet aller-retour « ouvert », mais si je le faisais, il ne me resterait vraiment presque plus d'argent. Et ma situation était déjà pour le moins précaire. J'ai donc opté pour un billet aller simple, au meilleur tarif possible (pas question d'envisager le TGV, même s'il y en avait un) et il ne me restait désormais qu'un peu plus de 100 dollars. Si j'avais pu embarquer dans la soute à bagages pour que ça coûte moins cher, je l'aurais fait. La balade de train entre Paris et Vichy était d'une durée approximative de quatre heures. Je regardais le paysage défiler sous mes yeux, mais mon esprit était ailleurs. Je vous avouerai que je commençais à devenir un peu inquiet de la réaction des gens de l'écurie Mygale lorsqu'ils apprendraient que je n'avais pas réussi à décrocher la moindre commandite me permettant de vivre en France pendant plus de six mois. Mais, en même temps, je ne cessais de me répéter que je n'avais vraiment plus rien à perdre. Le pire qui pouvait m'arriver, me disais-je, ce serait qu'ils me disent de remonter sur le train vers Paris et de rentrer à Montréal au prochain vol. Ce n'était certes pas le scénario que j'espérais (je m'efforçais d'ailleurs de l'écarter de mon esprit le plus rapidement possible), mais au moins j'aurais joué jusqu'à ma dernière carte. L'échec est toujours préférable au doute de celui qui n'a pas tout essayé pour réussir. En fait, plus j'approchais de Vichy, plus je me sentais calme et même serein. Dans ma tête, tout était clair comme de l'eau de roche. Ça passait ou ça cassait. Il me fallait tout simplement expliquer la situation à Bertrand Decoster, et j'étais certain qu'il comprendrait. Sinon, tant pis, car au moins je ne passerais pas le reste de ma vie à m'en vouloir d'avoir baissé les bras, de ne pas être allé jusqu'au bout de mon rêve. Plus le train s'approchait de la gare de Vichy, plus j'avais l'esprit tranquille et le cœur léger, me permettant d'apprécier le paysage.

Mine déconfite

Sur le quai de Vichy m'attendait mon nouveau patron. Il était de très bonne humeur, et c'est tant mieux parce que depuis mon départ je me demandais bien comment il allait réagir en apprenant mon infortune. Après les salutations d'usage, il me demanda sans ménagement si j'avais déjà un appartement ou si j'habiterais provisoirement à l'hôtel. « Tout est réglé pour ton hébergement ? » J'ai aussitôt senti mes joues rougir. « Je voulais justement vous en parler. J'ai un petit problème », balbutiai-je. « Pardon ? » dit-il en fronçant les sourcils. Je lui ai alors expliqué la situation.

« Je n'ai pas réussi à trouver l'argent nécessaire. Je n'ai qu'une centaine de dollars dans les poches. » Son visage était démonté. Il en a eu visiblement le souffle coupé. J'ai tenté de le rassurer en lui disant sur un ton blagueur qu'au moins j'avais un billet d'avion aller-retour. Mais la blague tomba à plat. Il n'avait visiblement pas envie de rigoler. Je n'ai pas insisté, et j'ai plutôt essayé de lui montrer ma détermination. Je lui ai dit que j'avais pensé dormir à l'usine et que, pour gagner un peu d'argent, j'étais même prêt à y travailler, peu importe les tâches ingrates que l'on daignerait me confier. Ça ne sembla pas le réconforter, loin de là. Son visage si souriant quelques minutes plus tôt était maintenant livide. J'ai même eu peur qu'il ait une attaque cardiaque. J'ai eu tout aussi peur qu'il me renvoie chez moi illico. Je me préparais déjà mentalement à me faire dire de remonter immédiatement dans le train et de ne plus jamais l'importuner ! Je me conditionnais déjà à encaisser le coup en me répétant qu'au moins j'aurais tout essayé. Je ne savais plus quoi dire pour le convaincre de ne pas me chasser. Là, j'étais bel et bien à court d'arguments. Finalement, après avoir réfléchi pendant ce qui m'a semblé être une éternité, il me lança : « Bon, demain nous allons parler aux gens de Maxauto afin de voir ce que l'on peut faire. En attendant, tu viendras coucher à la maison. » Je suis monté à bord de sa voiture et je le sentais déjà plus détendu. Nous parlions de choses et d'autres, comme si de rien n'était. Pas sûr toutefois que sa femme ait apprécié de me voir débarquer. Je la revois, essayant de rester accueillante quand Bertrand Decoster lui a expliqué qu'il m'avait proposé l'hospitalité. « Le gamin est débarqué ici avec seulement 500 balles dans les poches ! » avait-il lancé à sa conjointe, Estelle, avec un brin de moquerie dans la voix. S'il avait voulu la faire rire, c'était raté. Elle n'avait vraiment pas l'air d'avoir envie de rire la madame. Quand j'y repense aujourd'hui, j'ai été extrêmement chanceux de tomber sur des gens comme Bertrand Decoster et Estelle qui ont accepté de m'offrir le gîte et l'hospitalité, même si je n'avais pas réussi à respecter le plus important de mes engagements qui était d'obtenir les commandites nécessaires pour vivre en France. J'ai habité chez les Decoster pendant quelques semaines avant que tout s'organise pour que l'on me trouve finalement un logement. Malgré toute leur bonne volonté, je savais bien que je dérangeais leur vie de famille, et c'était pour moi terriblement embarrassant. Je me sentais comme un intrus dans cette petite famille qui avait déjà un bambin de deux ans et n'avait certainement pas besoin d'un grand tarla[49] de 24 ans ! Dès ma première nuit, sans savoir combien de temps je devrais rester dans cette maison, je me sentais vraiment de trop. Même s'ils se gardaient bien de dire quoi que ce soit en ce sens, il était clair dans mon esprit que j'étais davantage une source de tension entre eux qu'autre chose. Mais pour le moment, je n'avais guère d'autre choix. Il me restait à espérer que non seulement les gens de Maxauto décident de m'aider financièrement d'une façon ou d'une autre, mais aussi que chez nous, au Québec, mes amis Bourcier, Fagnan et Gabriele réussissent à me trouver très rapidement les commanditaires qui changeraient radicalement ma vie. Je pense qu'il n'y a pas une compagnie québécoise ou canadienne qui n'ait pas reçu une demande de commandite et le matériel de présentation visant à les convaincre. J'ai encore, dans mes boîtes, des centaines et des centaines de lettres de chefs d'entreprises bien connues qui s'excusaient de ne pouvoir me commanditer parce que ce n'était pas dans la philosophie de

49. Idiot.

l'entreprise, parce que leurs budgets étaient déjà adoptés et que ce serait peut-être pour l'an prochain, ou encore ils invoquaient la situation économique pour justifier leur refus. N'empêche que je gardais espoir et j'avais confiance que les démarches que multipliaient mes amis finiraient par porter fruit. Après tout, déjà nous avions été cherchés une petite somme de 2 000 dollars de Saint-Hyacinthe Élite, une association sportive qui avait décidé de me donner un coup de main. Mais c'était encore trop peu pour pouvoir espérer trouver un toit et avoir les moyens de manger trois repas par jour. Bertrand Decoster ne m'avait pas chassé malgré mon indigence, mais la conférence téléphonique avec les gens de Maxauto le lendemain matin serait déterminante. Cette première nuit chez mes hôtes improvisés à Vichy ne serait pas de tout repos malgré le décalage horaire et la fatigue d'un très long voyage. Ce pouvait fort bien être ma toute dernière nuit en France pour très longtemps. La partie n'était pas encore gagnée, loin de là.

Le dilemme de Maxauto

Le lendemain matin, j'ai eu mon premier choc culturel lorsque, pour le petit-déjeuner, Estelle, la conjointe de Bertrand Decoster qui me conduisit à l'usine, s'arrêta à une petite boulangerie pour acheter quelques croissants. J'allais vite découvrir que les toasts au beurre de peanuts[50] ou les œufs avec bacon et patates rissolées ne sont pas le lot quotidien des Français. Mais bon, à Rome, on vit comme les Romains. Par la suite, à l'usine, en compagnie de Bertrand Decoster, nous avons eu une conférence téléphonique avec les représentants de Maxauto. Eric Mayou et Daniel

50. Beurre de cacahouètes.

Boismenu, les deux patrons de Maxauto étaient au bout du fil. J'étais extrêmement mal à l'aise, et l'ambiance était plutôt lourde. « Vous ai-je bien compris ? Bertrand est parti du Canada avec seulement 200 dollars en poche ? C'est quoi ça, 1 000 francs ? Il a traversé l'Atlantique avec 1 000 francs dans ses poches ? » s'est exclamé l'un d'eux à l'autre bout du fil. Je ne savais pas s'il était furieux ou assommé par la nouvelle. Je ne savais pas s'il me considérait comme un imbécile ou un irresponsable. J'avais l'impression que c'était probablement un peu des deux. Avec le recul, je dirais qu'il n'aurait probablement pas eu tort de le penser. Qu'importe, cette fois, je croyais vraiment que c'était foutu. À tout moment, je m'attendais à me faire dire de rentrer à Montréal, ou bien à me faire engueuler par l'un ou l'autre des intervenants. Il était évident que les gens de Maxauto se sentaient un peu piégés par ce pilote débarqué sans le moindre sou pour assurer sa subsistance pendant toute la durée de la saison. Piégés parce que j'étais leur premier pilote, que l'on devait amorcer d'importants essais et que la saison approchait à grands pas. Puis, l'un des dirigeants a pris la parole : « Vraiment, partir du Canada avec seulement 1 000 balles, faut le faire. On ne peut qu'être impressionné. » Et l'autre de renchérir : « Nous voulions quelqu'un de déterminé, quelqu'un prêt à tout sacrifier pour gagner. Honnêtement, je ne vois pas geste de détermination plus flamboyant que de quitter le Canada avec seulement quelques centaines de francs dans ses poches. Je crois messieurs que c'est là une preuve que la volonté y est. Bertrand, ne vous inquiétez pas, nous apprécions votre courage et nous allons trouver des solutions. » C'est comme si on m'avait enlevé une tonne de briques des épaules. La discussion a pris une nouvelle tournure. J'étais confirmé comme pilote et il fallait maintenant trouver une solution à mon problème d'hébergement et de subsistance. J'ai appris plus tard que l'un de ces patrons, Daniel Boismenu, avait été conquis par mon pilotage lors de la compétition menant au volant Maxauto. C'est d'ailleurs lui, l'ai-je aussi appris plus tard, qui malgré sa mine austère m'avait esquissé un petit sourire et un clin d'œil d'encouragement après que j'eus complété mes premiers tours de piste au volant d'une Formule Ford. Les gens de Maxauto et de Mygale étaient remplis de bonne volonté et cherchaient des solutions, mais les options étaient limitées. Je ne pouvais pas travailler pour l'une ou l'autre de ces deux compagnies dans un autre rôle que celui de pilote de course parce que je n'avais pas les permis de travail nécessaires. J'avais gagné un volant, mais on ne pouvait me verser un salaire pour des travaux accomplis à l'intérieur de l'usine ou pour le commanditaire Maxauto. Même si j'étais prêt à passer le balai entre les courses s'il le fallait ! En fait, mon permis de séjour exigeait que je rentre au Québec tous les trois mois. Je ne pouvais rester plus longtemps que ça en France lors de chaque voyage. Ce qui ajoutait bien sûr à mon fardeau de dépenses. La situation s'avérait pour le moins problématique. Ils ont finalement décidé de m'offrir un salaire qui serait déterminé par le nombre de points que je remporterais au championnat. Je gagnerais 500 francs[51] du point de championnat que je gagnerais à chaque course. Ils souhaitaient me voir régulièrement amasser des points. D'ailleurs, ils avaient été très clairs là-dessus dès le départ : « Tu auras une année pour apprendre et une année pour gagner. » Bref, les attentes étaient plus que réalistes, et ça aussi j'appréciais. Ces gens-là voulaient bâtir sur des bases solides et visaient le long terme, et non le

51. Autour de 100 dollars canadiens (selon le taux de change de l'époque).

succès instantané : « Bertrand, si tu réussis à terminer tes courses régulièrement dans les 10 meilleurs, tu seras de retour avec nous la saison prochaine. » J'avais donc deux excellentes raisons de vouloir marquer des points à chaque course. C'était une formule des plus motivante pour un pilote ambitieux comme moi qui débarquait sans le sou, sans possibilité de travailler légalement, et qui souhaitait non seulement disputer une première saison complète en Formule Ford, mais aussi pouvoir y revenir la saison suivante afin de gravir tous les échelons menant à la Formule Un. Ils s'étaient d'ailleurs inspirés de la méthode de paiement qu'appliquait à l'époque l'écurie de Formule Un Benetton à Nelson Piquet, qui courait sans salaire, mais touchait des bonis qui lui rapportaient des dollars pour chaque point récolté à l'arrivée. Si c'était bon pour Piquet, c'était tout à fait convenable pour moi. De plus, ils allaient me dénicher un petit appartement. Mais pour le moment, il fallait préparer la voiture et la prochaine saison, ce qui représentait tout de même une importante somme de travail à accomplir en très peu de temps.

Essais à Dijon

J'aurais peu de temps pour me familiariser avec la voiture. Cependant, je me sentais chaque jour de plus en plus à l'aise avec les membres de l'équipe, peu importe leur rôle dans la hiérarchie. Au-delà de leur hospitalité et de leur générosité, je compris que je faisais véritablement partie d'une équipe de course. La communication était excellente. De plus, j'avais la chance d'être au sein d'une équipe qui fabriquait elle-même ses châssis, qui développait elle-même ses voitures. Je n'étais donc pas un simple pilote de course à leurs yeux, j'étais un véritable pilote d'usine qui contribuerait directement au développement et à la progression de la voiture. On voulait non seulement entendre mon opinion, mais elle s'avérait aussi essentielle pour eux. C'était extrêmement valorisant. Peu de pilotes ont cette chance. Même des gars comme Patrick Carpentier ou Alex Tagliani n'ont jamais eu une telle occasion. J'avais donc de la chance, mais je me devais de me montrer intelligent et de faire progresser la voiture tout en limitant les dégâts. J'étais peut-être un pilote d'usine, mais je pouvais aussi être congédié à n'importe quel moment. Je me souviens d'une séance d'essais présaison à Dijon, là où, en 1979, Gilles Villeneuve et René Arnoux offrirent à tous les amateurs de course un duel d'anthologie. Je me souviens d'avoir été passablement surpris de découvrir que le circuit était à une bonne distance de la ville. Nous étions carrément à la campagne, entourés de vastes champs. Le circuit se trouvait dans une région vallonnée, et le paysage était tout simplement superbe. D'ailleurs, lors de ma petite marche de reconnaissance sur le circuit, je me suis empressé d'aller voir où Gilles et René Arnoux s'étaient bagarrés roue dans roue. C'est là où j'ai constaté, avec les pentes qui dévalaient à la sortie des virages, à quel point ils avaient été casse-cous ! Certains virages étaient complètement aveugles. On les prenait sans savoir ce qui nous attendait au moment d'accélérer dans le point de corde. Nous n'avions aucun repère visuel pour attaquer ces virages. Il fallait donc constamment anticiper le dérapage de la voiture. J'ai alors compris que le duel Villeneuve-Arnoux était encore plus grandiose que ce que nous en avait montré la télévision. C'était une piste étroite par endroits avec parfois bien peu d'espaces de dégagements. J'avais peu de temps pour montrer ce dont j'étais capable à bord de la voiture que je découvrais et pour apprendre à maîtriser des circuits difficiles comme l'était celui de Dijon. C'est d'ailleurs là, lors des essais présaison, où j'ai fait une sortie de piste à cause d'une défaillance de la barre antiroulis. La voiture avait percuté le mur à toute vitesse, tant et si bien que ce fut la première fois où j'en eus le souffle coupé lors d'un accident. Les dommages étaient considérables. Fort heureusement, je n'avais pas à payer pour le matériel endommagé (c'est souvent le cas en course automobile), mais je me doutais bien que pour garder mon volant il ne me faudrait pas démolir trop de voitures ! Cela dit, personne ne m'a fait de reproches quand je suis rentré au stand. Bien au contraire. Mon ingénieur m'a plutôt lancé : « Hey, Bertrand, t'en fais pas. Pour pousser une voiture à la limite, il faut parfois sortir de piste. Ben là, dis donc, je pense que tu as trouvé les limites de la bagnole. » Loin d'être choqués, tous cherchaient plutôt à comprendre les causes de la défectuosité de la barre antiroulis de ma Formule Ford. Ce qui n'avait pas empêché Bertrand Decoster de montrer le matériel endommagé à René Fagnan qui viendrait plus tard me rendre visite à Cusset en déclarant : « Voici l'œuvre de ton ami Bertrand ! » Développée par Michel Têtu, un ancien ingénieur de Formule Un, la Mygale que je pilotais était ce que l'on qualifierait plus tard de voiture en fin de parcours. Nous avons eu beau travailler pour la rendre plus performante, plus compétitive, ses limites étaient évidentes. Elle n'était plus à jour, comparativement aux modèles plus récents contre lesquels nous aurions à nous battre. J'avais une excellente relation avec mon ingénieur, Jean-Claude Silani, qui avait, tout comme Têtu, l'expérience de la F1 où il avait été l'ingénieur de Philippe Streiff chez AGS, celui-là même qui en 1988 avait livré un duel étonnant au champion du monde en titre Nelson Piquet pour la 4e place au Grand Prix du Canada. Mais Silani avait aussi en tête la conception d'une autre voiture, la sienne cette fois, projet dont il me parlait parfois avec beaucoup de passion. « La prochaine voiture sera beaucoup plus compétitive », me promettait-il. Grâce à lui et au personnel de l'équipe, j'ai toutefois su me familiariser assez rapidement avec ma voiture vieillissante pour pouvoir espérer me battre régulièrement aux avant-postes en attendant la nouvelle version, et surtout, là c'était devenu une véritable question de survie, amasser régulièrement des points.

CHAPITRE 22

Un toit à Cusset !

Mes premières semaines lors de ce séjour, en 1992, en France, ont été pénibles à plusieurs égards. Je pilotais très peu et lorsque je me rendais à l'usine, je me sentais totalement inutile. Certes, les gens étaient tous très gentils, très avenants, mais ils avaient un boulot à faire. Alors que, moi, je n'avais à peu près rien à faire. Pour me rendre utile, durant les fins de semaine, je montais à bord du camion de Jacques, le chauffeur qui apportait le matériel à l'école de pilotage Mygale où je servais alors d'adjoint pour des tâches aussi passionnantes que placer des cônes sur la piste. C'était plus frustrant qu'autre chose de voir tous ces gamins en piste tandis que j'aurais aimé tourner davantage. En plus, je n'avais pas encore mon appartement. Je logeais toujours chez les Decoster. J'aurais préféré coucher dans le camion-atelier. Je me sentais comme les clochards de jadis qui entraient chez l'habitant pour manger, qui s'installaient dans la petite chambre aménagée pour eux sur le balcon de la maison. C'était pourtant fini ce temps-là depuis belle lurette. Mais moi, j'étais là, quelque part au beau milieu de la France, à perpétuer la tradition du clochard qui s'invite ! Ce fut probablement la période la plus sombre jusque-là dans ma vie. J'étais plongé dans l'inconnu total. Je venais d'abandonner mes amis, ma famille, mon emploi, mes racines, pour me retrouver dans un pays qui n'était pas le mien malgré toutes ses ressemblances. Je n'avais pas encore eu la chance de me prouver en piste, je m'imposais chez des étrangers où je sentais que je dérangeais, je n'avais pas un sou, mais j'étais accablé de dettes. Je me sentais alors tellement mal. Je me sentais de trop. C'était devenu trop lourd soudainement pour mes épaules. D'autant que je percevais qu'en plus d'être un clochard qui dérange, je n'avais pas les mêmes objectifs que Bertrand Decoster. Lui, il rêvait de devenir millionnaire grâce à la course automobile. Moi, je rêvais de gagner des courses. Lui, il m'hébergeait d'abord pour plaire à son commanditaire Maxauto à qui il n'aurait plus, dans ce qu'il souhaitait être un avenir rapproché, à rendre de comptes. Oui, parfois, je doutais. À certains moments, j'avais envie de reculer, de tout abandonner, de rentrer chez moi. D'autant que parfois, peut-être était-ce ma présence qui y était pour quelque chose, je sentais qu'il y avait des tensions entre Decoster et sa conjointe. En fait, j'étais convaincu que toutes les fois que j'avais l'impression qu'ils se regardaient en chiens de faïence, c'était de ma faute. Il n'y avait aucun doute dans mon esprit. Ma présence était nocive pour leur vie de couple. J'étais venu foutre le bordel dans leur bonheur ! Un peu par pudeur et parce que j'étais honteux des conséquences de ma présence, et surtout pour leur laisser plus d'intimité, je partais faire de longues marches dans la ville, de très longues marches. J'avais toujours l'impression d'être revenu trop tôt. Pourtant, je m'efforçais de marcher jusqu'à ce que mes jambes fatiguées me disent de rentrer, qu'elles n'en pouvaient plus de ces randonnées vers nulle part. Et quand je rentrais à la maison des Decoster, je me faisais tout petit, me dirigeant vers ma chambre d'où je n'osais pas sortir avant le lendemain matin. Ces jours-là, je me trouvais vraiment effronté d'avoir écouté l'ami Bourcier et d'être débarqué comme ça, sans le sou, paumé comme un clochard, à Vichy. Ces nuits-là, j'avais envie d'appeler ma mère pour m'excuser de ne pas avoir écouté ses conseils, lui dire qu'elle avait raison et que j'étais complètement fou d'avoir voyagé avec si peu d'argent. J'aurais dû l'écouter. Elle m'aurait pardonné, m'aurait réconforté, m'aurait consolé, et je pourrais rentrer à la maison sans plus jamais en entendre parler. Oui, il m'est arrivé au cours de ces premières semaines de songer à tout abandonner. Mais j'étais beaucoup trop orgueilleux pour m'avouer vaincu. En fait, il m'arrivait de souhaiter me casser un bras ou une jambe, histoire d'être obligé de rentrer au Québec sans avoir à rougir de honte. Surtout si c'était la conséquence d'un accident en piste. Ça m'aurait fait moins mal d'être forcé de refuser ce volant-là en raison d'une blessure que de me trahir moi-même en baissant les bras parce que je n'avais plus la force de continuer à m'imposer autant de sacrifices. Je ne le souhaitais pas, mais ça me traversait l'esprit qu'une fracture à un bras me permettrait de rentrer à la maison avec la tête haute. J'aurais alors pu invoquer les aléas d'un métier dangereux et tourner la page sur ce chapitre de ma vie, j'aurais alors pu passer à autre chose. Plus j'y pensais, plus c'était la porte de sortie honorable d'un voyage en enfer. C'eût été préférable, me disais-je alors dans mes moments de découragement. Toutefois, ces pensées-là s'évanouissaient aussitôt que je m'approchais de l'usine Mygale. Ces pensées-là mourraient dès que je me glissais dans la voiture. La nuit était indéniablement une mauvaise conseillère ! D'autant que les chicanes de couple des Decoster ne duraient jamais très longtemps. Il suffisait de les retrouver le lendemain, tout sourire, aux regards complices, en train de faire la jasette[52] pour me convaincre que je m'étais fait des histoires, que mes sentiments de culpabilité m'incitaient à dramatiser et à gonfler inutilement de petites algarades sans grande conséquence. N'empêche que plus le temps avançait, plus j'avais hâte de leur laisser leur intimité, et surtout d'avoir la mienne. Plus que jamais, j'avais hâte d'avoir mon propre toit à Cusset.

Une lettre embarrassante

Pour ajouter à ma situation difficile, mon ami René Fagnan, qui était venu me visiter quelques semaines plus tôt et que je considérais comme un de mes conseillers, m'a écrit une longue lettre dans laquelle il se questionnait sur le sérieux des gens de Mygale, sur leur volonté d'investir ce qui était nécessaire pour me doter d'un volant compétitif. Fagnan, qui est aussi journaliste, avait profité de son séjour pour réaliser des entrevues dans le cadre d'un reportage pour un magazine québécois consacré au sport automobile. Il était reparti de France un peu sceptique et se demandait même si Mygale représentait ce qu'il y avait de mieux pour moi. Il me faisait part de ses impressions, plutôt négatives, au sujet de Bertrand Decoster, qui lui semblait plus préoccupé à vendre des châssis qu'à gagner des courses et pour qui, de toute évidence aux yeux de René Fagnan, considéraient le sport automobile comme une dépense, non pas comme un investissement.

52. Conversation.

René m'écrit qu'il a senti Decoster plus enthousiaste à l'égard de son école de pilotage qu'il considérait comme une véritable source de revenus. Le problème c'est que si la lettre m'était adressée, elle avait été envoyée à l'usine vu que je n'avais toujours pas d'adresse postale en France. Or, c'est Bertrand Decoster qui l'a ouverte par inadvertance avec le reste du courrier qui lui était destiné. Decoster considérait cette lettre comme une menace et en a vite avisé ses commanditaires. Inutile de vous dire que j'ai rapidement été convoqué au bureau du patron de Maxauto, Daniel Boismenu. En entrant dans son bureau, j'ai senti qu'il y avait un malaise. L'ambiance était très lourde, mais je ne savais pas pourquoi. Je ne savais nullement à quel point j'étais dans le pétrin. J'habitais chez les Decoster et j'allais courir malgré mon incapacité à trouver des commanditaires au Québec grâce à la générosité de Maxauto. En voulant me faire part de ses inquiétudes, René Fagnan venait de me placer dans une situation des plus embarrassantes face à mes hôtes. Je m'en suis vite rendu compte en lisant sa lettre que m'a tendu Daniel Boismenu, sans dire un seul mot, lorsque je suis entré dans son bureau. J'étais aussi en beau maudit à l'idée que quelqu'un avait ouvert mon courrier. Daniel Boismenu rompit alors le silence : « Tu sais, Bertrand, si tu n'es pas heureux avec nous, tu es libre de rentrer chez toi », me dit-il d'une voix monocorde. En ayant le regard plongé sur les mots que mon ami avait couché sur le papier, je lui ai aussitôt rétorqué : « Cette lettre, c'est le point de vue René, pas le mien. Vous m'appuyez, même si je suis arrivé ici sans argent. Bertrand et Estelle m'hébergent chez eux. Au contraire, je me considère comme choyé depuis mon arrivée. Je ne comprends toutefois pas pourquoi quelqu'un a ouvert mon courrier. »

Daniel m'expliqua que Bertrand ouvrait son courrier machinalement et la lettre de René s'y trouvait, que c'était tout simplement une erreur de sa part. Puis, nous avons discuté à nouveau de la lettre de René. « Nous lui avons répondu, me dit-il. Il commence sérieusement à nous les gonfler, celui-là. De la façon qu'il se comporte, il te place en danger de perdre ton volant. » Le ton était sans réplique. J'avais devant moi Daniel Boismenu l'homme d'affaires, pas celui qui allait devenir un de mes bons amis. Je voulais fondre. J'étais honteux. Je m'étais non seulement présenté en France sans commandite, à quêter le gîte, mes repas et mon volant, mais voilà qu'en plus je passais pour le pire des ingrats. Il me fallait absolument sortir de cette impasse, quitte à renier provisoirement un fidèle ami. Je pris donc une profonde inspiration avant d'y aller d'un plaidoyer dont dépendait assurément le reste de ma jeune carrière. « Écoutez, Daniel, René ne peut comprendre ce que je vis vraiment ici. Il voulait bien faire, j'en suis convaincu, mais je ne partage aucunement ses préoccupations et, même si vous n'aviez pas lu cette lettre qui m'était destinée, ça n'aurait rien changé de ma perception de la situation. » Il a semblé soulagé d'entendre ma version des faits, et l'incident était considéré comme clos. Affaire classée, ce n'était qu'un malentendu. Il n'en serait plus jamais question.

Enfin un appartement

Au bout de quelques semaines, Daniel Boismenu m'annonça que j'allais désormais loger dans un de ses appartements, dans un vieil immeuble sur l'Avenue Gilbert Roux, à Cusset, une petite ville de banlieue au confluent du Sichon et du Jolan, tout près de

Vichy, en plein cœur de l'Auvergne. C'est une ville tranquille, située au beau milieu de la France, essentiellement agricole qui accueille aussi de petites et moyennes industries. Cusset n'était pas une ville nocturne. À la tombée du jour, les volets se fermaient et on aurait cru que c'était une ville fantôme. On n'avait pas vraiment envie d'y marcher le soir tant les rues étaient sombres et désertes. Mais j'y avais mon propre appartement. Je me souviens, quand je l'ai visité pour la première fois, d'avoir remarqué à quel point c'était un immeuble vieillissant, où il faisait sombre dans l'archaïque ascenseur qui grinçait bruyamment. Les murs défraîchis n'avaient pas été repeints depuis au moins 20 ans. Évidemment, l'appartement était vide et des gens de Maxauto avaient été mandatés pour m'accompagner dans mon achat de meubles, payés par mon généreux commanditaire. Ils avaient été avisés de ne pas trop dépenser. J'avais eu droit à une table, deux chaises, un petit lit et, pour cuisiner, un rond de poêle qui était par terre. Il y avait aussi un vieux chauffe-eau comme je n'en avais jamais vu et qui était, disons, plutôt rudimentaire, installé au mur de la salle de bain. Le matin, pour avoir de l'eau chaude, il me fallait d'abord ouvrir le petit robinet de gaz naturel, brûler une allumette, et ainsi partir le chauffe-eau. Je pouvais ensuite me laver dans un petit bain à peine plus gros qu'un lavabo ! J'avais aussi un petit téléviseur noir et blanc, avec un écran de trois pouces que j'avais apporté de chez moi, ainsi qu'un radiocassette qui me permettait d'écouter de la musique et mes émissions préférées. Avant de partir, j'avais enregistré de nombreuses cassettes sur lesquelles on trouvait de la musique québécoise : du Harmonium, du Beau Dommage, du Paul Piché, etc. Je n'ai jamais écouté autant de musique québécoise qu'à cette époque-là. Je me souviens aussi d'avoir écouté à la radio le Grand Prix de Monaco remporté en 1992 par Ayrton Senna au terme d'une folle bagarre avec Nigel Mansell qui était parti en position de tête et qui avait mené pendant 70 des 78 tours de l'épreuve. Je me revois assis, en train d'écouter les commentateurs s'égosiller tandis que je feuilletais des revues de course automobile. Mansell avait terminé, si je me souviens bien, à quelque deux dixièmes de seconde de Senna. Il avait tout essayé pour le dépasser, mais le brésilien avait résisté à ses assauts. C'était à la radio, et pourtant j'ai l'impression d'avoir tout vu de cette course. Comme si la course avait été projetée, par mon imaginaire, sur le mur jaune qui était devant moi. Quand arrivait la Saint-Jean, j'étais très nostalgique et le mal du pays était à son maximum. Pourtant, je n'avais jamais vraiment célébré en grande pompe notre fête nationale quand j'étais au Québec. Cependant, fêter la Saint-Jean en France, c'était plutôt moche. Il m'arrivait aussi d'enregistrer des émissions de radio au complet et de les réécouter à Cusset pour me sentir moins loin du Québec. Même les messages publicitaires avaient un petit quelque chose de réconfortant. J'ai même fait un Elvis Gratton de moi-même en réécoutant des matches des Expos que j'avais enregistrés. Ne riez pas, c'est tout à fait vrai et ça me permettait de me sentir moins dépaysé quand j'avais le cafard. Je ne sais pas si j'aurais survécu sans ce contact-là tant il m'arrivait de me sentir très seul certains soirs, loin de la piste ou de l'usine Mygale. Oui, j'avais enfin un toit à Cusset, et c'était beaucoup moins lourd à gérer que de s'imposer dans une famille. Ce n'était pas le grand luxe, mais j'avais mon chez-moi à Cusset. Il m'arrivait tout de même de m'ennuyer de ma famille, de mes amis et de mon pays. Pour me changer les idées, j'avais repris un loisir de mon enfance : les modèles à coller. Je puisais dans mes maigres ressources pour me procurer des modèles réduits de Formule Un que j'assemblais avec une patience de moine. Tant qu'à être cloîtré, aussi bien développer une telle patience. Je prenais tout mon temps, je m'appliquais pour bâtir à la perfection ces voitures en format réduit, surtout des répliques des voitures qui hantaient mes rêves, soit les Formule Un. J'en avais une sacrée collection. Je passais beaucoup de temps là-dessus. Particulièrement quand il pleuvait, ce qui arrivait trop souvent à mon goût. Ça me changeait les idées, même si c'était toujours relié à la course. Malgré les inévitables passages à vide dans ce genre d'aventure, n'allez pas croire que j'étais malheureux ou constamment déprimé. Loin s'en faut. Après tout, je vivais mon rêve, pour le meilleur et pour le pire. Quand les gars de l'équipe décidaient d'arrêter manger au resto Les Routiers et que je voyais le menu fixe à 100 francs[53], il m'arrivait de prétendre que je n'avais pas faim parce que je regardais à la dépense. Je me reprenais pendant les fins de semaine de courses où là nous avions un cuistot qui s'occupait des repas. Je mangeais alors comme un affamé ! Je découvrais aussi les charcuteries, les bons fromages, les excellents saucissons français. Ça me changeait de mon maigre menu de semaine. Nous devons tous faire des compromis pour atteindre nos objectifs. Il y a toujours un prix à payer pour obtenir du succès. La réussite n'est jamais gratuite.

Mon bureau

Malgré tout, je dirais que, dans l'ensemble, j'ai apprécié ma vie à Cusset. En plus, je considérais être à proximité de tout… ou

53. Autour de 20 dollars canadiens (selon le taux de change de l'époque).

presque. Ce qui était une très bonne chose parce que j'étais un pilote de course sans voiture pour les déplacements quotidiens. Je n'avais pas de téléphone dans mon appartement, mais il y avait une cabine téléphonique tout juste devant la porte d'entrée d'où je pouvais faire mes appels à frais virés que ce soit pour prendre des nouvelles de mes proches ou accorder des entrevues à la radio. J'avais d'ailleurs rebaptisé cette cabine téléphonique « mon bureau ». Quand je fixais un rendez-vous téléphonique avec un journaliste, je lui donnais le numéro de la cabine en lui disant : « C'est le numéro de mon bureau. Tu m'y appelleras à telle heure, j'attendrai ton appel. » Je me souviens d'une fois où CKAC avait pris un tel rendez-vous téléphonique avec moi et j'attendais l'appel, dans la cabine. Lorsque la sonnerie s'est fait entendre, j'ai pris le combiné et répondu avec assurance : « Bureau de Bertrand Godin bonjour ! » Par ailleurs, il y avait un supermarché à quelques centaines de mètres de mon appartement, où j'allais m'approvisionner en spaghettis et en sauce tomate, en céréales et en lait pour le petit-déjeuner. Parfois, je me payais le luxe d'un sandwich à la petite pâtisserie au coin de la rue où la boulangère ne cessait de me dire qu'elle aimait le « chant » de mon accent québécois. Parfois, je me contentais d'un croissant ou d'une baguette pour accompagner les spaghettis. C'était à peu près tout ce que je pouvais alors me permettre. Je n'avais jamais vraiment cuisiné auparavant et j'étais passablement nul devant mon petit rond de poêle. Mais mon ingénieur Jean-Claude Silani, en bon italien, s'était fait un devoir de m'enseigner la cuisson *al dente* des spaghettis. Je dégustais donc mes spaghettis à la sauce tomate pratiquement tous les midis et tous les soirs, surtout avant que ne débute la saison et que l'argent commence à rentrer. Le mercredi matin, ma routine hebdomadaire était brisée, car c'était le moment d'aller me procurer le magazine *Auto-Hebdo* au bistro situé près de mon appartement où tous les p'tits vieux allaient siroter leur expresso ou leur verre de vin ! Quand j'arrivais, vers 7 h 30 le matin, avec mes croissants achetés à la pâtisserie voisine, pour commander un café et mon exemplaire du magazine, il y avait déjà des clients attablés avec un litron de rouge devant eux ! Qu'importe, j'avais mon magazine *Auto-Hebdo* et j'allais le lire et le relire religieusement d'une couverture à l'autre. J'avais donc un « bureau » avec téléphone devant l'immeuble et un supermarché à proximité, mais il en était tout autrement pour la lessive ! La buanderie la plus proche était située à Vichy, à deux kilomètres de mon appartement. Il me fallait marcher un aller-retour de quatre kilomètres pour laver mes vêtements, un trajet que je faisais avec mon baluchon rempli de vêtements sur l'épaule en écoutant du Beau Dommage sur mon baladeur. Comme les journées étaient longues lorsque je n'étais pas en piste ou à l'usine à discuter de la voiture, ça finissait par devenir une façon de passer le temps. De la même façon, je devais marcher jusqu'au parc le plus près, une distance de cinq kilomètres, pour m'entraîner. Là, je frappais des balles contre un mur pendant des heures. Il y avait aussi un centre omnisports où je pouvais aller nager. Je faisais également beaucoup de jogging dans les rues de Cusset, que je découvrais ainsi. J'étais dans une condition physique exceptionnelle. Évidemment, plus mon séjour se prolongeait à Cusset, j'y habiterais pendant trois saisons de Formule Ford, plus mon sort s'améliorait. À un certain moment, on m'a même prêté un vieux vélo, ce qui me donnait une plus grande autonomie. Je me rendais alors à l'usine à vélo, ce qui était beaucoup plus rapide. Je gagnais aussi maintenant de l'argent. J'étais un pilote régulier qui marquait des points presque à chaque course. Je n'étais pas aussi souvent sur les podiums que je l'aurais voulu, mais j'affichais une constance qui plaisait à la fois à mes patrons et à mes créanciers que je pouvais continuer à rembourser tout en pouvant me payer de petits plaisirs à l'occasion. Je vivais dans la simplicité volontaire, mais pour moi c'était quand même un prix minime à payer pour pratiquer le plus beau métier qui soit au monde, celui de pilote de course. Et surtout, j'avais enfin mon chez-moi, je n'étais plus l'intrus chez les Decoster. Ça, pour moi, c'était un énorme soulagement. Bien entendu, les jours de semaine étaient parfois cruellement longs et le temps me semblait avancer à pas de tortue. Cependant, lorsqu'arrivait la fin de semaine et que je montais à bord du camion de l'écurie qui allait m'amener vers notre prochaine course, j'en oubliais totalement ma misère quotidienne et je me considérais vraiment chanceux de vivre des moments aussi passionnants. La vie était belle. Pour moi, c'était Noël chaque fin de semaine de course. C'était Pâques aussi après mon interminable carême hebdomadaire. Je ressuscitais. C'était ma libération, mon exutoire, mon moment de bonheur et de plénitude. Quand j'étais assis dans la voiture, tous les sacrifices que je m'étais imposés prenaient tout leur sens. C'est là où j'étais heureux. C'est là où ma vie avait un sens. Oui, j'aimais ce métier que j'avais choisi plus que tout au monde. D'autant que ce métier me permettait en prime de faire le tour de la France, de découvrir une variété de circuits absolument incroyables. Je découvrais ce pays magnifique et ses habitants, qui m'apparaissaient beaucoup plus chaleureux et accueillants que je ne le croyais au départ. Je les sentais sincères dans leur façon de recevoir le « cousin canadien ». Je me suis fait des amis sur les circuits, dont le commentateur sportif Eric Gendry, animateur d'un magazine télévisé sur le sport automobile à TMC (Télé Monte Carlo), qui m'avait invité chez lui à Paris. Après avoir calculé mes économies, je décidai d'ailleurs d'accepter son invitation. Je me souviens d'avoir découvert à Paris, tout près de la gare de Lyon, un petit restaurant italien, beau, bon et pas cher, la Dolce Vita, où j'ai vite pris mes habitudes et où je rencontrais inévitablement des passionnés de Ferrari. Nous pouvions parler de course automobile pendant des heures. Pour moi, parler de courses, c'était une langue en soi, universelle de surcroît. Je me suis aussi lié d'amitié avec un des professeurs de l'école de pilotage de Mygale, Patrick Segura, avec qui je passais de bons moments. Il y avait aussi Anne de La Rue, qui travaillait à l'école Elf-Winfield, et qui m'avait invité chez elle. J'avais développé un cercle d'amis français qui s'efforçaient de me faire sentir chez moi dans leur pays. Ils étaient fiers de me le faire découvrir, de partager « leur » coin de France avec moi tout en me posant mille et une questions sur mon pays qui piquait leur curiosité. Je les sentais surtout très fier de voir un « p'tit Québécois » dans leur Championnat national de Formule Ford. Je vous dirais que l'accueil des Français est resté l'un des grands souvenirs de ces périples outre-mer où j'essayais tant bien que mal de définir mon avenir. Je leur en serai toujours extrêmement reconnaissant. Je me suis senti chez nous en France très rapidement, malgré le mal du pays qui, inévitablement, finissait par me gagner.

Un père spirituel

Si les Français semblaient vraiment heureux de voir un jeune Québécois courir chez eux, l'un d'eux, particulièrement, allait devenir un véritable ami insoupçonné, Daniel Boismenu qui allait même devenir un père spirituel, voire un mentor. Ce riche industriel plutôt froid de prime abord s'est avéré une source d'inspiration, et surtout un modèle que j'avais envie de suivre. À ce jour, je ne sais trop ce qui a cliqué entre nous. Certes, il y avait eu ce clin d'œil complice lorsque j'ai fait mes premiers pas dans la Formule Ford de Mygale, mais il y avait plus. Tous les dimanches, quand j'étais en France à Cusset, il venait me chercher et je montais à bord de sa vieille Alfa Romeo munie de carburateurs Weber. Sur les routes sinueuses de la France, il me démontrait son savoir-faire. Quand j'étais en sa compagnie, nous étions deux passionnés de course automobile. Cependant, dans les faits, il était d'abord un grand directeur d'entreprise fort respecté de ses employés. Je me revois dans son bureau où son comptable entrait très respectueusement et lui servait à tout crin des « Monsieur Boismenu » presque en se prosternant les mains en croix. Moi, au contraire, j'entrais dans le même bureau en lui disant sans vergogne « Hé, salut, mon Dan, comment ça va ? » C'était un être tellement sérieux, tellement rigide que personne ne pouvait comprendre à quel point lui et moi pouvions devenir aussi détendus l'un en présence de l'autre, mais surtout tout aussi passionnés de course automobile. En fait, je dirais que nous avions le même niveau de passion pour le sport que nous avions en commun. J'ai même réussi à lui faire acheter une console Nintendo. Il m'invitait chez lui pour jouer au Nintendo. Nous allions, lui, sa femme

Nicole et moi, parfois souper dans les plus beaux restaurants de France. J'ai découvert la plus fine gastronomie qui soit : caviar, foie gras, fruits de mer... Je n'ai jamais été aussi à court d'argent de ma vie, et pourtant jamais je n'ai été parfois aussi choyé par la vie. Je vivais tous les extrêmes, en France. Dans mon petit appartement, j'étais paumé, mais en compagnie du directeur, je vivais somptueusement comme un bourgeois impénitent. Ça me changeait des spaghettis. Mon ingénieur de l'époque, Jean-Claude Silani, me faisait aussi découvrir la grande vie, tellement loin de mon ordinaire. Il m'avait notamment invité chez lui, sur la Côte d'Azur, pendant le Festival de Cannes. Je découvrais alors un tout autre visage de la Méditerranée et de ses charmes. Je me souviens aussi de l'avoir accompagné au Grand Prix de Belgique où j'ai assisté au triomphe d'un certain Michael Schumacher sur Benetton-Ford devant les deux Williams-Renault de Nigel Mansell et Riccardo Patrese. L'année suivante, nous y étions retournés, et cette fois c'est la Williams de Damon Hill qui avait devancé la Benetton de Schumacher. C'était des moments magiques pour moi. Nous étions dans les paddocks, dans l'antre de la F1. Je marchais près de mes idoles : Ayrton Senna, Alain Prost, Gerhard Berger, Michael Schumacher, et tous les autres. Je me revois, au Grand Prix de Belgique de 1993, près du paddock des McLaren. J'avais Ayrton Senna, en chair et en os, bien près de moi. J'avais les yeux écarquillés. Je me tournais, et voilà que Michael Andretti était à mes côtés. Il avait l'air tellement malheureux que cela m'ait marqué, voire troublé. Comment peut-on être malheureux comme pilote de course quand on vous confie le deuxième volant chez McLaren aux côtés d'Ayrton Senna ? La question m'apparaissait comme tout à fait inimaginable. Ce gars-là gagnait des millions de dollars, courrait en Formule Un au sein de l'une des meilleures équipes, mais il était quand même visiblement malheureux. Le concept m'était inconcevable, voire révoltant. Moi, je n'étais qu'en Formule Ford, loin de gagner des millions, je vivais dans un petit appartement misérable, je carburais aux spaghettis à la sauce tomate la plupart du temps, et pourtant j'étais l'homme le plus heureux sur la Terre. Je ne comprenais vraiment pas. J'avais envie de secouer Andretti et de lui dire « Esprit, réveille ! » Peut-être que tout est relatif, me disais-je. Je n'ai pas eu grand-chose dans la vie, j'ai toujours grandi dans un milieu modeste. C'est peut-être pourquoi j'apprécie tout ce que je vis au jour le jour. J'ai alors réalisé bien des choses. À mes yeux, la Formule Ford était tout aussi importante que la Formule Un. Je repensais à Jason Engle qui m'avait ravi le volant Elf Winfield et qui n'avait pourtant pas su s'adapter. La vie est ainsi faite. Il faut savoir s'adapter aux circonstances. Il faut savoir gérer les échecs. Je crois d'ailleurs que c'était ma plus grande force. J'étais capable de m'adapter à toute situation.

CHAPITRE 23

Ma première saison en Formule Ford : 1992

C'est à Ledenon que commençait la saison. J'allais y retrouver mon compatriote Stéphane Proulx qui y courrait en Formule 3. Stéphane, qui était un ancien instructeur chez Spénard-David, a été fort généreux de son temps et m'a prodigué plusieurs judicieux conseils. Toutefois, la fin de semaine a mal commencé, même si mes temps se comparaient avantageusement à ceux de nos rivaux plus expérimentés. Sauf que le moteur se montrait récalcitrant et nos temps étaient une demi-seconde plus lents qu'ils l'avaient été à la fin de nos essais présaison la semaine précédente. J'étais aussi quelque peu nerveux. Malgré les 2 000 kilomètres en piste pour préparer ma saison, je ne me sentais pas encore tout à fait à l'aise dans la voiture. J'avais des appréhensions pour la course de 20 tours du dimanche. Moi qui arrivais du karting, je trouvais la voiture pas mal « large » quand venait le temps de doubler un concurrent. Les problèmes de moteur se sont poursuivis en qualification, et c'est finalement de la 11e place que j'ai pris le départ. Je me revois dans la chambre d'hôtel que je partageais avec mon ingénieur Jean-Claude Silani (nous étions toujours deux par chambre par souci d'économie), et nous avions discuté, la veille de la course, jusqu'à 2 h du matin des ajustements qui pourraient nous rendre plus compétitifs. Nous étions arrivés à la conclusion que la meilleure chose qui pouvait nous arriver c'est qu'il pleuve au moment du départ ! À quelques instants du départ, Jean-Claude est venu me voir pour me suggérer de passer sur le gazon pour dépasser tous ceux devant moi, y compris mon coéquipier Jean-Claude Borel, qui s'était plutôt fait dire de rester sagement en piste ! J'ai pu améliorer mon sort au cours de la course et j'ai croisé le drapeau en damier en 7e place. Tout le monde chez Mygale se disait plus que satisfait dans les circonstances, même si en course j'avais concédé près de deux secondes au tour aux meneurs, dont Alexandre Janoray, le vainqueur sur Van Diemen. Je connaissais Janoray parce que je l'avais battu en demi-finale du concours pour le volant Elf-Winfield de Formule Renault l'automne précédent. J'aurais un jour l'occasion de lui donner plus de fil à retordre. Mais en attendant, je pouvais être fier de cette 6e place d'autant que nous étions une quarantaine à prendre le départ. Je venais tout de même de marquer 6 points au championnat... et gagner ainsi 3 000 francs, soit environ 420 dollars[54] ! De quoi survivre en France pendant encore quelques semaines...

Galère à Nogaro

Pour la deuxième épreuve de la saison, à Nogaro, nous avions un nouveau moteur allemand pour propulser ma voiture. Encore une fois, je retrouvais Stéphane Proulx qui y courrait en

54. Autour de 280 euros (selon le taux de change d'aujourd'hui).

Formule 3. Il m'a observé en course et il est venu m'aider dans mes échanges avec mon ingénieur Jean-Claude Silani. Je le voyais sous un tout nouveau jour. C'était un gars des plus sympathiques, et je le considérais comme un grand frère. Je me réjouissais à l'idée que nous disputerions quatre autres épreuves sur les mêmes circuits. La séance d'essais avait débuté sous la pluie, et c'était tout à mon avantage. Même si le moteur manquait encore de puissance, et surtout de constance dans les reprises, je me maintenais au 3e rang. Cependant, lorsque la piste s'est asséchée, la voiture n'était plus du tout compétitive et c'est de la 15e place que je prendrais le départ de la course. J'avais tout de même deux raisons d'être optimiste. D'abord, il y avait moins de deux secondes qui séparaient les 15 premiers sur la grille de départ. Ensuite, mon coéquipier Jean-Claude Borel avait réussi le 3e temps au volant d'un châssis vieux de deux ans. J'ai vite déchanté, car dès le départ de la course, je savais que ce serait la galère. Malgré une motricité capricieuse, j'ai réussi à gagner deux places, mais il était évident que je n'étais pas en mesure de remonter aux avant-postes. Puis, j'ai perdu le contrôle de la voiture et je suis parti en tête-à-queue. Je me retrouvais alors au 19e rang, hors des points. J'avais besoin de chaque point au classement de l'épreuve pour pouvoir toucher un peu d'argent. C'était ni plus ni moins une question de survie. Il me fallait au moins, selon mes savants calculs, terminer au 12e rang de cette course pour récolter le dernier point disponible. Ce que j'ai réussi, tant bien que mal. Cinq cents francs de plus dans la besace. L'équivalent d'environ 70 dollars[55]. Non, ce n'était pas le Pérou, loin de là ! C'était toutefois juste assez d'argent pour faire

55. Autour de 45 euros (selon le taux de change d'aujourd'hui).

l'épicerie. Et encore, ce serait une épicerie plutôt frugale. J'avais l'habitude. Heureusement que la prochaine course était la semaine suivante à Dijon !

Deux autres points

À Dijon, c'est la boîte de vitesses qui m'a causé des ennuis. Les rapports ne convenaient pas au circuit, un handicap majeur sur cette piste où l'on roulait à une vitesse moyenne de 155 kilomètres à l'heure. Parti du 15e rang, j'ai connu un bon départ, et tout au long de la course, je me suis maintenu dans le groupe de chasse. J'ai finalement terminé au 11e rang, à 28 secondes du vainqueur, le Britannique Brian Saunders. J'empochais 2 autres précieux points et un chèque de 1 000 francs. La quatrième manche du championnat était présentée sur le circuit de Montlhéry, au sud de Paris, là où j'avais gagné mon volant chez Mygale. Je me sentais donc en confiance et longtemps pendant les essais, je détenais la position de tête provisoire. Je roulais vite et bien avec six dixièmes de seconde d'avance sur les autres. Mais par la suite, je n'ai connu que des ennuis. Au cours de la deuxième séance de qualifs, je suis violemment sorti de piste. Un bris de collecteur d'échappement et une rupture de coupe-circuit, alors que j'étais en plein appui, ont éteint le moteur. Il s'en est suivi un tête-à-queue, et j'ai tapé dans les pneus de protection. Je n'ai plus roulé de la séance, ce qui m'aura probablement privé d'une place sur l'une des deux premières lignes de départ, possiblement d'une position de tête. Je suis finalement parti de la 10e position. Pendant la course, j'occupais le 8e rang lorsque j'ai été impliqué dans un accrochage qui a mis fin à ma course. J'ai tenté un dépassement parce que les meneurs se sauvaient devant nous.

C'était le temps ou jamais. Mais j'ai piqué mon rival au freinage et ma voiture est passée par-dessus la sienne, m'obligeant ainsi à abandonner. Un geste, je l'avoue, qui se voulait un peu téméraire sur cet anneau de vitesse qui ne pardonne pas. Quand on roule tout en haut de l'anneau à pleine vitesse et qu'on regarde le virage qu'il faut négocier tout en bas, ça fait peur. On s'élance furieusement comme des avions de chasse. L'équipe n'avait que des éloges à mon égard, mais cette fois je ne gagnerais pas un centime. Il importait que je fasse mieux la fin de semaine suivante à Pau.

Belle performance

Les problèmes de motricité se sont poursuivis à Pau, où je me suis à nouveau qualifié 12e. Pendant la semaine, Patrick Lemarier a fait des essais avec la Mygale et il est arrivé au même verdict que nous : problèmes de train arrière et de motricité. À Pau, nous avons donc changé les pneus arrière passant de 90 à 92. J'ai eu un départ canon, car de 12e à la grille de départ je me suis retrouvé 9e et je n'ai pas cessé de grignoter des secondes pour me hisser au 8e rang. J'ai réussi plusieurs beaux dépassements en course et j'ai dû éviter la catastrophe lorsqu'un nommé Zarazick est venu me couper le passage alors que nous roulions à plus de 190 kilomètres à l'heure. Je me suis toutefois repris, je l'ai feinté, pour finalement réussir à le dépasser pour terminer au 7e rang. Je récoltais ainsi 6 autres points et 3 000 francs pour regarnir quelque peu mon compte de banque qui en avait drôlement besoin. Jean-Bernard Bouvet avait remporté l'épreuve avec 35 secondes d'avance sur moi. J'étais maintenant 9e au classement cumulatif du championnat, mais je savais que je pouvais être plus rapide.

Bilan de mi-saison

Après Pau, le Championnat de Formule Ford de France faisait relâche pendant quelques semaines, ce qui me permettait de rentrer chez nous et assister au Grand Prix du Canada où j'étais l'invité de l'écurie Ford-Benetton. J'ai donc repris le train de Vichy à Paris où je me suis mis en quête d'un petit hôtel pour passer la nuit puisque mon vol pour Montréal n'était prévu que pour le lendemain matin. Encore une fois, je n'avais pas les moyens de prendre un taxi, et c'est à pied que j'ai entrepris de trouver un endroit pour me loger. Le premier hôtel où je me suis arrêté était trop cher pour mes petits moyens. J'ai donc poursuivi ma quête en traînant mes valises dans les rues. J'ai fini par trouver un modeste hôtel qui correspondait à mon budget. Une fois monté dans ma chambre, j'ai vite déchanté. Il y avait des poils pubiens sur les draps, et ce n'étaient pas les miens ! Puis-je vous dire que j'ai dormi tout habillé, par-dessus les couvertures ! Le lendemain matin, c'est à bord du RER[56] que je me rendais à l'aéroport Charles-de-Gaulle pour prendre l'avion. Exilé en France depuis déjà trois mois, j'étais très heureux de revoir ma famille et mes amis. J'en ai profité pour renouer avec l'ingénieur de l'écurie Venturi Larousse de F1 Michel Tétu, qui était aussi le concepteur de la voiture Mygale que je conduisais en France. Il m'a alors confié que l'équipe Mygale se montrait fort satisfaite de mon travail et que je devrais être de retour la saison prochaine, même si jusqu'ici je n'avais pu faire mieux que deux 7e places. Il faut dire que je savais alors que les gens de Maxauto, qui commanditaient ma voiture appréciaient ce que j'avais accompli avec un matériel

56. Réseau express régional, l'équivalent du métro.

qui, jusque-là, n'était pas à la hauteur de celui à la disposition des meneurs de la série. Je profitais aussi de ce Grand Prix du Canada pour discuter avec des gens représentant le Québec Inc et qui, je l'espérais, pourraient se montrer intéressés à me commanditer. Toutefois, comme toujours, c'était en vain. Pire, le responsable de la loge Ford ne cessait de clamer à qui voulait l'entendre que je représentais le manufacturier automobile américain en France ! J'avais envie de lui dire qu'à part les deux ou trois canapés et les petits sandwichs sans croûte qu'on m'avait servis dans la loge, j'étais un ambassadeur qui ne coûtait pas trop cher à Ford ! Mais bon, je ravalais mon indignation et je me la bouclais. Ce n'est toutefois pas l'envie qui me manquait de rabrouer ce fanfaron qui faisait le paon devant les clients alors que la compagnie qu'il représentait n'était pas plus foutue que les autres de m'aider dans mon aventure européenne. Après le Grand Prix, je suis rentré chez nous, à Saint-Hyacinthe où, comme promis, Gilles Bourcier avait réussi à m'obtenir une bourse de 2 000 dollars de la part de l'organisme à but non lucratif Saint-Hyacinthe Élite, dont la vocation était justement le soutien et la promotion de l'élite sportive. J'ai profité de l'occasion pour prendre le départ de l'épreuve de Formule 125 du Grand Prix de karting de Saint-Hyacinthe. Parti 16e, j'avais remonté jusqu'en 6e place avant d'être impliqué dans un accrochage qui devait mettre fin à ma course. Mon éternel rival Alexandre Tagliani avait remporté l'épreuve.

Éliminé à Paul-Ricard

La deuxième moitié de saison s'ouvrait sur le circuit Paul-Ricard que je connaissais bien pour y avoir couru dans ma tentative d'obtenir un volant en Formule Renault. Encore une fois, je me sentais en confiance. J'étais en 8e position à l'issue des qualifications, mais la voiture me semblait capable de me permettre de gagner quelques places en course. Mais avant même de prendre le départ de la sixième manche du Championnat de France de Formule Ford, un bris mécanique est venu mettre fin à ma course. Alors que j'embrayais au départ, un cardan s'est brisé. C'est dommage parce que je crois que j'aurais pu prétendre à la troisième ou quatrième course. Cette déconvenue me fait glisser au 11e rang du classement du championnat. Il me faudrait maintenant être patient puisque la prochaine épreuve était prévue dans plus d'un mois, le 6 septembre, à Alpi.

À la veille de l'épreuve d'Alpi, Maxauto réitérait son intention de continuer de me parrainer pour une deuxième saison de Formule Ford en France en 1993. Cette fois, les dirigeants exigeaient que j'arrive avec l'argent nécessaire pour séjourner en Europe pendant près de sept mois. Pas question que je revienne à nouveau avec seulement 200 dollars dans les poches. Il me faudrait donc trouver près de 35 000 dollars à l'issue de la saison, si je souhaitais retrouver mon volant chez Mygale l'an prochain. Mais on me promet que je serai le premier pilote d'une « équipe de premier plan », laissant entendre que si Mygale ne parvient pas à produire une voiture compétitive, elle pourrait perdre son commanditaire qui m'amènerait avec lui. Cela devenait plus que jamais une source de tensions parce que Bertrand Decoster n'avait pas vraiment envie d'investir davantage. Il n'avait pas les mêmes objectifs que moi ou ceux qui œuvraient pour me donner une voiture compétitive à toutes les courses. Tous les gens de l'usine, à commencer par mon ingénieur Jean-Claude Silani, n'avaient qu'un objectif en tête : gagner des courses. Mais Decoster ne carburait pas à cette même passion pour la course et il souhaitait constamment minimiser les dépenses. Là-dessus, René Fagnan avait vu juste très rapidement. Évidemment que mon amitié avec Daniel Boismenu me permettait d'essayer de faire pencher la balance. Maxauto parlait de consacrer un budget beaucoup plus considérable pour l'année suivante et prévoyait que nous aurions 60 jours d'essais privés, au lieu de 10 comme ce fut le cas avant le début de la saison 1992. Mais, une fois de plus, ils insistaient aussi pour que je m'y présente avec tout l'argent nécessaire pour vivre en France sans dépendre de leur générosité. Éternel optimiste, je me disais que mes résultats étaient désormais plus que probants et que ce serait donc plus facile d'intéresser les commanditaires. Surtout si je me présentais auprès des entreprises à titre de premier pilote d'une équipe de premier plan. Qui donc refuserait de se porter garant d'un futur champion ?

Un Big Mac !

La fin de semaine a bien mal débuté à Alpi. J'ai éprouvé à nouveau des problèmes mécaniques en qualifications et je n'ai pu faire mieux que le 8e temps. Lors de la course, j'ai repris une position dès le début. Puis, au second passage de cette épreuve de 15 tours, j'ai été frappé par-derrière par le Belge Marc Delpierre. Je suis parti en dérapage et me suis retrouvé dans l'échappatoire avec une roue avant faussée et un radiateur endommagé. J'ai été en mesure de revenir en piste, mais le mal était fait, j'avais glissé au 18e rang. Malgré tout, j'ai pu remonter et terminer au 9e rang. Cela me valut 4 points et 2 000 francs. Je pouvais au moins me payer une folie cette semaine : manger un Big Mac ! J'ai signé mon meilleur résultat de la saison sur le circuit de Croix-en-Ternois, à la mi-octobre. Malgré une mauvaise position de départ, j'ai réussi à terminer au 5ᵉ rang. Mieux encore, puisque les deux premières marches du podium avaient été occupées par des coureurs « hors championnat », j'ai finalement hérité des points du 3ᵉ rang ! Avec 12 points, c'était la modique somme de 6 000 francs ! C'était presque 1 000 dollars. Pourtant, je partais de la 14ᵉ position après une difficile qualification sous la pluie. Cette performance me rendit satisfait encore plus parce que j'y avais battu le meneur du championnat, Alexandre Jannoray. Cette fois-là, je me suis payé une autre gâterie pour me récompenser : une soirée au cinéma à Cusset pour y voir Arme Fatale 3 ! Malgré de sérieux problèmes de moteur, j'ai terminé 9ᵉ lors de la dernière tranche du Championnat 1992 sur le circuit de Poitiers. Tout au long de la fin de semaine, il nous avait fallu faire des réparations sur la voiture, ce qui ne m'avait tout de même pas empêché de retrancher 1,2 seconde à mes temps de qualifications pour grimper du 15ᵉ rang, que j'occupais sur la grille de départ, à la 9ᵉ position. Au classement cumulatif, je terminais donc 8ᵉ d'un championnat où pas moins de 72 pilotes avaient pris le départ d'au moins une course. C'est ainsi que j'aurai donc assuré mon volant pour une deuxième saison. Ne me resterait plus qu'à trouver environ 35 000 dollars pendant l'hiver afin de pouvoir subvenir pleinement à mes besoins. J'estimais avoir prouvé ma valeur au cours de cette première saison, dans la compétition relevée qu'est le Championnat de France de Formule Ford, et j'estimais aussi que les commanditaires seraient très faciles à convaincre. Malheureusement, ce ne fut pas le cas. Une autre déception provenant, cette fois-ci, d'une réalité plutôt brutale : il est très difficile de convaincre des entreprises de s'investir dans le sport automobile et dans un pilote de course. Peut-être encore plus au Québec qu'ailleurs dans le monde. J'aurai passé toute ma vie à chercher des commanditaires, à tenter de convaincre des gens de miser sur mon talent, de m'aider à mieux piloter ma vie, mon avenir en course automobile. Vivre de mon métier a toujours été extrêmement difficile et je commençais à peine à le comprendre pleinement. Dès mon retour à la maison, à la fin de la saison 1992, j'ai vite réalisé que malgré l'intérêt médiatique et les nombreux reportages à mon sujet diffusés à CKAC ou Radio-Canada ainsi que les articles publiés dans *La Presse* ou le *Journal de Montréal*, cela n'avait pas fait augmenter ma valeur marchande aux yeux des décideurs corporatifs autant que je l'aurais souhaité. Je ne lâchais toutefois pas prise et redoublais d'ardeur dans mes démarches afin d'amasser l'argent qui cette fois serait indispensable pour disputer une deuxième saison en France. En plus de mon démarchage, il me fallait également continuer à gagner ma vie comme mécanicien à tout faire chez un concessionnaire Toyota de la Rive-Sud, dans la région de Montréal. Je vous mentirais, si je vous affirmais ne pas avoir parfois trouvé ça très lourd à gérer au quotidien.

CHAPITRE 24

Une année pour gagner : 1993

De l'argent pour poursuivre l'aventure Mygale en France, je n'en ai pas trouvé au cours de l'hiver 1993. Rien. Pas un cent. Nous avons à nouveau sollicité des centaines d'entreprises privées et, une fois de plus, nous avons eu droit à un refus poli signifié dans de belles lettres qui finissaient par toutes se ressembler. J'étais pourtant le seul pilote du Québec à courir régulièrement en Europe. Fort heureusement, je composais avec des passionnés. Les gens de Maxauto étaient venus me voir au Québec en janvier. Le directeur Éric Mayou m'a alors dit de ne pas m'en faire, que j'étais malgré tout leur pilote. « Il n'est pas question de reculer », m'a-t-il dit. Ils avaient déjà toute une campagne publicitaire bâtie autour de moi dans les 70 magasins de l'entreprise. Mayou était plus convaincu que jamais d'avoir la combinaison gagnante pour 1993 : « Cette année, nous aurons un meilleur contrôle sur les opérations. Nouvelle voiture, bons moteurs, pneus en quantité, et surtout des essais privés sur chacun des circuits du championnat », répétait-il. Pendant tout l'hiver 1993, Jean-Claude Silani a conçu et fabriqué la SJ01 qui était véritablement son bébé, sa version évoluée de ma Formule Ford de l'écurie Mygale. Avant de quitter la France, à l'automne 1992, pour rentrer chez moi, Jean-Claude a littéralement conçu cette voiture autour de mes épaules. Je pouvais lui indiquer l'emplacement idéal du volant pour mon gabarit, mes préférences pour le pédalier ou le petit levier de vitesse. La voiture était conçue pour moi, et l'on tenait absolument à ce que je donne mon opinion tout au long du processus de création. Pour un pilote, c'est quelque chose de formidable. Au risque de me répéter, peu ont cette chance et j'en suis encore aujourd'hui extrêmement fier. J'ai participé pleinement au développement de cette voiture.

Nouveau coéquipier

Les premiers essais présaison me permettaient de rêver. Mais j'avais un nouveau coéquipier, Soheil Ayari, qui à son tour avait gagné le Volant Maxauto au cours de l'hiver. J'étais toujours le premier pilote, mais Ayari avait les dents longues et il se montrait excessivement rapide. C'était un jeune espoir français qui se montrerait extrêmement agressif tant en piste que dans les jeux de coulisse. La saison approchait et l'atmosphère était encore au beau fixe au sein de l'écurie. Une semaine avant le début de la saison, nous avions réussi à tourner à deux dixièmes de seconde des favoris Brian Saunders, Jean-Bernard Bouvet et Raphael Del Sarte sur le circuit de Nogaro. L'année précédente, leurs Van Diemen nous prenaient une seconde et demie au tour. C'était donc fort encourageant, mais la voiture n'était pas encore au point et il restait encore beaucoup à faire pour qu'elle puisse prendre le départ d'une course. Ce fut toutefois une lutte contre la montre tant et si bien que la voiture a été achevée la veille de la première course de la saison 1993. C'était un jeudi. Les essais pour le Grand Prix de Formule Ford de Ledenon débutaient le vendredi. Nous avons mis à l'épreuve la voiture sur la seule piste de l'aéroport de Vichy-Charmeil, longue d'à peine plus de deux kilomètres. J'ai pu ainsi y rouler trois ou quatre fois en ligne droite, juste pour m'assurer que l'ensemble allait, et c'est vraiment le cas de le dire, tenir la route. Le défi était d'autant plus important que nous allions, avec notre châssis Mygale SJ01, nous attaquer à la puissante entreprise Van Diemen, qui produisait alors les voitures de Formule Ford les plus populaires au monde. Mais nous avions l'avantage d'avoir pu profiter de la nouvelle réglementation touchant la Formule Ford cette année-là, le moteur Zytec passant de 1 600 à 1 800 cc. Notre châssis allait être conçu en fonction de ce changement, tandis que de leur côté ils se devaient d'adapter le leur au nouveau moteur. En soi, leur tâche s'annonçait donc plus compliquée que la nôtre. C'était du moins ce que nous espérions de tout cœur.

Excellent début de saison

Nous étions à la fois nerveux et excités à notre arrivée à Ledenon. Si la voiture pouvait se montrer capable de tenir le coup, tous les espoirs nous étaient permis. Rapidement, notre optimisme s'avéra justifié. Je signais le 5e meilleur chrono des qualifications. J'ai maintenu cette position pendant la course, mais devant moi la bagarre devenait de plus en plus féroce, même si j'allais en tirer profit pour donner à Mygale son tout premier podium, une 3e place derrière Jean-Bernard Bouvet et Patrice Gay. C'était la fête au sein de l'équipe. J'étais surtout heureux de leur avoir prouvé que la confiance qu'ils me témoignaient depuis mon arrivée un an plus tôt était pleinement justifiée. J'avais déjà hâte à la fin de semaine de Pâques où serait présenté la deuxième course de la saison sur le circuit de Nogaro, le même que j'avais découvert en 1990 alors que j'avais rendu visite à mes compatriotes Stéphane Proulx et Claude Bourbonnais qui y couraient en Formule 3 000. C'est en fait le tout premier circuit européen où j'ai mis les pieds. Un circuit que j'avais beaucoup étudié et, entre les deux courses, nous avons accompli beaucoup de travail de développement sur la voiture en vue de cette épreuve. Notre travail a porté ses fruits parce que nous avions trouvé les bons ajustements pour ce circuit.

Un défi à relever

Dès les premiers essais, nous savions que la voiture serait fort compétitive. Je partageais le meilleur chrono avec le Français Jean-Bernard Bouvet, vainqueur la fin de semaine précédente à Ledenon. Puis, en après-midi, le miracle se produisit enfin. Je venais de signer un temps canon de 1 min 35 s 89. Bouvet ne put améliorer son chrono de 1 min 36 s 06 et je me suis retrouvé en position de tête. Mon coéquipier, Soheil Ayari, un jeune espoir français, obtint le 3e chrono en 1 min 36 s 86. Deux Mygales sur les deux premières lignes de départ, c'était pour nous un rêve qui enfin était devenu réalité. Cependant, ça ne plaisait pas à tout le monde. Je me souviens d'avoir été apostrophé par le directeur d'une équipe adverse, Jean-Philippe Grand après les qualifs. « Ne te fais pas d'illusion, tu ne gagneras pas demain », m'avait-il lancé sèchement, la rage au cœur. Je me souviens d'avoir défié son regard et de lui avoir répondu avec un brin d'arrogance dans la voix : « Tu fais erreur. Demain, je vais gagner la course. » Encore une fois, on me rappelait que les autres pilotes sont beaucoup plus aimables avec vous si vous n'êtes pas aux avant-postes. Peu importe sa sombre prédiction, je savourais pleinement ce moment. Ce soir-là, je me suis endormi avec la conviction que j'allais signer ma première victoire en France. Au risque de passer pour un prétentieux, j'avais même osé confier ce sentiment avec certains de mes proches. Mon ami Gilles Bourcier m'avait même cité à cet égard dans *La Presse* du lendemain. Il ne me restait qu'à gagner la course pour prouver que ma confiance n'était pas surfaite. On m'avait défié. J'allais relever le défi !

Tabernacle... c'est Godin !

Encore une fois, je me suis présenté sur le circuit, le dimanche matin, avec la rage de vaincre. J'étais tellement déterminé. D'autant qu'en France il faut savoir que le Championnat de Formule Ford était alors fort médiatisé. Toutes les courses étaient télédiffusées à la grandeur du pays. Même le tour de réchauffement était commandité et présenté à Télé Monte-Carlo. Le présentateur de cette chaîne Éric Gendry, qui était devenu un bon ami, me fournissait d'ailleurs volontiers, et surtout gratuitement, pour mon interminable démarchage de commanditaires au Québec, des cassettes de ses reportages télé avec les images de nos courses en Formule Ford. Ainsi, quand je revenais au Québec, tous les trois mois, lors de nos rencontres avec les médias, j'avais des images à leur fournir pour montrer ce que je faisais en France.

Encore une fois, l'occasion était belle d'attirer les projecteurs sur notre petite écurie et son pilote québécois, à la recherche désespérée de commanditaires. Ce ne serait pas plus facile pour autant. Parti en position de tête, il était clair que personne n'allait me faire de cadeau sur le circuit de Nogaro. D'autant que malgré ma position de tête sur ce circuit, la trajectoire de course était à l'extérieur. Autre problème, je manquais de motricité et mon départ ne fut pas particulièrement réussi. Le début de course fut des plus animés. Je me suis fait bousculer au départ, mais j'ai su garder l'intérieur à l'entrée du premier virage. Un des favoris de la série, Jean-Philippe Bouvet, qui pilotait justement pour l'écurie de Jean-Philippe Grand, l'a bien perçu. Je l'ai vu se rabattre rapidement sur moi. J'étais certain qu'il avait reçu l'ordre de me sortir de la course. Ce n'était pas une prédiction que m'avait fait la veille son patron, c'était une menace déguisée. Je regardais sa roue avant, en tenant mon volant bien serré. « Viens-t'-en baptège[57] », me suis-je alors dit intérieurement en bon québécois. Si je m'efforçais de ne pas parler un québécois trop prononcé en France, quand je me parlais tout seul, l'accent revenait plus grand que nature. J'étais prêt. Nos deux roues se sont touchées, et il est parti directement dans le décor. Sa voiture est demeurée encastrée dans le muret de béton. Heureusement pour moi, il n'y avait pas de voiture à l'intérieur de la ligne. Mon coéquipier, Soheil Ayari, aurait bien pu s'y trouver, mais ce n'était pas le cas. J'avais le champ libre. Mais je n'étais pas le seul en piste à penser ainsi. Le Français Fabrice Walfish s'était alors lui aussi montré particulièrement agressif. Par la suite, tout a bien fonctionné, même si une faible pluie m'a compliqué la tâche. J'ai résisté aux assauts

57. Allez ! Amène-toi, sapristi.

répétés de Walfish pour remporter la victoire. À l'arrivée, j'avais plus de deux secondes d'avance sur lui. Près de trois, en vérité ! Benjamin Roy termina en 3e position. J'étais fou de joie. À tous les gens des médias du Québec à qui je me suis empressé de parler après la course, je commençais par leur dire, fier comme un paon : « Je viens de gagner ! » Je manquais de qualificatifs pour leur décrire ce que je ressentais : « C'est génial, c'est super ! » ne cessais-je de leur répéter. Pour Mygale, c'était fabuleux puisque le constructeur français mettait ainsi fin à une domination de sept ans des constructeurs Van Diemen et Vector dans cette série. J'avais non seulement gagné, mais j'étais aussi propulsé en tête du championnat. J'avais 35 points et 17 000 francs gagnés en 2 courses. Presque 2 500 dollars canadiens ! Mais plus important encore, j'avais déjà 35 points au compteur après les 2 premières épreuves de la saison, et plus que jamais, le championnat me semblait jouable. Walfish et Bouvet en avaient 23. Ce serait à eux désormais de me pourchasser. Le moment était enfin venu où l'on devait me considérer moi aussi comme un des prétendants au titre du Championnat de France de Formule Ford. Nous savions que nous avions le matériel pour être compétitifs. Mais il faut croire que personne à Nogaro ne me concédait la moindre chance de victoire, malgré ma position de tête de la veille. Ma victoire avait même provoqué une certaine panique chez les organisateurs de la course parce qu'ils n'avaient pas le moindre enregistrement de l'hymne national canadien. La tradition veut pourtant que l'on joue l'hymne national du pays d'origine du pilote qui gagne une course. À ma grande surprise, lorsque je me suis présenté sur la plus haute marche du podium pour la cérémonie protocolaire, c'est *La Marseillaise*, l'hymne national français, qui a jailli des haut-parleurs. Loin d'être vexé, je riais sur le podium. D'ailleurs, je rappelais souvent en entrevue avec les journalistes français que j'étais moi aussi un peu des leurs, que mes racines étaient quand même françaises. Le lendemain, dans les journaux français qui rapportaient cette course, il y en a eu un qui titrait : *Tabernacle... c'est Godin !*

Pas de célébration

La tradition veut qu'une victoire soit célébrée par l'équipe qui se réunit pour « prendre un pot[58] ». Mais après la course de Nogaro, il fallait rentrer à Cusset, une randonnée de plus de cinq heures. C'est dire que nous ne serions pas rentrés avant minuit. Je croyais tout de même que ce serait partie remise. Comme tous les matins, c'était l'heureux propriétaire de la plus bruyante des mobylettes qui me réveilla le lendemain matin vers 6 h. On l'entendait venir de loin, et aussitôt qu'il passait devant la fenêtre de mon appartement, c'était le réveil assuré. Ce matin-là, par contre, j'étais heureux de me réveiller tôt. Je me suis rendu à la pâtisserie acheter des chocolatines[59], puis au petit café pour y prendre mon expresso tout en lisant le quotidien sportif *L'Équipe* et son compte rendu de la course de Nogaro. Ce n'était qu'un tout petit encart qui soulignait ma victoire, mais je n'étais pas peu fier de lire mon nom dans un quotidien aussi prestigieux. J'avais déjà hâte à mercredi pour lire ce qu'en dirait le magazine *Auto-Hebdo*. Je me suis ensuite rendu à l'usine où je m'attendais à ce que Bertrand Decoster nous invite dans un pub, un restaurant, ou bien à un cocktail en fin de journée à l'usine ! Après tout, c'était une vic-

58. Prendre un verre.

59. Pains au chocolat.

toire historique pour Mygale, la toute première de son existence. Mais non, rien de ça. Bertrand Decoster ne trouvait pas qu'il y avait lieu de fêter. C'était *business as usual*[60]. Je trouvais ça injuste pour tous ceux qui avaient travaillé tellement fort pour préparer ma voiture. Tant et si bien que je suis allé à l'Intermarché acheter des craquelins, des croustilles, des arachides et quelques boissons gazeuses, pour ensuite inviter le personnel de Mygale à venir célébrer cette victoire à mon petit appartement. Un seul s'était présenté, Alain, un des dessinateurs de l'équipe. Les autres ne pouvaient pas se joindre à nous, car ils avaient dû faire des heures supplémentaires à l'usine. La fête n'a donc jamais levé. J'étais un peu déçu que Bertrand n'ait pas eu envie de mettre plus d'accent sur cette victoire. À ses yeux, ce n'était pas important, et je trouvais ça franchement désolant. Une victoire, ça se célèbre, et surtout en présence de tous ceux qui y ont participé de près ou de loin, peu importe leur rôle dans une organisation. Pour moi, c'était la moindre des choses. Le contraire, me sembla-t-il, envoyait à tous un très mauvais message à l'ensemble de l'équipe. Cependant, pour Decoster, c'était tout simplement une perte de temps. En revanche, quelques mois plus tard, il avait organisé une fête pour célébrer le fait que des alternateurs avaient été posés sur les voitures de l'école de pilotage. Là, je ne comprenais vraiment plus rien, je trouvais même ça insultant. À ce jour, je ne comprends toujours pas.

Encore en position de tête

La troisième épreuve de la saison 1993 allait être courue sur le splendide circuit de Nevers Magny-Cours. Nous étions au début

60. Expression qui signifie « Comme si de rien n'était ».

du mois de mai. À Montréal, c'était la folie, celle générée par la fièvre des séries éliminatoires de la Coupe Stanley. Le Canadien affrontait les Sabres en finale de division. Cette année-là, le Canadien de Montréal allait remporter la coupe Stanley face aux Kings de Los Angeles. Je n'ai pas vu un seul match, même pas en reprise. Mais c'est à Clermont-Ferrand, sur le circuit de Charade, que j'apprendrai la victoire du tricolore. C'était à la une de tous les journaux français. J'aurais été tenté d'en être fier, mais ce ne fut pas le cas, bien tristement. Le Canadien qui remporte une autre coupe Stanley, il y avait là de quoi me donner envie de bomber le torse à l'étranger. Cependant, il n'était nullement question des exploits sportifs, mais plutôt des émeutes et des saccages dans le centre-ville de Montréal qui avaient suivi la victoire lors du cinquième match. J'étais un peu gêné. Je me demande encore si ce printemps-là, à part mes parents et amis, quelqu'un au Québec savait que je courrais dans le Championnat de France de Formule Ford. Encore une fois, je m'étais emparé de la position de tête devant le Français Jean-Bernard Bouvet. J'avais signé un excellent chrono de 1 min 46 s 64 tandis que lui n'avait pu faire mieux qu'un temps de 1 min 47 s 09. Je n'ai donné aucune chance à mon adversaire. Ce chrono qui m'assurait de partir en tête, je l'ai réalisé lors de mon tout dernier tour de piste. La position de tête me valait aussi neuf points de plus. Cela se traduisait par 4500 francs de plus dans ma besace ! J'étais gonflé à bloc. Ma confiance était à son maximum. C'était un circuit que j'aimais bien. Il y avait un long droit, mais j'étais conscient que tout risquait de se jouer dans le premier virage. J'estimais que j'aurais à doubler certains coureurs trois fois au cours de la course alors il me faudrait prendre des risques calculés dans les virages. J'étais convaincu de pouvoir répéter ce que j'avais réussi à Nogaro et accroître mon avance au Championnat de France. J'ai déchanté le lendemain. Mon départ fut affreux. La course s'est déroulée sous une pluie diluvienne. J'ai composé avec les éléments et, jusqu'à la toute fin de la course, j'étais sur le podium. Mais à deux tours de la fin, j'ai voulu doubler Walfish, mon plus proche adversaire qui occupait le 2e rang. J'ai toutefois manqué de jugement dans ma façon de m'y prendre. Nous étions au bout de ligne droite à plus de 200 kilomètres à l'heure, et un très gros freinage se présentait. Walfish ne regardait jamais dans ses rétroviseurs, ce qui le rendait extrêmement difficile à dépasser. J'ai tout de même tenté de le surprendre par l'extérieur, ce qui était déjà un petit peu trop optimiste de ma part. D'autant qu'il avait pris le virage très large. Pour éviter un accrochage qui semblait inévitable dans la courbe, j'ai mis deux roues dans l'herbe, perdant ainsi complètement la maîtrise de la voiture. Je suis sorti de piste, en tête-à-queue, pour finir ma course dans le bac à graviers. Je m'en voulais terriblement. Je n'avais que moi à blâmer parce que ma voiture était géniale. En bon québécois, je me suis alors trouvé « cave[61] » pas à peu près. J'avais carrément honte. De retour dans les puits, je n'ai pas hésité à jouer franc-jeu avec Jean-Claude Silani, mon ingénieur. « J'ai commis une erreur. J'ai voulu le dépasser et j'ai péché par optimisme. J'ai gaffé, car la voiture était très compétitive. » Je me souviens que Decoster n'était pas content. Jean-Claude, lui, s'intéressait davantage au comportement de la voiture pendant la course et il ne m'a adressé aucun reproche. C'est d'ailleurs le rôle de l'ingénieur, de soutirer du pilote le maximum d'informations susceptibles de l'aider à

61. Imbécile.

rendre la voiture encore plus rapide pour la prochaine course. À ses yeux, l'erreur de pilotage n'est qu'un facteur parmi tant d'autres expliquant le comportement d'une voiture. Il me répétait d'ailleurs une fois de plus sa phrase fétiche : « Tu sais, Bertrand, pour rouler vite, il faut parfois sortir de piste. » Pour Decoster, c'était autre chose, j'avais bousillé un podium assuré en raison de ma trop grande témérité. Il ne m'a pas engueulé ou lancé le moindre reproche, mais il n'a pas manqué de me faire sentir sa déception sans équivoque. Je l'ai lu dans son visage et je l'ai entendu dans son silence ou ses phrases vides. Depuis qu'il avait goûté à la victoire à Nogaro, ses attentes se voulaient beaucoup plus élevées, et ce jour-là, à Magny-Cours, je l'ai déçu. Bouvet a remporté l'épreuve, et j'ai dégringolé au classement du championnat, passant de la 1re à la 4e place. Rien de catastrophique, puisque mon retard sur le meneur n'était que de 10 points et que, de toute façon, dans cette série nos deux plus mauvaises courses étaient automatiquement écartées de la comptabilisation des points. Au moins, ma position de tête m'avait rapporté un peu d'argent. La prochaine course serait pour moi particulièrement importante. Nous avions rendez-vous à Pau, à la fin mai. Là où Gilles Villeneuve y avait disputé sa première course en Europe, en 1977. Je me promettais de gagner cette course à la mémoire de Gilles. Pour moi, ce n'était pas qu'une autre épreuve du championnat. Il y avait l'honneur de la patrie et de l'héritage que nous avait légué Gilles à défendre. Entre-temps, nous devions faire un détour à Cologne, en Allemagne, pour quérir nos moteurs Zagk. C'est à ce moment que j'ai appris que mes performances me vaudraient une troisième saison chez Mygale. J'avais prévu faire le saut en Formule 3 et suivre le cheminement de Bertrand Fabi, mais cela pouvait attendre. D'autant que les coûts d'une saison en F3 étaient beaucoup plus élevés qu'en Formule Ford. À la course suivante, sur ce circuit de Pau, je n'ai pas réussi à imiter Gilles et à triompher, mais je suis monté sur le podium, me hissant ainsi au 2e rang du Championnat de France. Dans les faits, j'ai terminé 3e, mais puisque la victoire a été remportée par Frank Guibbert, un pilote invité en sa qualité de champion de la saison 1991 et qu'il était automatiquement exclu du podium, je me suis officiellement classé 2e derrière Jean-Bernard Bouvet. Cette fois, j'avais non seulement le Championnat de France dans la mire, mais les gens de Maxauto avaient aussi décidé de m'inscrire dans le tout nouveau Championnat d'Europe de la spécialité. Aussi aurais-je l'occasion de courir cet été-là sur des circuits aussi prestigieux que Spa-Francorchamps, en Belgique, au Mans, en France, à Zandvoort, en Hollande, et au Nürburgring, en Allemagne. Plus que jamais, j'étais dans la cour des grands.

Un championnat relevé

Si le Championnat de France était toujours à ma portée, la compétition au Championnat d'Europe allait s'avérer beaucoup plus relevée. À Spa, je suis parti 8e et j'ai terminé 8e. La course, qui était disputée sur une distance de 56 kilomètres, allait être remportée par le Portugais Frederico Viegas. Lors de la première séance de qualifications, j'avais pourtant signé le 3e meilleur chrono. Tous les espoirs étaient permis. Mais un mauvais choix de pneumatiques lors de la deuxième séance de qualifications m'aura rétrogradé au 8e rang. Pendant la course, j'ai dû composer avec des problèmes de moteur et j'avais davantage à me préoccuper de terminer l'épreuve qu'à essayer de remonter le peloton. Cela dit, je ne pouvais être déçu dans les circonstances. Juste de rouler à Spa-Francorchamps est un moment d'extase pour tout pilote, peu importe la série dans lequel il évolue. Il faut avoir attaqué la chicane de l'Eau Rouge à pleine vitesse, puis le Raidillon, même dans une Formule Ford, pour imaginer ce que peuvent y ressentir les pilotes de Formule Un. Pas étonnant que ce soit un des circuits les plus prisés des pilotes. L'ancien pilote américain Dan Gurney, qui a couru en Formule Un dans les années 1960, avait d'ailleurs l'habitude de dire que c'était un circuit qui « séparait les hommes des petits garçons ». Il avait remporté le Grand Prix de Belgique en 1967, la même année où il allait terminer sur le podium, quelques semaines plus tard, au Grand Prix du Canada. Bref, j'avais tenu mon bout devant les meilleurs pilotes européens de Formule Ford et je savais que je pouvais faire mieux lors du prochain rendez-vous de ce championnat le 1er août à Zandvoort, en Hollande. La confiance en mes moyens grimpait de plus en plus en flèche. La préparation, le souci du détail ont beau être des ingrédients essentiels au succès, encore faut-il savoir se bâtir une confiance en béton pour réussir sous pression.

Une autre position de tête

Mais entre-temps, il y avait aussi le Championnat de France et dès la course suivante, à Val-de-Vienne, j'obtenais une troisième position de tête. La fin de semaine avait pourtant mal débuté alors que je n'avais réussi que le 6e chrono de la première séance de qualifs. Mais j'ai poussé à fond et, en conservant une moyenne de plus de 125 kilomètres à l'heure, j'ai enlevé la position de tête devant mes rivaux habituels Fabrice Walfish et Jean-Bernard Bouvet. Pourtant, au départ j'ai patiné sur la gomme morte et je me suis retrouvé dans le sable, glissant au 20e rang. J'ai réussi une remontée qui a semblé être appréciée des spectateurs. Avec deux tours à faire, j'étais en 5e position. Mes freins ont toutefois lâché et j'ai dû me contenter du 7e rang à l'arrivée. Je me retrouvais, à la mi-saison, au 3e rang du Championnat de France des pilotes de Formule Ford. L'avance que s'était creusée Jean-Bernard Bouvet au 1er rang devenait difficile à combler, même si, lors de la course suivante, sur le circuit Paul-Ricard, j'avais réussi à terminer 4e. Notre moteur n'avait plus autant de puissance qu'en début de saison, et cela rendait ma tâche plus difficile. Mais au moins, j'étais remonté au 2e rang du championnat… à 41 points de Bouvet ! Ayant terminé 3e au Grand Prix d'Albi, toujours derrière Bouvet, je ne pouvais plus qu'assurer le titre de vice-champion. Au moins, cette fois, sur ce circuit situé près de Toulouse, j'avais connu un bon départ et la voiture, même sur cette piste où nous roulions en moyenne à plus de 160 kilomètres à l'heure, me permettait d'espérer remporter une deuxième victoire au Mans où nous disputerions deux courses. Ce que je fis pour m'assurer d'être le vice-champion de 1993 derrière Bouvet. Malheureusement, pour plusieurs, terminer au 2e rang en course automobile, ce n'est rien d'autre que d'être le premier des derniers. Vous ai-je dit que c'est un sport plutôt ingrat ?

La croisée des chemins

Nous avions un objectif clair : une première saison pour apprendre, une deuxième saison pour gagner. Nous n'avons pas remporté le Championnat de 1993, mais c'était tout comme aux yeux de mon commanditaire. Maxauto était fier de mon titre de vice-champion de France de la saison 1993. Nous avions fait cinq podiums et terminé trois fois en 4e position. J'avais remporté deux victoires, à Nogaro et surtout celle au Mans, que j'estimais comparables à celle remportée par Gilles Villeneuve en 1981 sur le circuit de Jarama, en Espagne, son sixième et dernier triomphe en Formule Un. Pourquoi j'ose pareille comparaison ? Parce que tout comme Gilles, j'avais disputé toute la course avec quatre voitures dans ma boîte de vitesses. À chaque virage, je devais résister à leurs assauts répétés. Je partais de la 4e place sur la grille de départ, mais dès le 1er tour j'avais réussi à me faufiler en tête. Nous étions quatre de large au premier virage, mais vu que j'étais à l'extérieur j'ai pu me rabattre, dans le second virage, vers l'intérieur pour prendre les commandes de l'épreuve. Nous avons ensuite roulé roues dans roues durant toute la course. Ce fut une course infernale, mais c'est selon moi l'une des plus belles victoires de ma carrière. J'ai franchi la ligne d'arrivée après 12 tours avec une mince avance de 47 centièmes de seconde sur le premier poursuivant. La troisième voiture n'était qu'à 73 centièmes. Il n'y avait qu'une seconde pour départager les quatre premières voitures à l'arrivée. La quatrième était celle de mon coéquipier Soheil Ayari. C'étaient les quatre mêmes voitures qui s'étaient retrouvées côte à côte dans le tout premier virage. Les amateurs eux étaient sur le bout de leur siège, et plusieurs affirmaient sans hésiter après l'épreuve avoir assisté à l'une des meilleures courses de la série depuis deux ou trois ans. Le lendemain, dans le cadre de la quatrième et dernière étape du Championnat d'Europe, je connus moins de succès devant me contenter de la

6e place après avoir été impliqué dans un accrochage avec l'Argentin Alberto Fontana qui m'a presque fait faire un tonneau. J'étais parti 3e et je m'étais hissé au 2e rang lorsqu'est survenu cet accrochage qui m'a rétrogradé au 10e rang et forcé à tenter une remontée. Avec cette 6e place, je devais terminer 11e du Championnat d'Europe. Et lors de la dernière course du Championnat de France, sur le circuit de Montlhéry, je suis à nouveau parti de la position de tête, pour finalement terminer au 4e rang d'une épreuve controversée. Il me restait une autre course à disputer, cette fois pour le Championnat du Monde de Formule Ford, sur le circuit de Brands Hatch en Angleterre où cette fois nous serions 200 pilotes pour réussir à se qualifier pour le Championnat du monde de Formule Ford, le Ford festival. Après m'être qualifié au 22e rang de cette ultime épreuve, je n'ai jamais pu me faire justice et trouver les bons réglages. Mais terminer 17e parmi les 60 pilotes qui s'étaient qualifiés (sur 200) pour prendre le départ, ce n'était rien de déshonorant. Je pouvais maintenant rentrer chez nous avec la satisfaction du devoir accompli, plus convaincu que jamais d'avoir des arguments pour vendre ma salade à d'éventuels commanditaires. Je n'étais pas plus riche qu'à mon arrivée, mais je ne m'étais pas appauvri davantage non plus. Grâce aux 500 francs que j'avais gagnés pour chaque point obtenu en course, j'aurai terminé cette saison avec des gains totalisant 15 000 dollars. Juste assez pour continuer de payer mes dettes et subsister pendant toute la saison. Par ailleurs, même si Mygale tenait à me revoir à bord de la voiture Maxauto pour 1994, une équipe de Formule 3, la série menant à l'antichambre de la F1, la Formule 3 000, m'avait approché. En effet, des gens de Formula Project, une écurie pour laquelle avait déjà piloté

Stéphane Proulx et qui bataillait à ce moment-là en tête de son championnat, souhaitaient me voir me joindre à eux dès la saison suivante. J'étais à la croisée des chemins.

Un bel honneur

À mon retour au pays, j'ai appris que j'étais en nomination pour deux prestigieux honneurs que décerneraient les dirigeants de la Fédération Auto-Québec le 16 novembre à l'Autodrome Saint-Eustache. Il s'agissait du trophée Gilles Villeneuve, remis au pilote québécois ayant démontré le plus de combativité et d'excellence en piste, et du trophée Bertrand-Fabi, remis au pilote ayant le plus contribué à l'image du sport automobile québécois. Les autres candidats en lice étaient alors Claude Bourbonnais, Jacques Villeneuve (le fils de Gilles) et Jean-François Lussier. Je n'ai obtenu aucun des deux titres. Claude Bourbonnais recevait le trophée Bertrand-Fabi tandis que Jean-François Lussier méritait le trophée Gilles-Villeneuve. J'ai toutefois eu droit au titre « Courage », décerné par le journal *Sport Moteur*. Encore plus formidable que cela, je devrais retourner en France le 6 décembre pour être honoré à titre de vice-champion du Championnat national de Formule Ford lors d'un somptueux banquet du sport automobile sous la présidence de Jean-Marie Balestre. Parmi les autres pilotes qui y seraient honorés, je notai rapidement les noms des pilotes de Formule Un ; Alain Prost, Jean Alesi et Érik Comas. L'ambassadeur du Canada à Paris, Benoît Bouchard, m'avait même promis d'y assister.

Coup fourré

Mes succès en 1993 avaient enfin attiré l'attention d'un important commanditaire, Exacor, qui était prêt à financer Mygale pour qu'elle fasse un jour le saut en Formule 3 avec le commanditaire Maxauto. En fait, Hexa Car voulait voir ses produits distribués dans tous les magasins Maxauto, donc prêt à payer le gros prix. Déjà, j'étais invité par l'équipe Promatec pour des essais à bord d'une monoplace de Formule 3 à Magny-Cours. J'appréhendais ces essais, mais le pilote de F1 Yannick Dalmas m'avait réconforté en me suggérant de me comporter exactement comme en Formule Ford, c'est-à-dire de me montrer agressif, mais très doux, très coulant au volant de la voiture. Le budget pour courir en F3 s'élevait toutefois à 400 000 dollars[62]. Les gens de Maxauto trouvaient la facture un peu trop salée. C'est pourquoi l'arrivée d'Hexa Car était nettement providentielle ! Je n'avais pas prévu que mon coéquipier Soheil Ayari, qui avait remporté une victoire dans le Championnat de France 1993, tenterait alors de s'approprier l'exclusivité de ce commanditaire afin de m'écarter de son chemin. Un coup fourré que je n'ai jamais digéré et qu'il m'aura été difficile au cours de la saison suivante à gérer. Ayari exigeait d'être le pilote numéro un et que tout le budget d'Hexa Car lui soit consacré en F3. Hexa Car ne l'entendait pas ainsi, car, après tout, ce commanditaire s'était pointé après avoir été conquis par mes succès en piste, pas les siens. Toutefois, ils étaient conscients du potentiel de ce jeune pilote français et à leurs yeux, un saut en F3 était impensable sans la combinaison Godin-Ayari. Leur

62. Autour de 265 000 euros (selon le taux de change d'aujourd'hui).

campagne publicitaire était axée sur notre duo de pilote. Ayari ne voulait rien entendre. En claquant la porte, il a quitté l'équipe en clamant, au bénéfice de nos commanditaires, que jamais ils ne gagneraient un championnat avec cette équipe. Sans surprise, c'est chez nos rivaux de Graff Racing, l'écurie dirigée par Jean-Philippe Grand, que Soheil Ayari poursuivrait désormais sa carrière en Formule Ford. Mais ses magouilles avaient quelque peu refroidi l'ardeur des gens d'Hexa Car qui ont finalement décidé d'abandonner leur projet de commandite pour la F3 et s'unir à Maxauto pour la prochaine saison de Formule Ford. J'étais hors de moi. J'étais prêt pour la Formule 3, mais je n'avais pas le budget. Voilà que s'était pointé ce commanditaire qu'était Hexa Car, nous faisant miroiter un saut en F-3, et Ayari avait essayé de tirer la couverte de son bord, torpillant ainsi le projet. Pire encore, j'apprenais qu'il avait tenté de ternir ma réputation auprès de mes commanditaires. C'était pour moi une véritable déclaration de guerre. Je ruminerais ma colère pendant tout l'hiver. Il ne perdait rien pour attendre celui-là !

CHAPITRE 25

Les frères ennemis

Je n'ai pas vraiment décoléré de l'hiver, même si Maxauto a voulu me récompenser en me promettant quelques courses de F3 au cours de la saison 1994, dont celle présentée dans le cadre du Grand Prix de France, à Magny-Cours. Ce serait ma troisième saison en Championnat de France de Formule Ford avec l'écurie Mygale. Maxauto m'avait même promis de faire le saut en Formule 3 dès l'année suivante. Lors des essais hivernaux présaison, un total de 500 kilomètres courus sous la pluie, la nouvelle évolution de ma voiture, la Mygale SJ02 avait tenu tête aux Van Diemen, ce qui s'avérait plutôt de bon augure. La saison 1994 débutait à Nogaro. Il pleuvait, mais je suis tout de même 2e. J'avais maintenant pour coéquipier le dernier diplômé de l'école Mygale Maxauto, le Français Samuel Guth. Malgré notre mauvaise position au départ, j'ai réussi à remonter le peloton et prendre le contrôle de la course durant quatre tours, jusqu'à ce que s'amènent Ayari et sa rapide Van Diemen, mieux adaptée que notre voiture aux conditions de pluie. Il a pris l'intérieur du virage et s'est littéralement appuyé sur ma voiture afin de me mettre hors-piste de manière délibérée. J'étais vraiment furieux, et je ne me suis pas contenté des jurons habituels et inoffensifs comme « esprit, baptège et simonac », mais je me suis mis à descendre, sans vergogne, certains saints du Ciel ! Il a filé vers la victoire et malgré sa manœuvre déloyale, j'ai réussi à m'accrocher pour terminer 2e, à deux secondes de lui. Mon coéquipier Samuel Guth s'est pointé 3e avec 35 secondes de retard. Lorsque les journalistes sont venus me demander de commenter l'incident, je ne me suis pas gêné pour fustiger le comportement d'Ayari et je me suis promis de l'envoyer dans le décor s'il allait tenter une telle manœuvre de nouveau. Nous étions déjà au milieu d'une guerre de manufacturiers entre Mygale et Van Diemen, où personne ne se faisait de quartiers, mais voilà que le niveau des hostilités venait de monter d'un cran. Même les journaux télévisés français s'étaient joyeusement emparés de cette histoire de frères ennemis, mettant la table à une saison qui serait, et c'est le cas de le dire, furieusement disputée.

Guerres et amour

Ce fut une drôle d'année à plusieurs égards. Plus que jamais, j'étais chez moi à Cusset et je m'étais intégré à la culture française. Je n'avais presque plus jamais le mal du pays. J'avais maintenant un ennemi juré pour qui il m'arrivait de me réveiller la nuit afin de mieux le détester, mais aussi une petite amie que j'avais rencontrée à la buanderie. C'était au début du printemps. Je l'avais remarqué à quelques reprises sans oser lui parler. À ce jour, je ne sais plus trop qui a fait les premiers pas. Mais je crois que nous étions amoureux, même si cette relation me faisait peur.

Je craignais de perdre ma concentration, mais aussi de m'attacher à ce qui allait inévitablement être un amour impossible. Elle s'appelait Emmanuelle et travaillait pour une compagnie pharmaceutique. Il était clair que j'en étais à ma dernière année à Cusset, même si Mygale songeait toujours à la possibilité de mettre sur pied une écurie de Formule 3 pour la saison suivante. J'avais le cœur brisé juste de penser que cette relation se dirigeait vers un cul-de-sac. Mais, en même temps, elle était si belle, si douce et compréhensive que je ne me voyais vraiment pas capable de me priver de sa compagnie, même si ce n'était que pour les quelques mois qu'il me restait à courir en France. Nous allions au cinéma ensemble, faisions de longues marches ou partagions des repas romantiques. Cet amour me faisait aussi réaliser à quel point la France me manquerait bientôt. Je n'étais plus seul à Cusset. J'avais une complice, une amoureuse qui me donnait de nouvelles racines en France. C'était devenu ma terre d'adoption. J'y étais maintenant chez moi tout comme au Québec. J'étais déchiré entre mes deux patries. Encore plus depuis que mon cœur avait été conquis par Emmanuelle. Nos cœurs s'étaient à peine embrasés que déjà je me mis à appréhender la cérémonie des adieux qui m'apparaissait inévitable. Mais cet amour adoucissait, du moins entre les courses, la haine que je nourrissais à l'égard de Soheil Ayari.

Devant Ayari

Tous les projecteurs étaient désormais dirigés vers notre guerre fratricide. Personne ne doutait alors que c'était entre nous deux que se déciderait le Championnat de France de la saison 1994.

Lors de la deuxième épreuve, sur la piste de Ledenon, près de Nîmes, je signais la victoire, par 12 centièmes de seconde sur... Soheil Ayari. Je partais en 2e position après avoir qualifié la voiture sous une pluie fine qui s'était mise à tomber. Ayari était en position de tête. Après avoir réussi un merveilleux départ, j'ai creusé l'écart. Mais, à trois tours de la fin, mes deux secondes d'avance avaient fondu. Ayari était revenu sur moi alors que le déploiement des drapeaux jaunes m'avait forcé à lever le pied derrière les retardataires. Lors de la reprise sous le drapeau vert, Ayari a tout fait pour me dépasser, mais j'ai pu contenir ses assauts. Une fois de plus, nos roues se sont touchées alors que nous roulions à trois de front. Les nuages étaient menaçants, et je craignais qu'une averse vienne gâcher ma fin de course, mais il n'en fut rien. Nous avions désormais chacun une victoire dans les deux premières courses et n'avions pas fini d'en découdre, d'autant que la course suivante serait disputée à Magny-Cours où, l'année précédente, j'avais signé la position de tête. Dès les essais libres, je me suis imposé. Cependant, Soheil Ayari demeurait toujours dans mon sillage. Je lui prenais quatre dixièmes de seconde au tour. Ça se gâtait toutefois en qualification alors qu'une fois de plus Soheil Ayari retranchait un dixième de seconde à mon chrono pour me souffler la position de tête. Une fois de plus, nous partirions côte à côte dans cette course de 12 tours d'une distance totale de 51 kilomètres. Je m'en souviens comme si c'était hier. C'était le 1er mai 1994. Encore une fois, dès le départ, nous nous bagarrions comme des enragés. Au bout de la longue ligne droite, je freinais tôt à chaque passage. Je sentais qu'il calquait son freinage sur le mien. J'ai donc décidé de lui jouer un vilain tour et, au beau milieu de l'épreuve, j'ai freiné un peu plus tard qu'à l'habitude. Il fut pris par surprise et n'a pas eu le temps de s'ajuster. Il fit alors un tout droit dans l'herbe qui lui coûterait de précieuses secondes. Je rigolais dans ma voiture, heureux de m'en être débarrassé de la sorte. Je remporterais finalement la victoire devant Patrice Gay. Soheil se contenterait de la troisième marche du podium et je me retrouvais en tête du classement avec cinq points d'avance sur lui. Comme le guerrier qui vient d'infliger une défaite à son pire ennemi, j'avais envie de pousser un cri tribal de victoire. Ma joie serait toutefois de courte durée. Une tragédie venait de se produire en F1. Dans les paddocks, des murmures jaillissaient de partout. Un nuage sombre tomba aussitôt sur les visages de tout un chacun. Au début, les rumeurs se voulaient contradictoires. Certains affirmaient que s'il y avait eu un accident, Senna s'en était certainement tiré. D'autres parlaient de mort cérébrale constatée à l'hôpital. Il s'en trouvait pour nous dire que Senna avait été plongé dans un coma, mais qu'il devrait s'en sortir grâce à une intervention neurochirurgicale révolutionnaire. On devait finalement apprendre le décès d'Ayrton Senna vers 18 h 30. Partout, c'était la consternation. D'autant que la veille le pilote autrichien Roland Ratzenberger avait lui aussi été victime d'un accident mortel lors des qualifications de ce Grand Prix de San Marino, sur le circuit d'Imola, à bord de sa Simtek-Ford. Ce jour-là, il n'y avait vraiment plus de quoi célébrer en apprenant la mort d'un des plus grands pilotes de l'histoire.

Le tour du chapeau

J'allais compléter le tour du chapeau lors de la quatrième épreuve de la saison, sur le circuit de Pau qui allie courbes rapides et virages lents et que l'on compare souvent, en matière de difficultés techniques, à celui de Monaco. Le pilote n'a tellement pas de marge de manœuvre à Pau que certains vous diront même qu'il est encore plus exigeant que Monaco. Ses pièges sont nombreux, et il peut s'avérer intimidant, peu importe la série dans laquelle on s'y présente. Mon ingénieur me disait que c'était une course que je me devais de gagner si je voulais m'établir comme un grand pilote. Gilles Villeneuve y avait d'ailleurs couru à bord d'une voiture de Formule 2. Ma victoire à Pau serait donc satisfaisante à plusieurs égards. Après 7 courses, je dominais le championnat avec 120 points comparativement à 99 pour Soheil Ayari. Ma voiture était ajustée à la perfection et tenait la route comme jamais. Je négociais le virage de Signes avec un dérapage des quatre roues qui me faisait aller de l'autre côté du vibreur tout en gardant ma pleine vitesse. J'étais extrêmement rapide, au cours de cette fin de semaine... du moins, jusqu'au dimanche où j'ai constaté que la voiture d'Ayari avait drôlement progressé depuis la veille. Les Anglais, venus disputer la même fin de semaine, une manche du Championnat d'Europe, débarquèrent avec leurs moteurs Vector beaucoup plus performants que nos moteurs fabriqués par le manufacturier allemand Zagk. Dans les lignes droites, dès les premiers essais, les voitures munies des Vector nous larguaient sans la moindre difficulté. En pleine nuit du samedi au dimanche, Jean-Philippe Grand avait sorti son chéquier pour se procurer un moteur Vector dont il a immédiatement équipé la voiture de Soheil Ayari. Ironiquement, c'est donc lors de la septième course du championnat, sur le circuit Paul-Ricard, que s'est en quelque sorte joué le titre, même si encore une fois j'allais terminer la course devant Ayari. Fort de ce moteur plus puissant, je savais qu'il ferait tout pour passer devant, peu importe les moyens. Mais je savais aussi qu'il était maintenant temps pour moi de lui donner la réplique pour ce qu'il m'avait fait à Nogaro en lever de rideau. S'il osait tenter de me sortir de piste, je me promettais de sortir les crocs. J'ai connu un excellent départ, mais les Vector étaient si puissants que rapidement j'ai vu Rafael Del Sarte foncer sur moi, suivi d'Ayari. Impossible de me tasser[63]. Del Sarte passa à côté et Ayari tenta de faire de même et réussit... jusqu'à ce que je décide de régler mes comptes avec lui. Ma roue avant se retrouvait devant sa roue arrière ; il ne me restait qu'à freiner pour lui remettre la monnaie de sa pièce. Comme je l'avais prévu, la voiture d'Ayari s'est aussitôt envolée dans les airs. J'ai alors vu le dessous de sa Van Diemen au-dessus de ma tête. Miraculeusement, il est retombé, sur ses quatre roues, dans le bac à gravier, sans avoir le moindrement endommagé sa monture. Mais il s'est montré si pressé de repartir qu'une autre voiture est entrée en collision avec la sienne. Cette fois, sa suspension était pliée, et il fut contraint à l'abandon, alors que moi je terminerais 2e. Mon avance semblait désormais insurmontable. Le patron de Graff Racing, Jean-Philippe Grand, voulait me tuer. « Viens avec moi dans le boisé, p'tit con, m'a-t-il lancé avec du feu dans les yeux. Je vais te régler ton compte ! » Ayari aussi était venu m'engueuler et voulait m'inviter à me battre. Je lui riais en pleine face en lui rappelant que je venais tout simplement de lui rendre la monnaie de sa pièce pour Nogaro. D'autant que je savais pertinemment qu'il ne pouvait pas s'aventurer à lever le petit doigt sur moi. Il était sous le coup d'une probation depuis la saison dernière alors qu'il en était venu aux coups avec Fabrice

63. Se ranger sur le côté.

Walfish, à la suite d'un accrochage à Albi. La course était terminée, et Ayari avait traversé le drapeau en damier à toute vitesse pour aller retrouver Walfish qui revenait à pied vers les puits, son casque sous le bras. Ayari avait stationné sa voiture près de Walfish pour lui asséner un violent coup de poing en plein visage. Walfish était alors rentré aux paddocks avec un œil au beurre noir ! Ayari était venu à un cheveu d'être disqualifié du championnat et de se voir retirer sa licence de pilote. Un sursis lui avait finalement été accordé, mais il était clair qu'à la prochaine offense, peu importe les circonstances, ce serait la fin de sa carrière. Il était donc impuissant devant moi et il n'en était que plus furieux. Honnêtement, je pense que l'on se détestait encore plus que Prost et Senna à la même époque. Nous en devenions dangereux l'un pour l'autre en piste, et il n'était pas question que je lui cède un millimètre ! La manœuvre qui l'a envoyé en vol plané n'était pas la plus propre de ma carrière, loin de là. Mais, à mes yeux, il avait eu ce qu'il méritait. De toute façon, j'ai vite réalisé que la conduite sur les circuits européens était beaucoup plus agressive qu'elle ne pouvait l'être en Amérique du Nord. Les jeunes loups avaient les dents longues, et personne ne se faisait de cadeaux. La fin de semaine tragique d'Imola où Senna et Ratzenberger avaient récemment trouvé la mort n'a refroidi les ardeurs de personne. Les risques faisaient partie du métier, et il fallait parfois sortir un rival de piste pour se faire respecter. C'était une jungle, et seuls ceux capables de se battre pouvaient espérer y survivre. J'étais loin, mais alors très loin, de me douter que cet abandon du plus proche rival finirait plutôt par me coûter le Championnat de France cette année-là !

Drôle de règlement !

Je connaissais une saison formidable et à l'issue de la course présentée sur le circuit du Mans, avant-dernière épreuve du calendrier, j'avais toutes les raisons de croire que le championnat était dans la poche... ou presque. Ayari avait gagné cette course et j'avais terminé en 3e position, mais les commissaires s'interrogeaient sur la validité d'une pièce du système de refroidissement des deux pilotes qui m'avaient précédé à l'arrivée... dont Ayari. L'écart entre les moteurs Vector et le reste de la compétition en laissait plus d'un perplexe. Si la pièce devait être jugée conforme et que les résultats étaient confirmés, je conserverais mon 1er rang au classement cumulatif. Si la pièce devait être jugée illégale et qu'il était déclassé, je m'assurais automatiquement du titre. Un verdict qui me semblait inévitable. Contre toute attente, Ayari fut finalement blanchi par les commissaires, et sa victoire, confirmée. Je demeurais toujours en tête du Championnat de France, mais mon avance n'était plus que de quatre points. Tout se jouerait à Montlhéry lors de la dernière épreuve de la saison. J'y signerais une fois de plus la position de tête, mais je me suis retrouvé impliqué dans un accrochage qui est venu saborder ma course. J'ai finalement terminé 3e derrière Soheil Ayari et le vainqueur Cyrille Sauvage. En 10 courses, je suis monté sur le podium 8 fois. Au cumulatif des points, j'étais toujours 1er, mais puisqu'il nous fallait retrancher nos deux pires résultats, je me suis trouvé pénalisé. Les deux pires courses d'Ayari avaient été un abandon et une 12e place. Mes deux dernières places étant des 4e places, je retranchais plus de points que mon rival qui était couronné champion avec 152 points contre 137. Vingt points venaient d'être enlevés à ma fiche contre un seul soustrait à la sienne. Sans ce calcul, j'aurais terminé avec 157 points et j'aurais gagné le titre haut la main ! Ce fut pour moi une très grande déception. Je suis reparti au Québec avec le cœur gros. Le titre m'avait échappé, mais il y avait plus. Je quittais la France sans savoir si j'aurais la chance d'y vivre à nouveau. Maxauto avait décidé de retirer sa commandite pour la saison suivante et abandonnait toute velléité de faire le saut en Formule 3. Sur le plan professionnel, je savais donc avant de partir que tout était à recommencer. Je quittais aussi la belle Emmanuelle que j'avais prévenu que ce serait peut-être pour de bon. « Si tu ne reviens pas, Bertrand, je considérerai que tu es mort », m'avait-elle soufflé entre deux sanglots. Dans l'avion, je me répétais que « j'étais mort ». J'avais vécu de grandes émotions en 1994, j'avais goûté à l'ivresse d'un grand amour autant qu'à l'ivresse des grandes victoires. Le lendemain de veille s'annonçait brutal.

CHAPITRE 26

Dur retour à la réalité

À mon retour au Québec, ma vie bascula à nouveau. Malgré mes podiums et mes deux titres de vice-champions de France, je n'étais pas plus riche et à peine moins pauvre qu'avant mon départ. Je pensais pouvoir me renflouer en restant encore quelque temps chez ma mère. Cependant, elle avait désormais un nouvel amoureux, un Français de surcroît ! Il avait vendu sa terre en France pour venir s'installer au Québec. Je le trouvais plutôt sympathique, même s'il aimait bien s'obstiner avec moi sur tout et sur rien. Ça tombait bien, je ne déteste pas non plus disputer de telles joutes verbales. Elle m'a alors annoncé son intention d'emménager avec lui, ce qui me laisserait, une fois de plus, sans adresse fixe. Mais le déménagement ne se ferait qu'au printemps, ce qui me donnait un peu de temps. J'ai donc retrouvé ma chambre dans l'immeuble du 240 rue Brodeur, à Saint-Hyacinthe. Cela dit, je ne pouvais me permettre d'attendre à la dernière minute. Il me fallait, et ça pressait, me dénicher un logement, et surtout me trouver du travail. Je me suis donc trouvé divers emplois, notamment comme préposé à l'entretien pour une école de conduite automobile. Mince consolation, cette année-là, j'allais remporter le trophée Bertrand-Fabi pour avoir contribué à faire connaître le sport automobile. Quand j'ai reçu mon prix, je me suis efforcé de sourire, mais je repensais surtout aux paroles d'Emmanuelle. Ma carrière était dans un cul-de-sac. J'étais mort. Même si je n'avais que 26 ans. Certes, des équipes de F3 m'ont fait les yeux doux, mais je n'avais toujours pas réussi à convaincre une seule entreprise de chez nous de me venir en aide. J'en étais à me remettre en question et à me demander ce que serait ma vie après la course automobile. Qu'est-ce que je ferais, maintenant ? La question était d'autant plus pertinente que cette fois, ma carrière pourrait bien être définitivement terminée. Sans volant pour la prochaine saison, je me sentais comme un orphelin.

Coup de foudre

La vie est pleine de surprises. Un beau matin, alors que je suis descendu au rez-de-chaussée pour aller chercher le courrier, une très jolie jeune femme est entrée dans l'immeuble et m'a demandé si quelqu'un habitait l'appartement au fond du corridor. Je lui ai répondu distraitement par l'affirmative, mais qu'ils étaient probablement absents. Je suis ensuite remonté à l'appartement de ma mère en épluchant le courrier. Quelques minutes plus tard, quelqu'un cognait à ma porte. C'était la même jeune femme que j'avais vu entrer tantôt dans l'immeuble. Elle avait de beaux grands yeux et un sourire magnifique qui m'ont aussitôt séduit. Elle s'est présentée : Annie Trudeau. Elle vendait de l'assurance. Elle a rapidement réussi à me faire souscrire à une police d'assurance qui ne me coûterait qu'une vingtaine de dollars. Je ne me souviens même plus si c'était par mois ou par année ! Peu m'importe, elle aurait pu me vendre n'importe quoi tant j'étais subjugué par son charme. Là, elle m'annonça tout de go que sa compagnie était à la recherche de gens jeunes et dynamiques qui, tout comme elle, seraient capables de vendre de l'assurance. Je lui ai remis l'une de mes photos, moi, dans ma combinaison de pilote bien entendu, et je l'ai invité à la remettre à son patron. Il me téléphona trois semaines plus tard et se mit à m'expliquer, en long et large, ce qu'il recherchait chez un vendeur d'assurances. Il aurait pu me parler en mandarin que je n'aurais guère compris davantage son discours. Je l'écoutais parler sans avoir le moindre intérêt. Il parlait tandis que je ne pensais qu'aux courses. En fait, plus il m'exposait l'art de la vente d'assurances, plus je devenais convaincu que je n'avais pas du tout le profil de l'emploi. J'étais sur le point de lui dire la vérité, c'est-à-dire qu'il perdait son temps lorsqu'il m'a proposé d'accompagner Annie sur le terrain afin de me familiariser avec ce travail. Il venait de me donner le prétexte idéal pour la revoir. « Certainement », lui ai-je alors répondu avec enthousiasme. Le lendemain, j'étais un peu nerveux lorsque j'ai été rejoindre Annie à son bureau. Je n'avais aucune envie de vendre de l'assurance, mais il faudrait bien que je cache mon jeu. Finalement, je m'étais inquiété pour rien. On a fait très peu de sollicitations, ce jour-là. On a passé la journée à jaser autour d'un café et à se raconter l'un à l'autre nos vies. Par la suite, nous sommes allés au cinéma, voir *Forrest Gump*, puis nous sommes allés jouer au billard. C'était le coup de foudre. J'avais enfin rencontré l'âme sœur. Elle avait grandi à Upton, un petit village voisin de Sainte-Hélène-de-Bagot, celui où j'avais vu le jour. Nous avions énormément d'affinités, et surtout le courant entre nous était électrique. C'était le début de notre belle histoire d'amour, qui se poursuit toujours d'ailleurs.

Toujours aussi paumé

J'avais une blonde, des jobines[64] aussi peu lucratives qu'éphémères et, à partir du printemps 1995, un petit appartement moins spacieux que celui où je logeais à Vichy, si c'était possible. C'était un deux et demi, toujours à Saint-Hyacinthe, si petit que lorsqu'on ouvrait la porte, on tombait directement sur le lit ! J'avais un lavabo et une table de cuisine. C'était tout ce que je possédais. J'étais tellement paumé que lorsque Radio-Canada m'avait demandé de commenter les Grands Prix de Formule Un en compagnie de Philippe Crépeault et Gordon Sawyer, je n'avais aucun moyen de transport pour me rendre à la grande tour dans l'est de Montréal. Heureusement pour moi, Annie avait une voiture et avait accepté de bon cœur de me servir de chauffeur. Je lui en étais certes reconnaissant, mais je trouvais tout de même la pilule difficile à avaler. Moi, pilote de course, j'en étais réduit à demander à ma copine de me conduire à Montréal où j'étais invité à parler de F1 à titre d'expert. Mon orgueil en prenait pour son rhume.

64. Emplois précaires.

CHAPITRE 27

Le malheur des uns...

La saison de course automobile était en cours et mes espoirs de poursuivre ma carrière diminuaient davantage chaque jour. Puis, en avril 1995, mon ami René Fagnan, irréductible dans sa volonté de me trouver un volant, m'a proposé un petit voyage à Nazareth, en Pennsylvanie où, lors de la prochaine fin de semaine, serait présentée une manche de la série Indy. C'était à environ 700 kilomètres de Saint-Hyacinthe, et cela me donnerait l'occasion de nouer avec les dirigeants des écuries dans les paddocks, dont ceux de la filière Player's pour qui Greg Moore et Claude Bourbonnais couraient en Indy Lights tandis que Jacques Villeneuve était déjà un joueur important de la série Indy. Patrick Carpentier était aussi sur place pour une épreuve du Championnat de Formule Atlantique, mais il ne faisait pas encore partie de la filière Player's qui ne comptait aucun volant dans cette série d'apprentissages. Carpentier était plutôt associé à Lynx Racing qui était la propriété de Jackie Doty et Peggy Haas. Moore et Carpentier gagneraient d'ailleurs leurs courses respectives en cette avant-dernière fin de semaine d'avril. Nous étions partis le vendredi et avions couché dans la voiture pour éviter de payer pour une chambre d'hôtel. Je me souviens que nous étions congelés[65] au réveil le samedi matin. Qu'importe, nous étions en mission, et il nous fallait repartir le samedi soir. Il fallait donc maximiser notre journée de relations publiques. J'avais d'abord renoué avec Jacques. En voyant mon manteau Choko, il m'a lancé : « Ouais, Bertrand, tu as un sapré beau manteau ! » Je lui ai répondu du tac au tac : « Je l'échangerais bien contre ta combinaison ! » Nous sommes tous deux partis à rire de cet échange. Par la suite, je me suis promené dans les paddocks de la Formule Atlantique où j'espérais pouvoir convaincre un dirigeant, vu mon palmarès, de me donner une chance. Mais personne ne s'intéressait à mon palmarès. Ce qui les intéressait, c'était mon compte de banque. La question que l'on me posait était toujours la même : « *How much money can you bring with you ?*[66] » Je n'avais rien à leur proposer financièrement. L'argent devenait une fois de plus un obstacle à mon développement comme pilote. C'en était franchement décourageant. J'avais quand même profité de cette visite pour rencontrer Jean-Claude Torchia qui était à cette époque le directeur des commandites chez Player's. Je voyais les moyens mis à la disposition des pilotes de la filière Player's et je rêvais d'avoir un jour ma chance de porter les mêmes couleurs. J'avais indiqué à Jean-Claude mon souhait de pouvoir disputer le Grand Prix du Canada à bord d'une Formule Atlantique, mais à ce moment-là je sentais que c'était sans issue, Player's n'ayant plus aucun intérêt manifeste pour cette série où elle avait commandité Stéphane Proulx en 1988, pour ensuite prêter ses couleurs à l'équipe

65. Avoir très froid.

66. Combien d'argent peux-tu nous apporter ?

Forsythe-Green de 1992 à 1994, avec qui Jacques Villeneuve et Claude Bourbonnais avaient courus. Jean-Claude, toujours aussi affable, m'avait toutefois invité à le rappeler plus tard dans la semaine afin que nous puissions essayer de trouver une piste de solutions susceptibles de donner un nouvel élan à ma carrière. C'était bien gentil de sa part, mais je me disais qu'il ne voulait qu'être poli. J'avais le sentiment d'avoir perdu mon temps à Nazareth. Lorsqu'en après-midi la pluie s'est mise à tomber, René Fagnan, tout aussi découragé que moi, était prêt à rentrer à Montréal, ce que nous avons fait sur-le-champ. Ce n'est qu'à notre arrivée en fin de soirée que nous avons appris qu'au cours de la séance de qualifications, Claude Bourbonnais avait été victime d'un grave accident où il s'était fracturé des vertèbres cervicales. La nouvelle m'avait attristé, mais j'étais loin de me douter que cet accident, jumelé à ma petite visite à Nazareth, allait me donner une nouvelle chance de piloter dans un avenir très rapproché. D'abord, je ne croyais pas être prêt pour l'Indy Lights, une série où les voitures étaient monstrueuses de puissance, générant quelque 500 chevaux ! La marche me semblait beaucoup trop haute pour quelqu'un qui n'avait rien piloté de plus puissant que des Formule 3. La série Atlantique m'apparaissait beaucoup plus réaliste à cette époque. Mais je m'étais royalement trompé. En effet, quelques jours plus tard, je reçois un appel de Jean-Claude Torchia. Il me demande tout de go ce que je pense de l'Indy Lights. « C'est une très belle série », lui dis-je en me demandant où il veut en venir. Mais il ne m'en dit pas plus et lorsque je raccroche, j'ai la tête pleine de questions. Puis, la semaine suivante, alors que je m'apprête à participer à un essai routier comparatif en compagnie de Marc Lachapelle et Miguel

Duhamel, quelle n'est pas ma surprise en lisant le *Journal de Montréal* au petit-déjeuner, d'y apprendre que je pourrais être invité à remplacer Claude Bourbonnais chez Player's. Je n'ose pas y croire et je me demande si je ne suis pas au beau milieu d'un rêve. Mais la rumeur allait bon train. Un soir, dans le cadre d'une soirée-bénéfice coanimée par Jacques Villeneuve et Claude Mailhot, et à laquelle j'avais été invité, tout le monde ne me parlait que de ça. « Comme ça tu vas remplacer Claude ? » me demandait-on de but en blanc. Je ne savais plus quoi répondre. Je n'en savais de toute façon pas plus qu'eux. J'en savais même moins que certains. Au cours de la soirée, Jacques Villeneuve me confie à propos de cette possibilité que je remplace Bourbonnais pendant sa convalescence : « Ils m'ont demandé mon avis. » Il m'adresse ensuite un clin d'œil complice me laissant entendre qu'il avait donné un avis favorable à ma candidature. Encore là, je refusais de m'emballer. J'avais trop souvent été déçu pour me laisser prendre à ce jeu-là. Je voulais quand même y croire de toutes mes forces. Quand j'ai revu Jean-Claude Torchia et que je lui ai demandé si la rumeur était fondée, il est resté de marbre : « Je ne peux rien te dire pour l'instant. On verra. » Il n'avait pas nié, c'était déjà ça. Il m'avait tout de même laissé dans l'ignorance. Une longue semaine a passé avant que j'en sache davantage. Cette fois, je reçois un appel en provenance d'Indianapolis. C'est Neil Micklewright, le vice-président aux opérations de Team Indy Lights Forsythe-Player's qui est au bout du fil. Il m'annonce qu'il y aura des journées d'essais à Putnam Park, non loin d'Indianapolis, afin de trouver le successeur intérimaire à Claude Bourbonnais. Je suis l'un des pilotes invités à participer à ce véritable concours pour le deuxième volant de l'équipe Player's d'Indy Lights. Un billet d'avion à mon nom m'attendra à l'aéroport. Je devrai arriver quelques jours avant les essais pour que l'on puisse me mouler un siège. Les autres candidats seront l'Ontarien Paolo Dal Cin, vice-champion 1994 de la Formule 1600 canadienne, l'ancien champion de la série GM dans l'Ouest du pays, soit Trevor Seibert, ainsi que les Québécois Martin Guimont, ayant de l'expérience en Atlantique, et Bruno Bianchi. Seibert, ayant remporté deux épreuves en Formule Atlantique et disputé deux courses en Indy Lights l'année précédente, est de loin le plus expérimenté. À 28 ans, il est aussi le plus vieux du groupe. Or, Player's mise beaucoup sur la jeunesse, ce qui n'est pas à son avantage. Cela dit, je suis quelque peu intimidé par l'expérience de mes rivaux. Chacun d'entre nous aura seulement droit à une demi-journée de piste au volant de la Lola à moteur Buick. Le meilleur sera choisi dans la semaine qui suivra l'Indy 500. L'heureux élu participera aux courses prévues à Milwaukee, Détroit, et possiblement aussi à celles qui suivraient sur les circuits de Portland, Toronto et Cleveland, à moins que Bourbonnais reprenne son volant aux termes d'une convalescence plus courte que prévue. Vu la nature de ses blessures, cela semblait toutefois plutôt improbable. Peu importe, nous sommes tous très conscients que c'est une chance en or qui s'offre à chacun d'entre nous. Que dis-je, c'est la chance d'une vie qui se présente. D'autant que nous savions que la filière Player's misait sur le long-terme, que son engagement se planifiait sur plusieurs années à venir. Jean-Claude Torcha ne se plaisait-il pas de dire régulièrement : « Player's ne fait jamais rien à court terme » ?

La fièvre de l'Indy 500

Nous débarquons à Indianapolis dans la semaine précédant l'Indy 500. La fièvre de la course a gagné la ville qui fait fi de l'humidité et de la chaleur accablante. Jacques Villeneuve impressionne à sa deuxième saison en Indy et il partira 5e de la mythique course. Nous sommes à la fin mai. Je profite de l'occasion pour assister aux essais de qualifications de l'Indy 500. Je découvre avec émotion le temple de l'automobile qu'est ce fameux Brickyard. Les ténors de la série, outre l'émergeant Villeneuve, sont Christian Fittipaldi, Bobby Rahal, Robbie Gordon, Arie Luyendyk, et compagnie. Pas moins de 33 pilotes prendront le départ. Player's a fait les choses en grand. Billets d'avion, hôtel plus que respectable, indemnité journalière pour la bouffe et les déplacements, et même des accréditations nous permettant de nous balader dans les puits à notre gré. Tiens, revoilà Michael Andretti. Il n'a pas vraiment l'air plus heureux que la dernière fois que je l'ai croisé à Spa-Francorchamps. Pourtant, il partira de la deuxième ligne, en 4e position, loin devant son coéquipier Paul Tracy, chez Newman/Haas. Je me dis qu'il y en a trop de ces gens qui ne sont jamais content et, de toute évidence, il est un de ceux-là. Tant pis pour lui, car, moi, je flotte sur un nuage. Même la visite de l'usine Forsythe, où l'on avait procédé à un essayage pour mouler mon siège, m'avait fortement impressionné. C'était comme si j'étais soudainement débarqué dans une écurie de Formule Un, mais cette fois je n'étais pas un simple touriste, mais bien quelqu'un qui avait l'occasion de mériter un volant dans les ligues majeures ! Le contraste avec la petite écurie Mygale de Formule Ford était frappant. C'était comme passer de la maternelle à l'université. Il ne me restait plus qu'à obtenir ce diplôme qui ouvrirait les plus grandes portes qui soient. Celui qui se démarquerait lors des prochains essais vivrait une expérience de rêve à bord d'une voiture des plus compétitives que Greg Moore menait régulièrement dans le cercle des vainqueurs. Cela dit, je m'efforçais de rester réaliste et conscient de mes limites. On m'avait appris à chanter Frère Jacques, et là on allait me demander de jouer du Bach ! J'étais capable de jouer « Valderi, Valdera » sur l'orgue de ma grand-mère, mais disons que les subtilités de Toccate et Fugue m'échappaient. Il fallait se rendre à l'évidence. Je m'étais dit qu'il me serait à peu près impossible, dans un laps de temps aussi court que celui qui était prévu, soit environ une heure en piste, d'être le plus rapide avec une voiture dont je ne savais absolument rien du comportement. Et ici, ce n'était pas une école de pilotage. Nous avions eu droit à une réunion préparatoire très sommaire sur les caractéristiques de la voiture et l'utilisation des différents boutons sur le tableau de bord, mais sans plus. Nous étions laissés à nous-mêmes, et que le meilleur gagne ! C'était aussi simple que ça. Neil Micklewright et l'ingénieur Lee Dykstra épieraient nos moindres gestes en piste afin de rapidement déceler les forces et les faiblesses de chacun d'entre nous. Qu'à cela ne tienne, j'avais une chance en or de me démarquer et je n'allais pas la rater. Il était important de réussir de bons chronos, mais cela ne suffirait pas à mériter le baquet de Bourbonnais. « Le volant ira à celui qui démontrera les plus belles aptitudes, le meilleur potentiel d'avenir, dit alors Micklewright à Gilles Bourcier, de *La Presse*. Notre ordinateur acquiert des données qui en disent long, mais il y a plus. Il faut parler avec chacun d'eux. Je veux savoir qui a le potentiel pour aller le plus loin », ajouta-t-il. Ce qui était encourageant et nous confortait à l'idée que malgré nos âges et nos feuilles de route fort différentes, nous aurions tous une chance relativement égale de faire bonne impression. Fort heureusement, car Trevor Seibert, qui avait déjà l'expérience de cette voiture, me semblait impossible à battre en si peu de temps. Il serait d'ailleurs le dernier en piste au cours de la semaine en raison de son expérience et il savait que les gens de Player's se montreraient plus sévères dans leur évaluation à son égard. Que faire, alors ? Ma stratégie était fort simple : démontrer à quel point je pouvais constamment m'améliorer à chaque tour de piste. Je me disais que si je réussissais à signer mon meilleur chrono à mon dernier passage, que cela les ferait réfléchir sur mon potentiel et ma capacité d'être toujours plus rapide. Il me fallait donc apprivoiser la bête de façon progressive, advienne que pourra. Parce que c'était une véritable bête qui même en première vitesse vous clouait au fond de votre siège tant son accélération était impressionnante. Le pire, c'est que cette sensation augmentait à chaque fois que je passais à la vitesse supérieure. En cinquième vitesse, j'avais l'impression d'être sur le museau d'une fusée. Les virages apparaissent rapidement, mais la voiture collait tellement à la route que cela devenait extrêmement éprouvant physiquement. Je sentais mes joues collées contre mes oreilles ! Je ressentais de violentes douleurs à la nuque et au cou. Je n'avais jamais vécu rien de tel. Je me souviens de m'être demandé, lors de mes deux premiers tours, si je ne venais pas d'atteindre mes limites comme pilote, si je n'avais pas atteint mon seuil d'incompétence. Puis, lorsque j'ai entrepris mon 3e tour, j'ai réalisé que j'étais capable de m'ajuster et d'analyser le comportement du bolide en piste tout en étant un peu plus rapide. Je reprenais confiance. Par chance, ce que l'on m'avait enseigné en Europe portait ses fruits et les mécaniciens semblaient apprécier la fluidité de mon pilotage. Je suivais mon plan de match à la lettre, poussant la voiture un peu plus dans chaque virage, augmentant la cadence à chaque passage en m'assurant toujours de ne pas commettre la moindre erreur. À mes yeux, une erreur aurait révélé les limites du pilote. Je n'étais pas le plus rapide à l'issue de ces essais, mais comme je l'avais souhaité, c'est à mon tout dernier tour de piste que j'ai réalisé mon meilleur chrono. J'étais aussi l'un des plus réguliers dans ma progression. Martin Guimont avait été plus rapide que moi sur un tour, mais avait aussi commis une erreur qui l'avait sorti de piste. Et comme prévu, Seibert avait signé le meilleur chrono de la semaine. Cela dit, la décision ne viendrait que dans les jours qui suivraient l'Indy 500. Neil Micklewright nous avait laissés en nous disant qu'on allait nous rappeler. Je me dis que j'avais une véritable chance en raison de l'âge de Seibert et de la témérité de Guimont. J'ai passé la semaine suivante à côté du téléphone dans l'espoir d'être le candidat retenu. Neil Micklewright finit par me rappeler. C'était un mardi soir. Le 30 mai 1995. Il me rejoint chez ma mère alors que nous sommes en plein déménagement. « J'ai une bonne et une mauvaise nouvelle pour toi », me dit-il d'entrée de jeu. Mon cœur s'arrête et je lui demande de commencer par la bonne nouvelle. « Non, je vais commencer par la mauvaise, tranche-t-il. Étant donné que la prochaine course est à Milwaukee la semaine prochaine et que nous n'avons pas le temps de faire subir ton test de recrue, indispensable pour l'obtention d'une licence de pilote d'Indy Lights, c'est Trevor Seibert qui remplacera Bourbonnais pour cette épreuve. Mais la bonne nouvelle, c'est que tu seras notre pilote à bord de la voiture numéro 33 qui prendra le départ du Grand Prix de Détroit. » J'étais bouche bée. Il ajoute que si l'expérience s'avère concluante, je serais probablement au départ des courses subséquentes à Portland et Toronto. Quand j'ai raccroché, je sautais comme un fou dans l'appartement. Puis, je me suis calmé et je me suis assis sur mon lit, essayant de réaliser ce qui venait de se produire. J'allais conduire en Indy Lights. C'est là que la chienne m'a pogné[67] ! Excusez l'expression, mais c'était ce que je ressentais profondément. Je n'avais pas peur, je n'avais pas la trouille... j'avais la chienne de vie ! Je me sentais comme un joueur de hockey du Midget AAA que l'on invitait comme ça, du jour au lendemain, à évoluer dans la Ligue américaine ! Une Formule Ford c'est léger, c'est maniable. C'est muni de pneus sculptés et ça n'a pas d'ailerons. Une Indy Lights, c'est tout le contraire. C'est surtout quatre fois plus puissant ! Avant de courir à Détroit, il me fallait retourner à Putnam Park et cette fois piloter la voiture devant les hautes instances de la série afin de leur démontrer que j'avais les aptitudes requises pour ne pas être un danger en piste à plus de 200 kilomètres à l'heure. Tout s'est mis à tourner dans ma tête. Je réalisais que, dans le meilleur des scénarios, je me présenterais à Détroit avec seulement trois heures d'expérience à vie à bord d'une voiture Indy Lights. C'était complètement fou. C'était comme si l'on demandait à un pianiste de pratiquer une sonate de Rachmaninoff pendant seulement trois heures avant de la jouer devant un public de mélomanes avertis à la Place des Arts[68] ! Mais bon, je n'avais plus le choix, la chance était au rendez-vous et il me fallait la saisir.

67. Être affolé.

68. Vaste complexe culturel et artistique.

La commande était de taille, même pour un éternel optimiste comme moi ! Il y avait quelque chose de totalement irréel dans ce qui était en train de se produire dans ma vie. J'étais comme au beau milieu d'un rêve et je me répétais que le meilleur était à venir. Comme dans un rêve, j'avais parfois le vertige, mais c'était tout à fait onirique comme sensation et il ne pouvait donc absolument rien m'arriver de grave, sinon de me réveiller. Plus tôt, ce jour-là, j'avais confié à un journaliste de Saint-Hyacinthe que pour moi la conduite, c'était comme un rêve que l'on pouvait contrôler. J'avais précisé ma pensée en lui disant que c'était comme se retrouver dans le conscient et l'inconscient en même temps. Quand il m'a demandé de préciser davantage, je lui avais dit que je pouvais réfléchir à une stratégie en course, mais que, parallèlement, on pourrait me couper le doigt au même moment que je ne le sentirais pas. Je me revois dire à ce journaliste, que j'avais reçu dans mon minuscule appartement, que la course me manquait, mais que je continuais de croire à ma bonne étoile. Quelques heures plus tard, comme si une quelconque fée m'avait entendue, l'appel de Micklewright allait me redonner une autre chance, peu importe le niveau de difficulté du défi que l'on me proposait. À un journaliste qui m'avait demandé comment j'entendais réussir une aussi gigantesque transition, je me souviens d'avoir comparé ma situation à quelqu'un qui se retrouvait prisonnier d'une maison en flammes. Il faut se grouiller pour en sortir, mais sans paniquer, car en état de panique, on risque de se faire mal, de trébucher, d'aggraver son cas, et même d'y rester ! L'écurie Player's était la meilleure avec laquelle un pilote pouvait faire ses débuts en Amérique du Nord. Il ne fallait surtout pas que je laisse paraître mes angoisses. Je devais me laisser bercer par ce rêve à la fois terrifiant, et pourtant totalement apaisant que je vivais bien réveillé.

CHAPITRE 28

Mon entrée dans les ligues majeures

L'Indy Lights, c'était l'antichambre de la série reine des courses de monoplaces en Amérique du Nord, la Formule Indy, mais c'était déjà les ligues majeures. Greg Moore était la vedette incontestée de cette série en 1995, lui qui avait remporté les cinq premières épreuves de la saison. Après avoir subi avec succès les tests de recrues sur le circuit de Putnam Park, je me suis rendu rejoindre l'équipe à Détroit en vue de ma première course au volant de la voiture de Bourbonnais. Pour la première fois depuis fort longtemps, j'allais rater le Grand Prix du Canada qui était présenté la même fin de semaine, mais pour vous dire la vérité, je ne n'y pensais pas du tout. Détroit m'attendait pour mon entrée dans les ligues majeures. Nous avions fait le trajet entre Indianapolis et Détroit en voiture, une balade d'environ cinq heures de route. Mais c'était plus simple et somme toute moins longue que de prendre l'avion parce que les liaisons entre ces deux villes n'étaient pas à des fréquences qui convenaient aux contraintes de notre horaire à la veille de ma première fin de semaine de Grand Prix en Indy Lights. À mon arrivée, la première chose que j'ai faite fut de faire une marche sur le circuit afin d'en découvrir toutes les particularités. Tout comme à Montréal, le circuit est aménagé sur une île, près du centre-ville, sur la rivière St-Clair qui sépare le Michigan de l'Ontario. Mais le tracé est beaucoup plus étroit dans le Belle Isle Park qu'il ne l'est sur le circuit de l'île Notre-Dame et il n'y a pas de véritable longue ligne droite. Premier constat, la marge de manœuvre y est donc minime. La moindre sortie de piste se terminera dans un mur. Or, la semaine précédente, à Phoenix, Trevor Seibert avait terminé sa course dans le mur et on m'avait averti dès mon arrivée dans la ville de l'automobile d'essayer d'éviter les accidents. « Ta mission est de rapporter l'auto », m'avait-on clairement dit. Eux aussi étaient fort conscients qu'avec seulement trois heures d'essais en piste à bord de cette voiture, je ne pourrais révéler à Détroit mon plein potentiel. Je n'avais plus aucune angoisse et je me disais qu'il me suffisait de faire de mon mieux, que tout se déroulerait à merveille. À la veille des premiers essais libres du vendredi, je me suis donc couché insouciant et le cœur léger. Le lendemain, la première difficulté que j'ai rencontrée fut la barrière linguistique. Mon anglais était plutôt approximatif, disons que trois ans passés en France n'avaient pas aidé à améliorer ma maîtrise de la langue de Shakespeare. La deuxième difficulté, c'était de m'habituer à communiquer avec mon ingénieur et l'équipe pendant que j'étais en piste. En Formule Ford, il n'y a aucune communication radio pendant que nous sommes en piste. Lorsque j'ai entrepris ma séance d'essais, les premières communications radio m'ont donc dérouté. J'essayais de me concentrer pour comprendre ce que l'on me disait tout en poussant la voiture. Mais la communication ne s'établissait pas. La barrière linguistique ainsi que la piètre qualité du signal, enterré de surcroît par le hurlement du moteur derrière moi, faisaient en sorte que j'avais du mal à déchiffrer un mot sur deux. Même quand Claude Bourbonnais a pris le micro pour me parler en français, je ne le comprenais plus tellement j'étais concentré à essayer de traduire tout ce qu'on me disait de l'anglais au français ! Les mécaniciens n'ont pas manqué de me taquiner là-dessus quand je suis rentré aux puits. J'avais perdu non seulement mon anglais, mais voilà que je ne comprenais même plus le français ! C'était presque aussi gênant que mes premiers chronos, à des années-lumière de ceux de mon coéquipier Greg Moore. Mais, au moins, je n'avais pas endommagé le matériel et je continuais de m'améliorer. C'était toutefois un rude apprentissage. Tour après tour, je constatais que c'était la voiture la plus difficile à conduire qui ne m'ait jamais été confié. Elle était grosse, lourde, terriblement puissante, mais surtout, je savais qu'elle ne pardonnait pas la moindre faute, encore moins sur un circuit comme celui de Détroit. Je savourais tout de même chaque seconde à son bord. Je me souviens d'avoir obtenu le 17e temps de la première séance de qualifications. Moore, lui, était aux avant-postes avec le détenteur de la position de tête provisoire, soit Robbie Buhl. Le lendemain, j'ai glissé sur l'avant-dernière ligne avec le 20e temps à six secondes de mon coéquipier qui partirait de la première ligne aux côtés de Buhl qui avait conservé sa position de tête. J'avais beau me raisonner, je ne pouvais comprendre qu'il existait un écart aussi marqué entre Moore et moi. J'entendais même les spectateurs se moquer de moi pendant la qualif ! Le matin de la course, le journaliste Pierre Lecours, égal à lui-même, en rajoute en me lançant sèchement dans le hall d'entrée de l'hôtel : « Ouais, ce n'est pas trop fort ton affaire ! » Même mon patron, Neil Micklewright avait quelque peu ébranlé ma confiance par ses consignes d'avant-course. « Si Greg Moore en arrive à te prendre un tour au cours de la course, ce qui est une forte possibilité, tu te tasses et tu le laisses passer. Compris ? Si tu le vois dans tes rétroviseurs, tu lui cèdes le passage, peu importe où tu es en piste, quitte à freiner pour lui ouvrir la porte. » C'est vrai que si j'avais concédé six secondes sur un tour à Moore, les chances qu'il me double devaient lui sembler plus que très bonnes. Je trouvais ça tout de même un peu injuste comme analyse de mon pilotage et de mes capacités. J'avais envie de dire à Micklewright que plus jamais dans sa vie Greg Moore ne me prendrait six secondes au tour, mais c'eut été inutile, il m'aurait regardé avec mépris. J'essayais de faire comme si ça ne m'atteignait pas, mais j'étais piqué dans mon orgueil. C'est en piste que j'aurais à prouver ma valeur. Néanmoins, je me répétais qu'il ne me fallait surtout pas appuyer sur le bouton de panique. J'avais une mission, celle de rapporter la voiture à bon port, et je me devais de la réaliser tout en continuant d'afficher une certaine progression et une constance rassurante pour mes patrons.

Mission accomplie

La course fut marquée par un spectaculaire accident impliquant le Mexicain Enrique Contreras, dont la voiture s'est envolée lors d'une touchette avec un autre concurrent, pour ensuite aller choir dans les grillages et se retourner. J'avais réussi à éviter de me retrouver au milieu de la casse et m'étais dit que c'était un premier test réussi. Le drapeau jaune qui suivit me parut toutefois interminable, mais me donnait des tours de pistes supplémentaires pour apprivoiser l'étroit tracé de Belle Isle Park où les dépassements sont généralement peu nombreux. Nous sommes restés sous le jaune pendant près de 30 minutes parce qu'un des murs ceinturant ce circuit urbain avait été déplacé. C'était d'autant plus long comme neutralisation que j'avais une soudaine envie de pisser. Ça m'a toutefois passé quand j'ai vu le drapeau vert se déployer. Cette fois, j'allais repousser un peu plus mes limites à bord de cette voiture. Je me sentais plus en confiance et je me suis permis quelques dépassements, dont un plutôt audacieux, aux dépens de Peter Faucetta Jr. qui refusait de me céder le passage. J'ai finalement terminé 14e. À ma descente de la voiture, les mécanos sont venus me féliciter : « *You brought the car home !*[69] » s'exclamaient-ils. Il faut aussi dire que c'était la première fois de la saison que la voiture numéro 33 revenait intacte. Neil Micklewright était tout sourire. « Bon travail. Tu as fait ce que nous t'avons demandé, et nous en sommes satisfaits. » Des propos me confirmant que je serai au départ de la prochaine course à Portland. Au même moment, à Montréal, le sympathique Jean Alesi soulevait la foule massée autour du circuit Gilles-Villeneuve en remportant la victoire à bord de sa Ferrari numéro 27.

L'art du freinage

J'étais heureux d'avoir réussi à satisfaire mes patrons et les membres de l'équipe à ma première course, mais je ne pouvais être pleinement satisfait. D'abord, je n'avais toujours pas digéré

69. Tu as rapporté l'auto !

les six secondes me séparant de Moore en qualifications et j'ai été voir le responsable de l'acquisition de données de l'équipe, Jason Ashbrook, pour lui demander ce qui pouvait selon lui expliquer cet écart. Sa réponse avait été fort simple : « Tu freines trop tôt. Si tu veux être plus rapide, tu devras apprendre à freiner plus tard ! » J'étais stupéfait, parce que j'avais l'impression de freiner à la limite de ce qui était physiquement possible. Déjà quand j'arrivais au freinage, j'allumais les pneus. Si je freine plus tard, je vais me retrouver dans le mur ! C'est là qu'il m'a expliqué la différence fondamentale entre des voitures comme les Formule Ford, qui n'ont aucun appui aérodynamique et ces voitures Indy Lights, qui, elles, en étaient dotées. « Dans une voiture avec des appuis aérodynamiques, plus tu roules vite, et plus celle-ci est écrasée au sol », m'a-t-il patiemment expliqué. « Les ailerons jouent le même rôle que des ailes d'avion qui seraient inversées. C'est au moment où tu appuies sur tes freins que tu as le maximum d'adhérence. Par la suite, quand la voiture décélère, tu perds ton appui aérodynamique parce que tu roules forcément moins vite et que la voiture exerce moins de pression sur les pneus. C'est à ce moment-là que tu risques de bloquer tes roues. Si tu freines plus tard, et plus fort, tu ne bloqueras pas tes roues et tu vas pouvoir attaquer les virages plus facilement. » C'était l'inverse des techniques de freinage que j'avais toujours appris. J'ai longuement réfléchi aux propos d'Ashbrook pendant la semaine précédant la course de Portland. Une chose était certaine, il n'était pas question de laisser Greg Moore rouler à nouveau six secondes plus vite que moi dans le nord-ouest des États-Unis. Il me fallait réapprendre à conduire une voiture de course de ce calibre, et je devrais y parvenir rapidement. Ma carrière, rien de moins, en dépendait.

Leçon bien apprise

Quand je suis arrivé à Portland pour le Grand Prix suivant, personne ne m'a dit bonjour dans les paddocks. On me regardait de haut. Ils étaient très nombreux à vouloir me faire comprendre que j'étais un intrus de passage et que je ne méritais pas que l'on s'intéresse à moi. Dans les coulisses du sport automobile, l'intimidation est monnaie courante et je n'allais pas y échapper. Même au sein de ma propre écurie, je percevais nettement le dédain à peine voilé de certains. Pas question de baisser les bras pour autant. Une fois de plus, j'avais une chance de contrôler mon destin, de piloter mon avenir envers et contre tous. C'est beaucoup trop facile de baisser les bras et de s'avouer vaincu. Et je n'avais pas à en vouloir à quiconque parce que je n'avais encore rien prouvé, sinon ma capacité de rapporter la voiture intacte à l'arrivée et de me qualifier à six secondes de mon coéquipier ! Une fois de plus, c'était à moi de gagner leur respect, leur confiance. Dès mon 1er tour de piste sur le circuit du Albert Park Complex de Portland, ma voiture était soudainement beaucoup plus agréable à conduire. Cette piste, beaucoup plus clémente que celle de Détroit en raison de ses nombreux espaces de dégagement, allait me donner la chance de pousser davantage la voiture. Par sa forme, c'est un circuit qui n'est pas sans rappeler vaguement Montréal, notamment avec sa longue ligne droite. Je me dis qu'ici je vais pouvoir expérimenter ce que je ne pouvais pas faire à ma première course en Indy Lights parce qu'une erreur à Détroit ne pardonnait pas et que je me retrouverais inévitablement dans le décor. On m'avait aussi assigné un ingénieur Belge, Claude RouelI, avec qui la communication était excellente. Je n'étais plus rebuté par la barrière de la langue et en plus, lui et moi avions cliqué au point où nos conversations tenaient parfois presque de la télépathie. Un ou deux mots suffisaient pour que l'on comprenne ce que pensait l'autre. Je n'en revenais tout simplement pas de constater que ce Grand Prix de Portland s'annonçait totalement différent de celui de Détroit. Ici, j'allais m'en donner à cœur joie. La leçon en technique de freinage que m'avait donnée Ashbrook allait aussi rapidement me servir. Lors de la première séance d'essais libres, je me suis dit que c'était le temps de la mettre à l'épreuve. J'ai attaqué la longue ligne droite menant vers la chicane composée par les 2 premiers virages à plus de 300 kilomètres à l'heure et, le plus tard possible, j'ai enfoncé violemment mes freins. Je suis aussitôt parti en tête-à-queue. Un, deux, trois têtes-à-queue avant que la voiture s'immobilise. Je suis reparti en première et j'ai pris le temps d'analyser la situation. Je me suis alors dit que ce tête-à-queue était probablement dû à un excédent de freins sur l'arrière de la voiture. J'ai donc ajusté mon répartiteur de freinage pour en mettre davantage sur l'avant. Il y a alors eu un véritable déclic dans ma tête. Je venais de comprendre le style de freinage nécessaire pour ce type de voiture, ayant maintenant confiance à l'idée de freiner à la toute dernière fraction de seconde. J'ai aussitôt abaissé mes temps, et cela m'aura permis de terminer la séance avec le 9e meilleur chrono. Mes mécaniciens en furent ébahis. « Un top 10 ! » se sont-ils exclamés. « Fabuleux, Bert ! Excellent travail !!! » J'étais heureux, mais dans mon for intérieur je savais désormais que je pouvais faire encore mieux. Ça n'allait pas tarder, puisque ma compréhension nouvelle du freinage en Indy Lights allait se traduire par le 5e meilleur temps de la première séance de qualifications sur le circuit de Portland, en Oregon. Greg Moore était toujours le plus rapide, mais il n'y avait plus qu'une seconde d'écart entre nous deux. Le lendemain, j'étais encore plus rapide et, pendant une dizaine de minutes, je pouvais espérer me retrouver aux côtés de Moore sur la première rangée. Robbie Buhl est toutefois venu me souffler la 2e place à la toute fin de la séance de qualifs du samedi, par seulement 27 millièmes de seconde. En fait, n'eût été une voiture qui sortait des puits au moment où j'arrivais à pleine vitesse sur un tour rapide, j'aurais probablement réussi à me qualifier sur la première ligne. Cependant, il m'a fallu lever légèrement le pied, et c'était ce qui allait faire la différence. Quant à l'écart entre Moore et moi, il n'était plus que de six dixièmes de seconde. Être parmi les trois premiers au départ de ma deuxième course, c'était au-delà de mes rêves les plus fous. J'étais tellement heureux que j'en oubliais que j'avais la main droite pleine d'ampoules. J'avais fait tourner bien des têtes dans les paddocks. Des mécaniciens des autres équipes venaient même voir les nôtres pour leur dire non sans avoir l'air surpris : « Décidément, ce n'est pas le même pilote qu'à Détroit ! » Et eux, ils rétorquaient avec un large sourire : « Oui, messieurs, c'est le même qu'à Détroit ! » Dans les puits, on me regardait soudainement différemment, et ça se sentait. On me saluait et on me souriait à pleines dents dans les paddocks. Les mêmes qui ne m'auraient pas donné l'heure du jour le vendredi devenaient soudainement avenants et chaleureux. Mon statut d'intrus avait été révoqué. J'étais accepté par la communauté de l'Indy Lights. Ce que trois jours peuvent changer ! J'entendais même des rumeurs voulant que Greg Moore se disait inquiet de ma fulgurante progression. C'était de la musique à mes oreilles. Même Barry Green, l'un des propriétaires de l'équipe, a pris la peine de venir me féliciter chaleureusement. Fier comme un paon, vous dites ? Mettez-en ! C'est pas mêlant, je vivais un véritable conte de fées. Ma citrouille s'était enfin transformée en carrosse ! Ce soir-là, j'ai vraiment eu beaucoup de difficultés à m'endormir. Je partirais de la deuxième ligne de départ, mais en principe il était clair que j'aurais même dû être sur la première ligne. En deux courses et seulement quelques heures de piste pour me familiariser avec cette voiture que je croyais au départ au-dessus de mes capacités, voilà que j'étais déjà l'un des plus compétitifs du plateau ! Cette fois, il n'y avait plus de doute possible. Ma place était non seulement en course automobile, mais je pouvais prétendre me battre avec les meilleurs. Wow ! Mon sommeil fut plutôt agité. Je rêvais maintenant de podiums et de victoires, mais les images étaient beaucoup plus nettes dans ma tête. Mon cœur battait la chamade, et je me réveillais constamment. À 4 h du matin, j'étais incapable de continuer de dormir. Je suis alors sorti et j'ai marché sur le circuit, la tête dans les étoiles. La journée serait magnifique, et j'en profiterais pour continuer de faire bonne impression. Il me fallait toutefois retrouver ma pleine concentration à temps pour le départ. Derrière moi, personne ne me ferait de quartier. Des pilotes plus expérimentés voudraient certainement me donner une leçon d'humilité. Ça aussi, j'en étais certain. Après tout, j'en aurais fait de même. Je continuais ma marche nocturne en inspirant à plein poumon l'air ambiant sur le circuit de Portland. Dans quelques heures, je pouvais écrire une page importante de ma petite histoire comme coureur automobile. Dans quelques heures, je pouvais enfin avoir mon heure de gloire. Contrairement aux courses de Formule Ford en Europe, ce qui se passerait ici à Portland sera largement médiatisé. Je regardais les gradins vides à la ligne de départ et d'arrivée. Je me suis arrêté sur la grille, là où dans quelques heures je m'élancerais de la 3ᵉ place. Derrière moi, il y avait le pont piétonnier qui serait bientôt envahi par des dizaines de milliers de spectateurs. À ma droite, il y avait la ligne des puits, les loges et la salle de presse d'où me verraient les journalistes, dont Pierre Lecours à qui j'avais envie de faire ravaler certaines de ses paroles à mon égard. À ma gauche, il y avait des gradins temporaires. Je les imaginais bondés d'amateurs de courses. L'aube pointait timidement à l'horizon. Je m'avançais vers le premier enchaînement de virages, la chicane du Festival, et j'essayais de retrouver mes points de repère, d'y trouver l'endroit précis pour un freinage optimal. Une petite brise soufflait sur la piste. Je remarquais le petit étang à gauche, immédiatement après le troisième virage. Suivaient une épingle menant à Porsche Hill, puis un autre enchaînement de virages serrés menant au secteur ouest du circuit et ses virages rapides menant à une épingle plus conventionnelle puis, à la sortie du virage 12, cette longue ligne droite que j'avais attaqué plus tôt à 300 kilomètres à l'heure pour découvrir les limites de la voiture. Je marchais tantôt les yeux fermés, en visualisant le circuit, tantôt les yeux grands ouverts, le regard à l'affût du plus petit détail. Le soleil se levait paresseusement, mais moi j'étais déjà prêt. Peu à peu, les gens des concessions arrivaient sur le site, suivis des mécanos et du personnel de soutien des différentes équipes. Je saluais joyeusement tous ceux que je croisais. Dans mon for intérieur, je me disais qu'à la fin de la journée, ils parleraient tous de moi et de mon prodigieux exploit avec si peu d'expérience en Indy Lights. Pas de blague, ce matin-là, j'étais aussi gaga qu'un jouvenceau qui s'apprête à convoler en justes noces avec sa dulcinée. Je ne sais pas si les étoiles dans mon regard ont effrayé mes patrons, mais dès son arrivée Nick Micklewright avait une attitude beaucoup plus renfrognée que la veille à l'issue des qualifications. Possiblement pour me ramener sur terre, il a commencé par me donner ses ordres pour la course. « La première chose que tu dois te souvenir, c'est qu'il t'est interdit d'essayer de dépasser Greg Moore. J'espère que je me fais bien comprendre, Bertrand. » Je lui ai souri. Pour moi, c'était le plus beau des compliments. Après tout, j'étais passé en l'espace de deux semaines d'un pilote qui devait laisser passer Moore s'il me prenait un tour à un pilote dont la consigne était de ne pas essayer de doubler son coéquipier. Micklewright a froncé les sourcils en voyant ma réaction. J'ai senti le besoin de le rassurer. « Pas de problème, patron. Je comprends très bien la situation, ne vous inquiétez pas à ce sujet. C'est clair que Greg joue le championnat et que mon rôle c'est d'abord de le protéger. » Il a acquiescé, mais je le sentais incertain quant à la façon dont je me comporterais au départ. C'était parfait, il n'en serait alors que davantage ébloui par ma discipline et mes performances derrière notre pilote numéro un. Je voulais tout simplement donner à Player's le doublé. Rien de plus. Rien de moins, non plus. Greg Moore serait peut-être le vainqueur de la course, mais je ne serais pas pour autant un simple figurant.

Podium en vue

Dès le départ, Greg Moore devait consolider son emprise sur la première position. Il n'allait jamais plus être inquiété de la course. De mon côté, j'ai connu un bon départ en protégeant ma 3e position. J'ai résisté à mes pourchasseurs et, au trois quarts de la course un drapeau jaune me laissait entrevoir la possibilité de passer Robbie Buhl, toujours installé au 2e rang. Lors de la relance, je me suis dit que c'était le moment idéal pour l'attaquer. Avant la neutralisation, il avait une dizaine de secondes d'avance sur moi. Mais à la reprise, si Moore profitait de la présence de deux retardataires entre lui et Buhl, moi je me retrouvais dans ses rétroviseurs. J'ai voulu lui faire l'intérieur au bout de la ligne droite à la chicane du Festival, un virage droite-gauche qui me semblait jouable. Il restait cinq tours à faire. J'ai déboîté à droite, mais au même moment il a tenté de doubler les retardataires et s'est retrouvé sur ma trajectoire. Il ne m'a jamais vu, et moi, je me suis pas assuré qu'il ne me voit non plus. Il s'est rabattu, et pour éviter l'accrochage, j'ai sauté sur les freins. Certains m'ont accusé d'avoir été un peu trop gourmand, voire téméraire. Malheureusement, mon nez a percuté l'arrière de sa voiture. Il est alors parti en tête-à-queue, et je me suis aussitôt retrouvé en 2e place. Ma joie fut toutefois de courte durée parce que lors du contact, j'ai endommagé mon aileron avant. Je le voyais crochir[70] sous mes yeux. Si je perdais mon aileron, j'étais cuit. C'est exactement ce qui est arrivé lorsque mon aileron s'est complètement affaissé. C'était comme si je me retrouvais en Formule Ford, sans aucun appui aérodynamique à l'avant. Sauf que je ne pilotais plus une

70. Déformer.

agile voiture de 1 800 cc. J'étais aux commandes d'une voiture devenue beaucoup plus difficile à contrôler. À chaque freinage, une épaisse fumée s'échappait de mes roues. Malgré tout, j'essayais de contenir la meute derrière moi. J'y suis parvenu pendant quelques tours, mais, à trois tours de l'arrivée, je me suis fait doubler à gauche et à droite sans rien pouvoir y faire. La voiture était désormais carrément dangereuse à conduire. Je suis monté sur les vibreurs pour sortir suffisamment de la piste pour littéralement arracher mon aileron. Il s'est cassé en deux. J'ai pu rallier l'arrivée, mais c'est en 11e place que j'ai croisé le drapeau en damier. J'étais passé si près du podium que j'en avais le cœur brisé. Je me disais que j'aurais effectivement dû penser davantage à une place sur le podium qu'à cette 2e place. C'était mon erreur, je n'avais que moi à blâmer. Je suis rentré dans les stands, la mort dans l'âme. Mon équipe a toutefois voulu m'encourager. Quand ma voiture s'est arrêtée devant le garage, ils m'ont chaudement applaudi. Neil Micklewright m'avait promis un blouson en cuir aux couleurs de Player's si je terminais en 2e position. La première chose qu'il m'a dit lorsque je suis sorti de la voiture fut : « Tu n'as peut-être pas fini 2e, mais tu l'as mérité ton blouson ! » C'est le cas de le dire, j'avais gagné mes épaulettes. En envoyant Buhl hors-piste, j'avais bien malgré moi donné un fieffé coup de main à Greg Moore qui détenait désormais une priorité de 150 points en tête du championnat des pilotes ! Un peu plus tard, Micklewright s'est approché de moi et m'a demandé, à brûle-pourpoint : « Dis-moi, Bertrand, as-tu un emploi ? » Je lui ai répondu que non. Pauvre Neil, s'il avait su à quel point j'étais paumé à cette époque-là. C'est alors qu'il m'a dit, le plus sérieusement du monde : « Dis-moi, si je t'offrais 25 000 dollars, en devises américaines bien entendu, pour que tu ne signes avec aucune autre écurie cette saison, qu'est-ce que tu en dirais ? Je tiens à te garder dans l'entourage de l'équipe. » Il m'aurait offert un million que j'aurais eu les mêmes émotions. J'étais endetté, sans emploi et sans le sou. Un montant de 25 000 dollars américains[71] pour piloter... je venais de gagner à la loterie, rien de moins. Je n'avais jamais touché autant d'argent dans une année, encore moins pour faire ce que j'aimais le plus au monde, au sein d'une des meilleures écuries du plateau de surcroît ? J'essayais de ne pas trop être exubérant, mais en dedans ça bouillonnait. Que dis-je, il y avait un feu d'artifice dans mes entrailles. Je venais, en ce dimanche 25 juin 1995, d'entrer dans la filière Player's.

71. Autour de 21 235 euros (selon le taux de change d'aujourd'hui).

CHAPITRE 29

Lettre de Toronto

J'étais désormais sous contrat et je touchais un salaire de la filière Player's, mais pour le Grand Prix suivant, présenté dans les rues de Toronto, je n'avais plus de volant. Claude Bourbonnais était remis de la sérieuse blessure au cou qu'il avait subi en avril à Nazareth, en Pennsylvanie. Après l'avoir vu et évalué, à la suite d'essais privés concluants sur le circuit routier Putnam Park près d'Indianapolis, les médecins de l'équipe lui avaient donné le feu vert. J'étais déçu, mais au moins j'avais pu me faire justice à Portland, et c'était en partie grâce au docteur Terry Trammell, celui qui avait opéré Bourbonnais à Indianapolis. C'est en effet le docteur Trammell qui avait signifié un refus à Bourbonnais après qu'il l'eût supplié de le laisser revenir pour cette course-là. Grâce à Portland, j'avais au moins le statut de pilote de réserve. Et surtout, pour la première fois de ma carrière, j'avais un vrai salaire de pilote au sein d'une écurie de pointe. Mieux encore, Neil Micklewright avait déclaré aux journalistes que j'étais le premier candidat aux yeux de l'équipe Player's en Indy Lights pour la saison prochaine. Une place s'ouvrirait alors avec le passage assuré de Greg Moore en Indy, surtout qu'il était de plus en plus question que Jacques Villeneuve fasse le saut en Formule Un. Pour la première fois, j'avais vraiment raison d'être optimiste pour l'avenir, enfin les astres étaient tous bien alignés. Cela dit, ça me démangeait un peu d'aller à Toronto, ne serait-ce que pour encourager « mon » équipe. René Fagnan se dit que c'était une excellente idée. « On va y aller ! » me lance-t-il sans y avoir réfléchi plus longuement. Dans sa tête, c'était tout décidé. Et il me dit d'amener mon casque de pilote à tout hasard. « Tout d'un coup que[72] quelqu'un aurait besoin d'un pilote à la dernière minute dans une des séries de soutien. Un pilote ne devrait jamais être trop loin de son casque, et vice-versa ! » me dit-il. Je n'y crois pas trop, mais pourquoi pas ? Un autre ami, Charles Gauthier, décide de se joindre à nous pour ce voyage décidé à la toute dernière minute. À bord de la petite Volkswagen Golf de René, nous descendons donc à Toronto et partagerons une modeste chambre d'hôtel pour que ça ne nous coûte pas trop cher. J'avais beau avoir un « gros » salaire, j'avais aussi de grosses dettes à rembourser ! Cela dit, j'étais heureux de me retrouver à Toronto et j'avais hâte de revoir Claude en bonne santé (même s'il ressentait encore quelques douleurs au cou) et de revoir les gars de l'équipe. Nous sommes arrivés dans la Ville Reine le jeudi soir, la veille des premières séances d'essais. Avant d'aller souper, chacun avait envie de se rafraîchir et de prendre une bonne douche. René et moi discutions donc de choses et d'autres tandis que Charles était sous la douche lorsque le téléphone a sonné dans la chambre. Nous nous sommes arrêtés, un peu surpris. Qui pouvait bien nous appeler dans cette chambre d'hôtel où nous venons à peine d'arriver ? J'ai

72. Et si par hasard.

décroché le combiné et, à ma grande surprise, c'était Fred Crook, le chef de l'équipe Indy Lights de Player's. On échange quelques civilités, puis il me lance subitement : « Dis-moi, Bertrand, as-tu apporté ton casque ? » La question me fait sourire. « Oui, j'ai apporté mon casque. En avez-vous besoin ? » Sa réponse me jette à terre. « Non, mais toi tu vas en avoir besoin parce que c'est toi qui vas piloter la voiture demain. Les médecins de la série considèrent que Claude n'est pas encore remis et que ce serait dangereux de le laisser retourner en piste. » Je suis sonné comme si je venais de me faire tabasser par les cinq frères Hilton[73] en même temps. Après avoir terminé la conversation avec Fred, je raccroche le combiné et devant mon regard un peu hagard, René s'inquiète. « Ça va ? » me demande-t-il. « Oui, ça va. Mais c'est moi qui pilote la voiture 33 demain. Les médecins refusent de laisser Claude courir. » Le visage de René s'illumine. « Mais c'est une excellente nouvelle pour toi ça. Heureusement que tu as apporté ton casque. Pourquoi tu fais cette tronche[74] ? » Comment pouvait-il ne pas comprendre mon désarroi ? « Parce que je ne connais pas le circuit et que je ne suis vraiment pas prêt ! D'habitude, je me prépare une semaine à l'avance. La course, c'est la préparation qui rencontre l'occasion, René ! » Il me fait un signe de la main pour me dire que je m'inquiète pour rien, puis sur une feuille de papier, il me dessine le circuit de Toronto. C'est bien beau, mais ça ne règle pas tout, d'autant qu'il me faudra arriver à 6 h du matin sur le circuit parce que non seulement l'écurie n'a pas pensé à apporter mon siège, mais de plus il faudra ajuster les pédales à ma grandeur. Si vous n'avez jamais

73. Célèbre famille de boxeurs québécois.

74. Tête.

remarqué, Claude Bourbonnais est pas mal plus grand que moi. Sans oublier qu'il a des pieds drôlement plus longs et plus larges que les miens. Je l'ai souvent taquiné en lui demandant si la rumeur voulant qu'il partage la collection de souliers de Youppi était vrai ! Je ne m'imaginais pas qu'un jour j'allais devoir emprunter sa combinaison. Heureusement que des manches, ça se roule ! Il y avait tout de même beaucoup à faire pour que je puisse me glisser à nouveau dans sa monoplace. D'ailleurs, le lendemain matin, les mécanos ont dû couper des blocs de bois et les fixer sur les pédales pour que je puisse conduire. Pour ce qui est du siège, on a fait ce que l'on a pu pour que je puisse m'y sentir le moins inconfortable que possible. Tant et si bien que même si je suis arrivé à l'aurore, nous avons raté la majeure partie de la première séance d'essais libres. Si j'avais compris à Portland comment soutirer le maximum de ma voiture, j'étais de retour à la case départ pour ce qui est de la maîtrise du circuit. J'avais mémorisé la carte dessinée par René, mais il me fallait établir mes repères sur le circuit, déterminer ma ligne de course idéale et le point de freinage idéal pour chaque virage, surtout le premier de 90 degrés qui nous attend au bout de la ligne droite située sur le boulevard Prince. Il fallait aussi apprivoiser le virage numéro trois où l'on arrive par le boulevard Lakeshore à vitesse maximale. Et le cinq aussi, un autre virage en coude à l'intersection d'Ontario Drive et du Prince's boulevard. Lors des essais libres, j'étais au 16e rang. À la blague, je disais aux journalistes qu'il y avait un « 1 » de trop devant le six. En vérité, j'avais le moral dans les talons. Je ne me sentais pas en confiance, d'autant que malgré les efforts déployés, ce n'était pas évident de manier le talon-pointe sur les blocs de bois ajoutés au pédalier de Claude, ou à faire abstraction de la douleur dans un siège conçu pour un gabarit fort différent du mien. Plus qu'à Détroit ou à Portland, je voulais tellement bien faire à Toronto devant nos partisans. Je sentais que toute l'équipe se ralliait derrière moi, et ça m'aidait énormément à surmonter les obstacles. J'ai finalement réussi à signer le 6e meilleur chrono des qualifications. Même que j'ai réussi quelques tours plus rapides que Greg Moore, mon intouchable coéquipier. À un certain moment, je lui prenais même une seconde complète sur un tour ! Pour un petit nouveau inexpérimenté qui, à Détroit, roulait six secondes plus lentement que lui au tour et qui avait encore tellement à apprendre, c'était, je le pense, assez extraordinaire, et j'en ressentais beaucoup de fierté. Et si l'équipe croyait en moi, il me fallait leur faire honneur, en être digne et ne pas douter de mon potentiel.

Un klaxon, s.v.p. !

En relève à Claude Bourbonnais pour une troisième course consécutive et fort de mon évolution sur ce circuit me permettant de partir en 6e position sur la troisième ligne de départ, j'abordais cette course avec beaucoup plus de confiance que lors des essais libres. D'autant que, tout juste avant que soit déployé le drapeau vert annonçant le début de la course, mon ingénieur me prodiguait des encouragements par la radio. « Répète après nous : je suis un très bon pilote... j'ai de grosses couilles... les courbes rapides se passent à fond ! » Dès le départ, Greg Moore, comme c'était devenu son habitude, s'est échappé et on ne l'a plus revu jusqu'à ce qu'il grimpe sur la première marche du podium pour une septième fois en huit courses. De mon côté, je me suis rapidement retrouvé dans un duel complètement fou avec Jeff Andretti. J'étais beaucoup plus rapide que lui, mais il prenait autant de place sur la piste que s'il avait conduit un gros camion ! Sur un circuit routier comme Toronto ce n'est pas facile de dépasser, mais voilà qu'en plus Andretti me bouchonnait systématiquement par son pilotage pour le moins douteux. Les ennuis de Nick Firestone pendant le tour de chauffe m'avaient permis de gagner une place et de me retrouver au 5e rang. Je savais que si je passais Andretti, je pouvais espérer faire un podium. Mais je ne voulais pas commettre d'erreurs. J'avais encore sur le cœur le podium gaspillé et ma 11e place de Portland. Cela dit, derrière nous, Alfonso Giaffone aussi s'impatiente et après nous avoir talonnés pendant un tour et demi, il se décide et nous dépasse tous les deux. Il m'a piqué au vif, puis à mon tour, j'entrepris d'essayer de dépasser Jeff Andretti. Cette fois, c'est Jeff Ward qui en a profité pour passer devant moi. Ce fut toutefois de courte durée, et au 14e tour, j'avais repris ma 6e place. Jeff Andretti n'en continuait pas de me barrer la route. Il conduisait comme un véritable débutant. Mon anglais s'était beaucoup amélioré et j'ai partagé ma frustration avec mon équipe par le biais de la radio : « *Fuckin', Andretti, he drives as bad as his stupid fuckin' brother*[75] *!* » hurlé-je sur les ondes sans réaliser que toutes les équipes ont des balayeurs d'ondes leur permettant d'écouter, et donc d'espionner, ce qui se passe dans les autres voitures ! On me l'a gentiment expliqué après la course, et Jeff Andretti a probablement su instantanément que je l'avais comparé à son frère Michael. Encore à ce jour, j'assume mon propos. Ce jour-là, son but n'était pas d'être rapide, mais de m'empêcher de connaître une bonne course. Si j'avais eu

75. Cet enfoiré d'Andretti conduit aussi mal que son stupide frère !

un klaxon, je peux vous assurer qu'il l'aurait entendu dans chaque virage ! Je crus que ma chance avait tourné lorsqu'au 21e tour, Andretti a complètement raté son freinage au bout de la ligne droite. Le problème, c'est que cette fois, pas plus brillant que lui, j'ai moi aussi raté le mien. Donc, au lieu d'être enfin passé en 5e place et pouvoir pourchasser les prétendants au podium, je perdais six places pour me retrouver 12e ! Je n'étais vraiment pas fier de moi. Tout était à recommencer. J'étais toutefois de plus en plus rapide. J'ai même réussi le 2e tour le plus rapide de la course. Tour à tour, j'ai donc dépassé Mike Borkowski, David Desilva et Buzz Culkins, profitant à mon tour de leurs erreurs. Je réalisais toutefois que je n'avais pas encore appris à gérer de longues courses. Avant de courir en Indy Lights, j'avais l'habitude de disputer des courses de 15 tours en Formule Ford. J'avais aussi beaucoup de mal à composer avec les ralentissements, et ça me prenait beaucoup trop de temps pour repartir à pleine vitesse rapidement. Cela dit, j'ai franchi la ligne d'arrivée en 7e place. N'eût été mon freinage raté en pourchassant Andretti, j'aurais pu espérer monter sur le podium. Mais je faisais encore mes classes et je pouvais aussi me vanter d'avoir amélioré mon classement à chacune de mes trois premières courses : 14e, à Détroit, 11e, à Portland, et maintenant 7e, à Toronto. Dans *La Presse*, on titrait, d'ailleurs : *Godin fait bonne impression*. Évidemment, tous n'étaient pas de cet avis. *Décevante 7e place de Godin*, ai-je aussi lu le lendemain dans le *Journal de Montréal*. Sur le coup, je ne l'ai pas pris. Décevante, décevante... mais que leur faut-il aux journalistes pour être contents ? Puis, je me suis fait une raison. Ils avaient le droit d'écrire ce que bon leur semblait, et je n'y pouvais rien, même si parfois je trouvais ça plutôt injuste. De plus, venant de

Pierre Lecours, je devais même le prendre comme un compliment. Si après trois courses à vie en Indy Lights, il était d'avis que ma 7e place était une déception, c'est qu'il devait m'avoir en très haute estime. Je l'en remercie d'ailleurs du fond du cœur.

CHAPITRE 30

Enfin, un circuit comme je les aime !

Claude Bourbonnais étant encore sur la touche, je me suis retrouvé à Cleveland pour une quatrième course consécutive. Et enfin, je me retrouvais sur un circuit comme je les aime : un circuit rapide où les virages se négocient à haute vitesse. Contrairement à Toronto, j'étais débordant de confiance en arrivant à Cleveland. J'étais surtout beaucoup mieux préparé mentalement. J'avais été informé suffisamment à l'avance pour bien étudier le circuit, le visualiser et le mémoriser. Je me sentais comme l'élève qui se présente à l'examen après avoir bien fait tous ses devoirs, étudié à fond toutes ses leçons. Mais aux deux tiers de la première séance d'essais de qualification, ça n'allait pas du tout à mon goût. J'étais 9e, loin derrière mes principaux adversaires. Puis, un drapeau rouge m'a permis de reprendre un second souffle. Jusque-là, je courais avec de vieux pneus et au moment où je croyais pouvoir réussir mon tour le plus rapide, une voiture plus lente est venue tout bousiller. J'étais déçu de ne pouvoir m'éclater comme je m'en croyais capable sur pareil circuit. Profitant de l'interruption, je suis rentré aux puits où l'on m'a donné des pneus neufs. De retour en piste, j'ai enfin pu abaisser mes chronos. J'étais derrière Greg Moore sans aucune voiture à dépasser. C'est à ce moment-là que j'ai pu réussir mon meilleur temps, gagnant sept dixièmes de seconde sur mon précédent chrono. Ce fut suffisant pour passer de la 9e à la 3e place sur la grille provisoire. Surtout, je n'étais plus qu'à sept dixièmes de seconde du temps de référence qu'avait établi Moore. Une fois de plus, je me montrais des plus compétitifs malgré mon manque flagrant d'expérience. Et à chaque nouveau tour de piste, je sentais davantage ma voiture, je comprenais un peu plus ses subtilités, et mon pilotage devenait plus précis. Cependant, la partie était loin d'être gagnée. Ce n'était que la séance du vendredi. Il me restait à en faire autant, sinon davantage, le lendemain lors de l'ultime séance de qualifications. Ce ne fut malheureusement pas aussi simple que je l'aurais espéré. À mi-chemin de cette deuxième qualification, j'avais perdu beaucoup de terrain et je me retrouvais à nouveau en 9e position. Moore, lui, voguait facilement vers sa 5e position de tête de la saison, même si Robbie Buhl, vers la toute fin, s'est approché à cinq dixièmes de son chrono. De mon côté, j'ai finalement pu me faire justice à nouveau avec des pneus neufs et soudainement, je m'étais hissé de la 9e à la 2e position. J'étais à nouveau tout près de Moore, et la première ligne de départ s'annonçait possible. Mais dans les toutes dernières minutes de la séance, plusieurs pilotes ont amélioré leur chrono et c'est de la 8e place que j'allais devoir prendre le départ. J'ai bien tenté à mon tour d'améliorer, mais à chaque fois je me suis retrouvé dans la circulation lourde. C'était d'autant plus décevant que j'ai perdu ma 2e position par seulement quatre dixièmes de seconde. Je me disais toutefois qu'un si faible écart signifiait aussi que j'avais raison de prétendre rejoindre Moore dans le cercle des vainqueurs et qu'une fois de plus j'avais prouvé que je pouvais être compétitif avec les meilleurs pilotes de la série.

Un accident mémorable

Tout allait très bien le matin de la course lors de la séance de réchauffement où j'étais le deuxième plus rapide, et encore une fois c'est avec l'idée de monter sur le podium que je m'attaquais à la course de Cleveland, ma quatrième à bord d'une voiture de la série Indy Lights. J'ai connu un mauvais départ et il m'a fallu être vigilant pour ne pas être impliqué dans un accrochage où Robbie Buhl et Alfonso Giaffone avaient perdu plusieurs positions. Je suis passé tout près de la catastrophe. Je ne savais plus où me diriger parce qu'il y avait des voitures partout devant moi. Je ne voulais surtout pas m'accrocher si tôt dans la course et j'ai donc décidé de jouer la carte de la prudence. Mais la prudence m'aura fait perdre des positions. Qui plus est, nous avions modifié les réglages et la voiture était beaucoup trop survireuse dans certains virages, ce qui a fait que je me suis retrouvé dans le gazon. Mes radiateurs se sont partiellement bouchés, et je risquais donc à tout moment la surchauffe. Devant moi, certains, comme Robbie Buhl, avaient aussi leur lot d'ennuis. Buhl était d'ailleurs forcé à l'abandon au 15e tour en raison d'un bris de moteur. Sans avoir dépassé personne, j'avais gagné une place. Fort heureusement, le deuxième drapeau jaune déployé pendant l'épreuve m'a permis de refroidir le moteur. Il en avait grandement besoin. Ça m'a permis de reprendre à Diego Guzman la 8e place qu'il m'avait prise. Je gagnais du terrain et je m'approchais méthodiquement du 7e rang que j'ai finalement ravi à Buzz Calkins. Cette fois, je sentais que je gérais beaucoup mieux ma course que lors de mes précédentes sorties, que je prenais des décisions plus réfléchies en piste. C'est alors qu'est survenu un effroyable accident, dans le dernier virage de la course. Trevor Seibert, qui courait maintenant pour l'Équipe Canada de Richard Spénard, était 3e et voulait ravir la 2e place que détenait Doug Boyer. Il a été un peu trop ambitieux et la roue avant gauche de sa monoplace a touché la roue arrière droite de Boyer. Son bolide s'est envolé comme un avion, a virevolté à cinq reprises dans les airs, comme un cerceau, avant de s'écraser lourdement au sol. Terriblement secoué dans la carlingue, il était d'ailleurs inconscient à l'arrivée des secouristes. Je n'avais encore jamais vu une voiture s'élever aussi haut dans les airs. J'étais terriblement inquiet pour lui. Tellement que j'ai instinctivement levé le pied et j'ai même eu envie de m'arrêter pour lui porter secours. Calkins en a profité pour reprendre sa 7e place. L'accident de Seibert et l'abandon de Buhl m'ont tout de même permis de rallier l'arrivée en 6e position. C'était mon meilleur résultat en quatre courses et mon coéquipier Greg Moore, vainqueur de l'épreuve, venait de s'assurer le titre des pilotes de la série Indy Lights. En tout autre temps, ça aurait été la fête au sein de l'écurie, mais l'accident de Seibert avait jeté une ombre sur celle-ci. Seibert avait alors été héliporté à l'hôpital, et nous avions surtout hâte d'avoir des nouvelles sur son état de santé, en espérant qu'elles seraient bonnes.

CHAPITRE 31

Puceau dans un bordel !

Après la course de Cleveland, Claude Bourbonnais a repris son volant pour les trois dernières courses de la saison présentées à Loudon, au New Hampshire, à Vancouver, et en Californie, à Laguna Seca. Trevor Seibert s'était tiré indemne de son terrible accident et marquerait même des points à chacune des trois dernières courses de la saison. J'en étais bien soulagé. Je n'avais aucune entente pour la saison 1996, mais à la lumière de mes performances, j'étais persuadé que l'on m'offrirait un volant que ce soit en Indy Lights ou même en Formule Atlantique. Déjà, à Vancouver, où Player's m'avait invité à assister au troisième et dernier Grand Prix disputé au Canada au cours de la saison 1995, les rumeurs circulant dans les paddocks laissaient entendre que nous serions trois pilotes à représenter Player's en Indy Lights : Bourbonnais, David Empringham et moi-même. En revanche, il n'y aurait qu'une seule voiture bleue et blanche en Indy Car et elle serait, de toute évidence, conduite par Greg Moore, puisque Villeneuve s'en allait piloter chez Williams en Formule Un où il seconderait Damon Hill. Certes, la nomination du pilote succédant à Villeneuve n'allait être officialisée qu'à la suite d'essais privés prévus à la mi-septembre alors qu'en théorie, Moore, Bourbonnais et Empringham seraient en compétition pour ce volant. Mais personne n'était dupe, le choix était déjà arrêté sur Greg Moore. Ces essais privés, ce n'était rien de moins que de la poudre aux yeux. Bourbonnais fulminait, parce qu'il était convaincu que ce volant lui revenait de plein droit malgré l'exceptionnelle saison qu'avait connu Moore. Il ne comprenait pas l'idée d'aligner trois voitures en Indy Lights, mais une seule en Indy Car, et il répétait à qui voulait l'entendre qu'il ferait probablement le saut en Indy et pas nécessairement au sein de la filière Player's. Bourbonnais se sentait floué. Quand il était coéquipier de Jacques Villeneuve en Atlantique, il avait été prévenu que le fils de Gilles avait été choisi à l'avance pour graduer en Indy Car. Il estimait toutefois que c'était son tour. Les succès de Moore en Indy Lights ne l'impressionnaient pas. Bourbonnais avait 30 ans, Moore n'en avait que 20 et beaucoup moins d'expérience que lui, surtout pour se battre en milieu de peloton comme ce serait inévitablement le cas en Indy. Après tout, en Indy Lights, Moore avait surtout été habitué à rouler devant tout le monde en partant de la position de tête. Même si Forsythe avait pu aligner deux voitures en Indy, Neil Micklewright avait déjà annoncé que l'autre voiture serait pilotée par Teo Fabi et qu'il serait même le premier pilote. Bref, il n'y avait pas de place pour Bourbonnais en Indy Car, et, lui, il estimait avoir fait le tour de l'Indy Lights. Il disait en avoir plein le casque de courir sans essais privés et estimait perdre son temps. « J'ai déjà piloté des voitures pas mal plus puissantes et pas mal plus intéressantes », maugréait Claude en rappelant son expérience de la Formule 3 000 et du sport prototype. Je vais vous faire une confidence : je le trouvais vraiment chialeur[76], et même un peu ingrat. D'autant que, mis à part une 2e place à Loudon, il n'avait pas fait grand-chose de probant au cours de sa saison 1995. Il avait récolté 29 points en 8 courses. J'en avais récolté 16 en 4 courses. C'est dire qu'en 12 courses, j'avais déjà le potentiel d'en récolter 48 alors que lui, avec son pilotage casse-cou n'aurait probablement pas récolté 44 points. Et c'était lui le vétéran, le gars d'expérience. À tout prendre, j'avais mieux fait avec beaucoup moins d'expérience sous la ceinture. Surtout qu'il avait endommagé beaucoup de matériel en piste, avant et après sa blessure. De quoi se plaignait-il donc ? Confidence pour confidence, j'estimais même être passé devant lui aux yeux des dirigeants de Forsythe et de la filière Player's. Je sentais, depuis Portland, une belle énergie bouillonner autour de moi. Secrètement, j'étais même convaincu que je serais le premier pilote de Forsythe, en Indy Lights, en 1996. Une chose était certaine, j'étais convaincu d'être au départ de la première course de la prochaine saison à Homestead en Floride. Rien de moins. J'étais loin de me douter qu'un jour je comprendrais pleinement ce que ressentait Claude Bourbonnais, qu'un jour pas si lointain d'ailleurs, ce serait à mon tour de me sentir floué et même trahi par ceux que je croyais être mes alliés. Mais, à ce moment-là, j'étais follement amoureux de mon sport et de mon équipe. Cet amour était aveugle et inconditionnel. Je ne fumais pas, je n'ai jamais fumé, mais Player's n'était pas pour moi un simple manufacturier de tabac. C'était une entreprise qui avait à cœur d'investir à fond dans le développement des pilotes de chez nous alors que toutes les autres ne semblaient que vouloir dépenser le moins

76. Râleur.

possible pour le maximum de visibilité. Player's, c'était l'avenir de la course automobile au Canada. C'était ma maison, ma famille, et j'allais m'en montrer un digne porte-parole en tout temps. J'étais tout simplement très heureux face à la perspective de disputer une première saison complète en Indy Lights. Dans ma tête, 1996 serait encore plus magique, plus féérique que l'avait été la saison 1995. Je n'étais pas en piste à Vancouver, mais je nageais en plein bonheur. Bourbonnais et moi allions courir chez Forsythe sous la bannière Player's tandis que David Empringham aurait l'autre volant commandité par Motomaster. Rien de tout cela n'avait été confirmé, mais les rumeurs s'intensifiaient au point d'en devenir, dans mon esprit, totalement fondées. Il y avait aussi d'autres signes qui ne pouvaient mentir. Mon salaire avait été révisé à la hausse. J'avais gagné désormais près de 30 000 dollars américains en 1995 (environ 1 000 dollars par course et les 25 000 dollars qui m'étaient versés pour que je reste fidèle à Player's et l'écurie Forsythe) et on m'avait annoncé que j'en gagnerais 60 000[77] pour la saison 1996. Le gros lot pour un gars qui jusque-là était pauvre comme Job. Que dis-je ? J'étais même plus pauvre que lui à l'époque ! J'aurais d'ailleurs fort probablement accepté volontiers de courir pour le même salaire qu'en 1995 ! J'aurais même accepté une réduction de salaire sans rechigner tant j'étais comblé par le plaisir de piloter. Ne leur dites surtout pas. Juste au cas où ils seraient tentés de me demander un remboursement. Blague à part, c'était une aventure exaltante pour laquelle j'étais prêt à me donner corps et âme sans aucune envie de négocier ou d'en demander davantage. Surtout que je sentais que l'on était prêt à dépenser sans lésiner pour s'assurer

77. Autour de 50 000 euros (selon le taux de change d'aujourd'hui).

que chacun d'entre nous progresse et puisse peut-être un jour rejoindre Jacques en F1. La filière Player's, c'était gros, c'était du sérieux, et c'était extrêmement motivant pour un jeune pilote ambitieux comme moi. Richard Spénard, pour qui j'avais beaucoup d'admiration, serait notre entraîneur. Il avait notamment pour mandat de me consacrer beaucoup de temps afin que je continue de progresser rapidement. Si Player's avait mandaté Spénard pour m'entraîner, c'était donc un autre indice du rôle de premier plan qui m'attendait pour 1996. « Il vaut la peine qu'on le développe bien, avait raconté Spénard aux journalistes. D'abord, il a fait de bons résultats cette saison à partir de presque rien, puis deux choses le rendent incontournable : sa personnalité attachante et son sang-froid en piste. Pas pour rien que Player's l'a gardé. » Si j'étais rendu « incontournable », c'était donc clair comme de l'eau de source que je disputerais les 12 courses du Championnat Indy Lights de 1996. Rien n'était encore coulé dans le béton, mais il était difficile de ne pas être convaincu des intentions plus que favorables de Player's à mon égard, d'autant que l'on ne cessait de me dépêcher dans différents événements promotionnels munis d'une pile de photos où j'étais identifié à leur équipe et au verso desquelles on pouvait lire les grandes lignes de ma carrière. J'avais impressionné les patrons, les compliments fusaient de partout, je comptais désormais sur plusieurs amis au sein de l'équipe, et ce n'était que le début de ce qui ne pouvait être qu'une fabuleuse aventure. Le conte de fées allait se poursuivre, là-dessus je n'avais plus le moindre doute. J'avais tellement bien fait avec peu de préparation lors des quatre courses de 1995 que j'étais convaincu que fort de cette expérience et avec une préparation plus adéquate, je me battrais pour le

Championnat des pilotes de l'Indy Lights en 1996. Je me voyais déjà répéter les exploits de Greg Moore, voire les surpasser. J'étais aussi naïf qu'un puceau qui entre sans le savoir dans un bordel. Je n'ai jamais mis les pieds dans un vrai bordel, mais je peux vous assurer que rien n'est plus vicié, rien n'est plus pervers que ce qui se produit régulièrement dans ce merveilleux monde qu'est celui de la course automobile. Les couteaux volent bas. Les coups fourrés sont le lot du quotidien. Les déclarations d'amour sont aussi vides de sens que celles de la péripatéticienne qui souhaite délester le client de son argent.

Octobre noir

J'ai déchanté, une fois de plus, en octobre. Le dépucelage allait être plutôt décevant dans ce gros lupanar que peut être le sport automobile où l'argent fait foi de tout. Les dés étaient joués, et ils ne roulaient vraiment pas en ma faveur comme je m'en étais convaincu. En fait, les dés étaient pipés dès le départ. La vie est drôlement faite. En octobre 1995, la vie allait me donner une sacrée leçon. Cet automne-là, la vie allait m'enseigner que l'argent ne fait vraiment pas nécessairement le bonheur. C'est même parfois tout le contraire qui se produit. D'accord, j'allais toucher un beau gros salaire de 60 000 dollars pour la prochaine saison. Du jamais vu dans ma vie. Ni mon père ni ma mère n'ont touché un tel salaire au cours de leur vie, j'en suis certain. C'était même plus que ce que j'avais pu imaginer. Bravo. J'allais même pouvoir quitter mon minuscule appartement de la rue Concorde à Saint-Hyacinthe, pour emménager dans un magnifique logement de 4 pièces et demie sur la rue Saint-Pierre où j'habiterais enfin avec ma belle Annie. Qu'est-ce qu'un homme peut donc demander de plus dans la vie ? Heureux en amour, heureux dans ma carrière, et maintenant « riche » ou, du moins, à l'aise financièrement. Il y avait toutefois un hic. J'allais bientôt l'apprendre. Je ne serais ni le premier pilote de l'équipe en Indy Lights, comme je l'espérais, ni le deuxième non plus, mais plutôt le troisième. Pire encore, je ne disputerais pas toutes les courses en 1996. Je ne disputerais que les quatre dernières courses de la saison. Jean-Claude Torchia était tout sourire quand il est venu me l'annoncer avec une chaleureuse poignée de main. Il semblait s'attendre à me voir sauter de joie ! Son sourire s'est effacé devant ma mine déconfite. « Bertrand, tu es déçu ? » m'a-t-il demandé d'une voix douce, mais incrédule. L'homme de marketing et de relations publiques de Player's ne semblait vraiment pas comprendre ma déception. « Tu sais, Jean-Claude, je suis déçu comme le type qui croyait avoir gagné le million et qui réalise qu'il a plutôt gagné 50 000 dollars. Je suis content, j'apprécie ce que vous faites pour moi. Mais je m'attendais à plus, c'est tout. » Il ne réalisait probablement pas que j'aurais préféré courir 12 fois pour rien, plutôt que 4 courses pour 60 000 dollars. Mais bon, ce cher Jean-Claude n'était ni pilote de course ni athlète. Il était aussi tout plein de bonnes intentions, ça j'en demeure à ce jour convaincu. Cependant, son discours, qui lui avait été dicté, était loin de me plaire. Ce n'était pas de sa faute, il n'était que le messager. Je n'en étais pas moins amèrement désappointé. J'étais aussi impuissant. Il m'aurait été inutile de ruer dans les brancards. La décision avait été prise à un autre niveau. Et on ne manquait pas de me rappeler la chance qui m'était offerte, ce qui n'était pas tout à fait faux. Après tout, des pilotes de course canadiens qui ont touché un salaire pour exercer leur art, il n'y en a vraiment pas eu beaucoup dans l'histoire du sport automobile. Puis, Neil Micklewright est venu tenter de m'encourager en me promettant une bonne douzaine de journées d'essais. « Tu vas arriver à Toronto pour ta première course avec une préparation exceptionnelle. Les gens vont avoir l'impression que tu es sorti de nulle part. Nous allons les épater, les surprendre. Tu vas voir, ça va bien aller. » À Bourbonnais aussi on avait promis par le passé des dizaines de journées d'essais, sans que ça se concrétise. C'était d'ailleurs l'un de ses griefs. Micklewright aussi semblait étonné que je sois déçu. Lui aussi s'est efforcé de me faire voir le bon côté des choses. La pilule n'en était pas moins difficile à avaler. Le plan était le suivant : Moore et Fabi courraient en Indy, Bourbonnais et Empringham (qui avait gagné le Championnat de la Formule Atlantique en 1995) seraient coéquipiers en Indy Lights. Et moi, je serais le troisième pilote pour les quatre dernières courses de la saison, dont, bien sûr, les trois seules épreuves du calendrier présentées au Canada : Toronto, Trois-Rivières et Vancouver. Grenouille de service, dites-vous ? Tout à fait. Je n'ai jamais voulu me mêler de politique, mais là je comprenais bien des choses, je voyais bien le petit jeu stratégique des dirigeants de la filière Player's. L'Indy Lights allait faire sa rentrée à Trois-Rivières, et c'est là où ils souhaitaient surtout me voir courir avec Bourbonnais. Ribbitt, Ribbitt, Ribbitt. Pire encore, ça ne s'annonçait guère mieux pour la saison suivante. Jean-Claude Torchia était en discussion avec Claude Roy pour une implication de Player's en Atlantique. Mon nom et celui de mon deuxième meilleur ennemi, après Soheil Ayari, Alexandre Tagliani, étaient mentionnés. J'avais goûté à la tarte aux fraises et on m'offrait pour 1997 des p'tits pots de purée pour bébés Gerber ! Je me sentais devenu comme un sous-produit. J'étais lié. J'étais sous contrat jusqu'à la fin de 1995, et voilà que l'on m'imposait une séance d'apprentissage de Formule Atlantique à Shannonville avec 16 autres pilotes dans la mire de la filière Player's. Il me fallait à nouveau prouver ma valeur, et, franchement, je trouvais ça insultant. Sous l'œil critique de Richard Spénard, nous allions montrer notre savoir-faire à bord de Camaro, et non en monoplace afin d'évaluer notre rapidité d'adaptation. Comprenez-moi bien, j'étais bien heureux de me retrouver à bord d'une voiture de course, peu importe la catégorie. D'autant que j'étais grassement payé pour le faire. D'autant que deux jours plus tôt, on m'avait envoyé faire école en Formule 2 000 à Nazareth, en Pennsylvanie, avec pour instructeur Bertil Roos, celui-là même qui avait couru en Atlantique contre Gilles Villeneuve. Mais je n'étais plus certain de ce qui m'attendait, et surtout des véritables plans qu'avaient pour moi les bonzes de Player's. Je n'avais surtout pas envie de me plaindre, mais voilà que je commençais à comprendre pourquoi mon chum[78] Bourbonnais déchantait quand, moi, je voyais la vie en rose. De quoi me plaindrais-je ? Moi, le ti-cul sans le sou, l'éternel paumé, j'avais désormais un magnifique contrat de cinq ans en poche. Un contrat qui me garantissait encore plus d'argent que j'aurais rêvé en gagner dans ma vie. Étais-je, à mon tour, comme ces pilotes à qui je reprochais de se plaindre le ventre plein, devenu un ingrat ? L'argent n'avait jamais été une priorité dans ma vie. Je voulais être pilote de course, point à la ligne. Pour moi, l'argent, c'était sans importance, sinon pour me permettre de courir en piste. En fait, je commençais à comprendre un peu

78. Ami.

plus à quel point le travail en piste ça comptait pour bien peu de choses aux yeux de ceux qui payaient la note. Pour un pilote, c'est excessivement frustrant. Mes véritables états d'âme demeuraient donc bien cachés devant les journalistes. Il en était de même pour Bourbonnais. Tout aussi bien dirigé par les « faiseurs d'image » que moi, il avait tenu un discours positif à la veille de sa troisième saison en Indy Lights. « Je suis heureux d'être encore soutenu par Player's et par Gerry Forsythe. Contrairement à la saison dernière, j'aborde 1996 avec la certitude de compter sur une voiture compétitive. On a un gros programme d'essais avant la première course, c'est très positif », disait-il allègrement devant les journalistes tout en cachant sa profonde déception de ne pas avoir été promu au niveau suivant malgré sa vaste expérience et ses 30 ans. Il tentait même de donner l'illusion de pouvoir suivre l'exemple de Jacques Villeneuve. « En ce moment, ma priorité est de trouver un ingénieur avec lequel je pourrais travailler sérieusement. Pour réussir à ce niveau, la complicité avec un bon ingénieur est essentielle, confiait-il à mon ami Gilles Bourcier de *La Presse.* L'an dernier, Jacques Villeneuve n'aurait pas connu les mêmes succès sans la présence de Tony Cicale à ses côtés. Même chose pour Greg Moore, qui travaille avec la même équipe depuis six ans. Moi, j'ai eu trois ingénieurs l'an dernier. » Moi aussi, je mentais, ou du moins je m'abstenais de dire la pure vérité aux journalistes. « Par rapport à la même période l'an dernier, c'est un sacré bond en avant pour moi », avais-je déclaré avec mon sourire le plus convaincant. Quand ils insistaient pour savoir si j'étais déçu de ne pas disputer les 12 courses de 1996, la cassette était prête à l'avance : « Bien que j'aurais aimé faire une saison complète, je suis content du dénouement. Je suis surtout heureux de voir que Player's pense et planifie à long terme. » Moi aussi, j'avais été « préparé ». Et je m'efforçais de sourire, d'avoir l'air heureux comme toujours. Je jouais même les bons joueurs quand on me rappelait que c'était peut-être un peu injuste pour moi qui avais mieux fait que Bourbonnais dans des circonstances désavantageuses. « À bien y penser, je réalise que si j'étais à la place de Claude, je serais heureux de bénéficier d'une seconde chance. Il aurait été très dommage pour lui de ne pas profiter d'une autre occasion de se faire valoir après les blessures dont il a été victime la saison dernière. » Je tenais un discours corporatif et politiquement correct qu'allaient certes apprécier mes patrons qui se souciaient d'abord et avant tout de l'image qu'ils projetaient. Dans mon for intérieur, je me demandais toutefois pourquoi Bourbonnais était de retour en Indy Lights, lui qui avait vomi sur la série et juré qu'il n'avait plus rien à y apprendre et qu'il ne s'y amusait même plus tant ces voitures manquaient de puissance à ses yeux. Je me gardais toutefois de dire tout haut ce que je pensais tout bas. J'étais connu pour ma bonne humeur contagieuse, pas pour mes coups de gueule ! Mais l'image du « bon gars », sympathique et toujours de bonne humeur, commençait déjà à être lourde à porter. Je récitais avec le plus de conviction possible ce que l'on m'avait appris ou ce que je croyais que l'on voudrait m'entendre dire en haut lieu : « En plus des quelques courses que j'aurai à disputer, je vais effectuer beaucoup d'essais. C'est un aspect très important, car c'est lors des essais que tu peux développer le plus au niveau de la voiture. En une seule journée d'essais, tu peux en faire beaucoup plus avec une voiture que durant toute une fin de semaine de courses », avais-je affirmé à la presse. Même si j'étais loin d'en être convaincu, je répétais le même discours à chaque fois qu'un journaliste m'approchait. Je vendais inlassablement la salade de mes patrons : « Je ne disputerai que quatre courses, mais je vais effectuer beaucoup d'essais. Croyez-moi, c'est ce qui pouvait arriver de mieux pour ma carrière. » Je me disais que c'était bon pour moi et ma carrière de rester fidèle au profil corporatif qui m'était imposé. Je jouais habilement mon rôle, du moins c'est ce que je croyais. De toute façon, avais-je vraiment d'autres options ? J'avais toutefois de sérieux doutes pour la suite des événements. Le scepticisme naissait en moi. Je repensais à certaines conversations et je réalisais que les frustrations de Claude n'étaient pas sans fondement. J'extrapolais et je réalisais surtout que je n'étais pas à l'abri des promesses creuses de mon employeur. J'avais voulu croire tout ce que l'on me disait. J'étais honnête et j'en attendais autant de ceux qui disaient vouloir ce qui était le mieux pour ma carrière toujours naissante. Quelque chose pourtant me disait maintenant que rien n'était moins sûr. J'avais perdu plus que ma virginité face au sport automobile, cette fois j'avais vraiment perdu ma naïveté et je m'efforçais de ne pas le laisser paraître. J'essayais aussi de me convaincre que tout ce que l'on m'avait promis allait se concrétiser tel quel. Au fin fond de moi, j'étais amèrement déçu. Surtout, je ne savais plus qui croire et quoi croire. Ma foi était ébranlée. Elle était même sérieusement en péril.

La déprime

La saison des essais allait me plonger encore davantage dans une certaine déprime. Je ne roulais pas. Je me sentais totalement inutile. Je ne comprenais pas. Bourbonnais et Empringham étaient en piste, mais pas moi. Je jouais un rôle de spectateur. Je n'étais qu'un figurant. En janvier 1996, je n'ai toujours pas eu droit à mes premiers essais, et personne ne pouvait me dire à quel moment j'aurais la chance de prendre le volant. Fin janvier, d'autres essais se déroulaient à Memphis. Je continuais de me tourner les pouces pendant que Bourbonnais et Empringham enchaînaient les tours de piste. Personne ne s'intéressait plus à moi dans les puits. C'est comme si je n'existais plus. Les sourires étaient feints, les marques d'affection se faisaient de plus en plus rares. Je sentais que ma présence dérangeait. Je me sentais comme un moins que rien dans mon statut de troisième pilote. On me regardait comme si j'avais commis un effroyable crime pour mériter un tel châtiment. L'organisation avait beau tenter de préserver les apparences, mais même à l'extérieur de l'équipe certains commençaient à réaliser que tout n'était pas au beau fixe comme voulaient le laisser croire les gens de Torchia Communications. Les journalistes s'interrogeaient. « Mon tour viendra », leur disais-je en essayant de masquer ma déception. Mais j'en profitais tout de même pour passer mon message le plus subtilement possible : « J'attends patiemment, surtout qu'on m'a promis une quinzaine de journées en piste. » Je ne tournais pas, mais je continuais bien évidemment de participer à des activités promotionnelles organisées par Player's. Dans la page publicitaire que se payait l'équipe de course Player's, on lisait pourtant : *Et il ne faudrait surtout pas oublier Bertrand Godin, qui prendra part au programme des essais, de même qu'à quatre courses du Championnat Indy Lights.* C'était là une bien mince consolation, à mes yeux. C'était surtout loin de me rassurer. J'avais plutôt l'impression d'avoir été totalement abandonné.

Mister Bean

Le début de la saison 1996 approchait à grands pas, et je n'avais pas fait le moindre tour de piste. À la fin février, quelques jours avant le coup d'envoi à Homestead, on me demanda de me rendre à Memphis pour faire de l'aéromap. Il s'agit de tests permettant de voir comment réagit la voiture sur le plan aérodynamique. Des sondes au laser sont installées sur la voiture. Dans ce cas-ci, on avait choisi d'évaluer la voiture de David Empringham sur une piste d'accélération de Memphis. Mon rôle était facile. Il me suffisait d'accélérer en ligne droite jusqu'à 130 mph[79], puis de lever le pied et laisser la voiture continuer sur son élan. Cela permettrait aux ingénieurs de calculer la traînée et la garde au sol, et surtout comment la décélération la modifie. Lorsque je me suis présenté pour la première journée de ces essais, j'ai vite senti que le personnel de l'écurie n'avait plus le même respect que je ressentais à la fin de la saison 1995. Je n'étais que le troisième pilote de l'équipe, et il est évident qu'on ne me prenait pas au sérieux. Quelqu'un a même décidé que je ressemblais au comédien britannique Rowan Atkinson, et il n'en fallut pas plus pour que l'on commence à me surnommer Mister Bean ! Je ne trouvais vraiment pas ça drôle. Je suis un pilote de course, pas un clown ! Cela m'énervait sérieusement, et j'étais convaincu que cela ternissait mon image en haut lieu chez Player's. D'autant que Claude Bourbonnais et sa conjointe en rajoutaient et semblaient trouver ça très rigolo de me comparer à Mister Bean. Je ne disais rien, mais j'étais carrément en colère devant ce manque flagrant de respect à mon égard. Cela dit, la première journée d'aéromap se

79. Près de 210 kilomètres à l'heure.

déroula sans anicroche. Mais lors de la deuxième journée, ça devait se gâter. Dès que je suis monté dans la voiture, j'ai senti que j'avais beaucoup moins d'angle de volant. Après une première séance, j'en ai fait part aux mécaniciens à qui j'ai demandé ce qu'ils avaient fait à la direction de la voiture. Ils m'ont alors regardé avec condescendance. « Non, nous n'avons rien modifié à la direction de ta voiture », me suis-je fait répondre sèchement. J'ai insisté. « J'ai moins d'angle pour faire demi-tour que la veille. » Ils m'ont ri en pleine face. « Coudon, Bert. Va-t-il falloir peindre une ligne jaune sur la piste pour que tu puisses réussir ton demi-tour ? » Je suis reparti à bord de la voiture pour la prochaine séance. J'ai accéléré comme prévu jusqu'à 130 mph. On a beau rouler en ligne droite, il y a toujours certaines petites corrections à faire avec le volant pour rester au milieu de la piste. À pleine vitesse, mon volant cessa d'obéir sans préavis. Il tourna sur lui-même sans que je sois en mesure de contrôler quoi que ce soit. Je n'avais plus de volant. Imaginez-vous à bord d'une voiture qui roule à pleine vitesse, les deux bras croisés, sans que vous puissiez contrôler sa direction. J'avais un sérieux problème. J'approchais du bout de la piste, et il fallait que j'arrête la voiture. Mais comment y parvenir sans volant ? La voiture allait bientôt partir dans toutes les directions avec ses pneus enragés et sur une surface qui n'était pas totalement lisse. J'étais pleinement conscient que dès que je tenterais de freiner, la voiture changerait de direction et deviendrait incontrôlable. Mais je ne pouvais continuer ainsi. J'ai appuyé légèrement sur le frein et comme prévu, la voiture s'est déportée vers la droite. Plus je freinais, plus elle se tassait à droite. Je n'avais plus d'autre choix, cette fois j'ai littéralement sauté sur les freins. La voiture se dirigeait vers le mur et s'y est finalement immobilisée. Je suis sorti de la voiture et me suis avancé vers les mécaniciens qui couraient en ma direction. « *What's up, Bert ? What's up*[80] *?* » me criaient-ils. « Vous voulez le savoir ? Essayez de tourner le volant, vous allez voir ! » leur ai-je répondu avec colère. Quand ils ont constaté que le volant ne répondait plus et que mes observations sur les problèmes de direction étaient fondées, ils sont devenus livides. Je les ai sentis repentants. Pour la première fois depuis la saison 1995, j'ai eu droit à quelques claques dans le dos. « *Good job, Bert*[81] *!* » me disait-on. Il me semblait que ça faisait longtemps qu'on ne m'avait pas dit ça. Je pouvais toutefois comprendre leur malaise. N'oublions pas que ça, c'était la voiture que David Empringham devait conduire trois jours plus tard sur l'ovale de Miami, à Homestead, en Floride. Si la direction l'avait lâché en piste comme elle venait de me lâcher sur une ligne droite, il n'aurait eu à peu près aucune chance de s'en tirer. Si c'était arrivé à 300 kilomètres à l'heure, il se tuait comme dans le cas d'Ayrton Senna quelques années plus tôt. D'ailleurs, le chef d'équipe Fred Crook, qui était aussi le meilleur ami de Neil Micklewright est rapidement venu me voir pour m'intimer de garder le silence sur cet incident. « Tu n'en parles à personne. Tu me comprends ? À personne. Surtout pas à David (Empringham) ou à Claude. Ils n'ont pas à savoir ce qui vient de se passer, ça pourrait affecter leur confiance. Tu me comprends ? » Je sentais la panique dans sa voix. Je comprenais, comme pilote, que ce genre d'information pouvait à tout le moins devenir une source de distraction à l'aube d'une nouvelle saison. Je lui ai donc promis de tenir ma langue. Cependant, j'étais loin de me douter que même Neil

80. Que se passe-t-il, Bert, que se passe-t-il ?

81. Bon travail, Bert !

Micklewright ne serait pas informé de ce qui aurait pu devenir une effroyable tragédie.

Un rôle de mascotte

La saison débute à Homestead, en Floride, le 3 mars, et je n'ai toujours pas roulé, sinon à Memphis, et je ne sais toujours pas quand viendra mon tour. La veille de la course, en jasant avec Micklewright, je fais une allusion à ce qui s'est passé deux jours plus tôt à Memphis, croyant qu'il a été mis au parfum. Après qu'il m'ait demandé comment ça s'était passé, je lui réponds avec un petit sourire complice : « Mettons qu'on l'a échappé belle. » Il n'a aucune réaction, et je me dis qu'il n'a tout simplement pas envie d'en parler. En course, David Empringham a été le digne successeur de Greg Moore à Homestead : position de tête, plus de tours en tête et victoire. Claude Bourbonnais a terminé sa course dans le mur. Rien pour apaiser ma sourde colère d'être devenu le laissé-pour-compte de l'équipe. Personne ne me dit rien. J'ai l'impression d'être payé pour jouer les mascottes pour Player's. Je m'acquitte tout de même de mon rôle en essayant de ne rien laisser paraître de mes états d'âme, mais, dans mes tripes, je suis comme un volcan prêt à exploser. J'en ai la voix qui tremble le soir quand je reviens à l'appartement où c'est uniquement devant Annie que je peux exprimer franchement ma frustration. C'est elle qui la subit et qui me voit dépérir. Elle ne me reconnaît plus. Moi non plus, d'ailleurs. Je suis malheureux comme les pierres. Je rêvais d'être pilote. Me voilà devenu une vulgaire mascotte au service d'un fabricant de cigarettes ! Je me retenais un peu plus chaque jour pour ne pas donner des coups de poing dans le mur.

Laguna Seca

Cette frustration a monté d'un cran à Laguna Seca, en Californie, où je devais enfin participer à ma première séance d'essais à la mi-mars. Un mois plus tôt, lors d'une conférence de presse tenue en grande pompe à Montréal pour présenter les 10 pilotes de la filière Player's, notre entraîneur Richard Spénard avait affirmé au sujet de ces essais privés : « Je vais surtout m'attarder sur Bertrand Godin. » David Empringham avait un programme de trois jours d'essais. Claude Bourbonnais allait être en piste pour les deux premières journées tandis que j'aurais enfin la chance de rouler la troisième journée. J'y ai réussi de meilleurs temps que Bourbonnais et je roulais à moins d'une seconde d'Empringham. Toutefois, les gens des relations publiques de Player's avaient seulement parlé des résultats des deux autres dans leur communiqué de presse. Les miens étaient oblitérés. On m'interdisait aussi de communiquer avec les journalistes. Tout devait obligatoirement être filtré par Torchia Communications. Évidemment, quand mon ami Gilles Bourcier me téléphonait pour s'enquérir des résultats, j'étais incapable de lui mentir. Le 27 mars, au grand dam des gens de Torchia, il publiait donc les résultats des essais de Laguna Seca où je n'avais couru que 400 kilomètres. Les chronos étaient les suivants : Empringham 1 min 17 s 09, Godin 1 min 18 s 08 et Bourbonnais 1 min 19 s 04. Je me suis rapidement fait rappeler à l'ordre par les gens de Torchia. J'avais beau dire que Bourcier était un ami et que je ne pouvais tout de même pas cesser de lui parler, on me rappelait inlassablement la consigne. Ne pas la respecter pourrait même être interprété comme une rupture de contrat. Que veut-on cacher ? J'ai été aussi compétitif que David et Claude, il me semble que c'était une bonne nouvelle pour l'équipe. Était-ce un secret d'État ? Richard Spénard m'avait même dit que j'avais été la grande surprise de ces essais. Il allait le répéter à Bourcier quelques mois plus tard. Décidément, les stratégies obliques des gens de relations publiques m'échappaient complètement. Juin arrive, et je n'ai toujours pas eu droit à d'autres séances. Entre-temps, Empringham après Homestead, a remporté des victoires à Long Beach et Brooklyn tandis que Bourbonnais n'a réussi qu'un podium, à Nazareth, en Pennsylvanie. Claude n'a que sept points en quatre courses. Je ne cesse de me répéter que j'aurais tellement pu faire mieux que lui. Je n'ai même plus envie de continuer de voyager avec eux aux États-Unis. À cette époque-là, je commençais vraiment à me montrer dégoûté par l'emprise des entreprises de relations publiques qui, plus que jamais, empoisonnaient notre sport.

Essais à Putnam Park

Pendant que l'équipe participe au Grand Prix de Milwaukee, on m'envoie en Indiana pour une journée d'essais à Putnam Park, près d'Indianapolis. J'y ferai l'essai de la voiture que je piloterai lors des quatre courses qui m'ont été garanties. C'est la vieille voiture de Greg Moore. Elle est usée à la corde. Elle est dépassée. On y a même enlevé le système d'acquisition de données sous prétexte que ça valait 30 000 dollars et que ce n'était pas vraiment nécessaire sur ma voiture. C'était clair que je n'aurais pas le matériel pour me battre à armes égales avec mes coéquipiers, ni même avec la majorité de mes adversaires. Pire, je constate que je n'ai pas vraiment d'équipe de soutien. Personne ne l'a vraiment préparé et j'ai l'impression que tout le monde s'en fout. L'extracteur d'air avait été fixé à la sauvette et il manquait de nombreux boulons sous la voiture. C'était nettement dangereux. La voiture était une véritable poubelle. Elle bougeait de tous bords. L'adhérence était déplorable. En essayant de pousser, j'avais fait une sortie de piste qui, fort heureusement, n'a pas causé de dommages supplémentaires à la voiture. Elle n'en avait vraiment pas besoin. En fait, sur le même circuit de Putnam Park, j'avais déjà réussi un meilleur chrono à mes premiers essais à bord d'une voiture Indy Lights un an plus tôt ! C'est tout dire. Je ne comprenais vraiment pas pourquoi j'en étais rendu là. J'étais vert, bleu et mauve. Choisissez la couleur que vous voulez pour comprendre mon état d'esprit. Je suis d'ordinaire un gars positif, jovial et optimiste. Mais là, je broyais du noir, et mes pensées s'assombrissaient à une vitesse vertigineuse. Plus que jamais, j'ai l'impression que l'on se fout de ma gueule. Mon ingénieur, Claude Rouelle, m'avait téléphoné pour m'encourager. « Bertrand, ne t'en fais pas, ce n'est pas de ta faute. Ça n'a rien à voir avec toi », m'a-t-il dit sur un ton énigmatique. J'ai tout de même la nette impression d'être l'invité-vedette à un dîner de cons ! Je sentais que les quatre courses que j'aurais à disputer allaient mal se terminer.

Autre promesse non tenue

À mon retour de Putnam Park, je n'ai vraiment pas envie d'aller rejoindre l'équipe à Détroit. Ça m'est trop douloureux. C'était devenu pour moi beaucoup plus frustrant de poireauter dans les paddocks pendant que Bourbonnais et Empringham étaient en piste que de rester chez nous à Saint-Hyacinthe. L'inactivité me pèse. C'est pas mal plus pénible que tout ce que j'aurais pu imaginer. J'essaie de me défouler à l'entraînement, mais les exercices de relations publiques que m'impose Player's deviennent de plus en plus difficiles. Je trouve le temps long et je broie du noir. Je demande à voir Nick Micklewright. Je lui demande de me fournir au moins un kart pour que je puisse rouler un peu. À cette époque-là, il n'y a pas de simulateurs de courses, ou quelque chose du genre. Il me dit de m'en occuper, de faire les démarches, et qu'il payera mon kart. Je me rends donc au circuit Saint-Hilaire pour organiser la transaction, faire les arrangements nécessaires pour l'achat d'un kart. Tout est réglé, et il ne manque plus que le chèque de Forsythe Player's pour que je puisse prendre possession du kart. Il n'arrive pas. Je relance Micklewright au moins une dizaine de fois. À chaque fois, il me dit que le chèque sera bientôt posté. Puis, pour se sortir de l'impasse, il fait volte-face et me dit : « Plutôt que de t'acheter un kart, nous allons installer un système d'acquisition de données sur ta voiture. » Je ne savais plus trop comment réagir. Devais-je me réjouir ou y voir une autre promesse non tenue que l'on tentait de corriger par une autre promesse en l'air ? Je ne sais plus quoi penser, j'ai les traits tirés et le teint de plus en plus blême.

Confrontation au sommet chez Player's

Au Grand Prix du Canada, mon entourage soupçonne que ça ne va pas du tout. Physiquement, ça paraît que je ne suis vraiment pas dans mon assiette. Je ne vois plus la lumière au bout du tunnel. Quelqu'un me suggère de parler de mon problème à Don Dugas de Player's. Je lui fais part de mes frustrations. Je lui explique les nombreuses promesses qui m'ont été faites et qui n'ont jamais été tenues. À commencer par ce fameux blouson de cuir aux couleurs de l'équipe que m'avait promis Micklewright la saison précédente à Portland. Je me vide le cœur. Je lui parle de l'incident de Memphis et de l'indifférence des mécanos quand je les ai prévenus que la colonne de direction de la voiture me semblait problématique, et je lui explique la terrible catastrophe qui serait survenue, si le volant n'avait pas flanché pendant l'aéromap, mais plutôt dans les mains d'Empringham, à Homestead. Je lui fais part de mes commentaires sur la voiture que j'ai essayée à Putnam Park et avec laquelle on veut me faire disputer les quatre dernières courses de 1996. Je vais jusqu'à lui proposer d'abandonner le projet de me faire courir cette année et de consacrer le budget prévu à préparer une voiture compétitive en 1997. J'en suis rendu là. « Nous ne sommes pas prêts pour une troisième voiture, lui dis-je, avec les larmes aux yeux. Je veux bien être en piste, mais je n'ai pas envie d'avoir l'air d'un deux de pique[82]. C'est ça qui va m'arriver, j'en ai bien peur, si l'on va de l'avant avec les quatre courses qui m'ont été garanties. » Je veux aussi connaître les intentions du commanditaire. « Je préfère passer mon tour cette année si votre projet est bel et bien de me permettre de disputer une saison complète en Indy Lights l'an prochain. » Je le sens totalement étonné face à mes doléances. Il me suggère d'en parler à Neil Micklewright. « Parle-lui, me répète-t-il d'un ton légèrement paternaliste. Il faut que tu lui parles. » Je constate qu'il a tout à fait raison. J'ai gardé le silence trop longtemps. Aussi, la fin de semaine suivante, alors que nous sommes à Portland pour la prochaine manche du calendrier, je décide

82. Avoir l'air incompétent.

d'accompagner l'équipe, même si je serai encore confiné à un rôle de spectateur. Je décide toutefois de passer à l'action. Je convoque le milliardaire Gerry Forsythe, propriétaire de l'équipe, et Nick Micklewright à une rencontre au sommet. Je nous revois dans une petite salle de réunion. Je me suis assis calmement au bout de la table. Gerry était debout devant moi tandis que Neil s'y trouvait à ma droite. Ils étaient de toute évidence surpris par mon impudence. Je me suis efforcé d'avoir un ton de voix calme, mais ferme. Je fus le premier à prendre la parole. « Messieurs, je comprends que vous voulez me faire rouler pour les quatre dernières courses de la saison. C'était l'entente que nous avons conclue en octobre. Mais si vous voulez me faire courir simplement pour que je sois un panneau publicitaire mobile en piste et que je n'ai aucune chance d'être performant faute de matériel adéquat, ça ne m'intéresse pas. » Ils ont baissé leurs lunettes et m'ont regardé comme si j'étais un extra-terrestre. Je continue néanmoins mon exposé et je leur raconte l'incident de l'extracteur mal fixé à Putnam Park, celui du volant fou de Memphis, et ainsi de suite. J'enchaîne en exprimant mes craintes : « Je sens que nous ne sommes pas prêts à avoir une troisième voiture en piste. » Gerry me demande qui a travaillé sur mes voitures lors des essais. J'évite le piège. « Des erreurs, tout le monde en fait, monsieur Forsythe. Les pilotes en font, les mécanos aussi. Là, n'est pas la question. Mais avons-nous actuellement les moyens de nos ambitions ? David Empringham est en tête du championnat et il serait logique de lui donner tout ce qu'il faut pour qu'il le gagne. J'aimerais bien qu'il reste assez d'argent pour me donner un matériel tout aussi compétitif pour mes quatre courses, mais ce n'est pas le cas, du moins ce n'est pas ce que je perçois dans la réalité. » Leurs visages sont maintenant cramoisis, mais pas nécessairement pour les mêmes raisons. D'autant que je réalise que Neil n'avait jamais entendu parler de l'incident de Memphis, trois jours avant le Grand Prix de Homestead, où le volant de Dave Empringham est devenu inopérant. Gerry Forsythe non plus n'en avait rien su. La tension est à couper au couteau, mais au moins j'ai l'impression d'avoir crevé un abcès et, personnellement, ça m'a fait du bien de me vider le cœur devant eux. « Laisse-nous, Bertrand, me dit Neil. Nous allons discuter de la situation entre nous, et nous allons te revenir avec notre décision. » Plus tard dans la journée, Neil Micklewright m'apostrophe dans l'autocaravane de Forsythe-Player's. Il est furieux. Je dois vous dire qu'avec son gabarit de joueur de ligne offensive au football, Neil peut être vraiment intimidant, surtout quand il est de mauvaise humeur. « Tu n'as vraiment pas fait dans la dentelle devant Gerry. Tu m'as mis dans la merde pas à peu près ! Qu'est-ce que tu espères, au juste ? C'était quoi l'idée de me mettre dans le trouble comme ça devant Gerry ? » Je suis resté calme et j'ai défié son regard. « Neil, je te ferai remarquer que je n'ai pas parlé de toutes les promesses non tenues que tu m'as faites depuis un an. Je n'ai pas parlé des 12 à 15 jours d'essais que tu m'avais promis. Je n'ai pas parlé du kart que tu m'avais promis et pour lequel je n'ai jamais vu la couleur d'un chèque. Je n'ai pas parlé du blouson de cuir que tu m'as promis ici même à Portland il y a un an et que je n'ai toujours pas reçu. » La fumée lui sort maintenant par les oreilles, mais ça m'indiffère souverainement. Il s'approche de moi avec un regard de feu que je croise avec aplomb. « M'accuses-tu d'être un menteur ? » Je réponds du tac au tac sans le quitter des yeux. « Non, je dis tout simplement que tu n'es pas un homme qui tient sa parole ! » Nous restons là, face à face, les yeux dans les yeux, les mâchoires et les poings crispés pendant un long moment. Il est trop tard pour que je fasse marche arrière. Je joue le tout pour le tout. Je me demande si je ne vais pas encaisser un coup de poing sur la gueule qui va probablement m'envoyer au pays des rêves, mais je suis prêt. Je n'ai pas peur. Je n'ai plus peur. Le puceau a perdu sa virginité et commence à prendre ses aises dans le bordel. Mister Bean n'a plus envie de faire rire la galerie, il a envie de se battre pour être reconnu à sa juste valeur. On a fini de rire de moi. Mon nom c'est Godin, pas Bean. Je suis un pilote professionnel, pas un vulgaire saltimbanque. Je perçois alors une vague inquiétude dans son regard. Cette fois, c'est lui qui semble intimidé. « En as-tu parlé aux gens de Player's ? » me demande-t-il. À mes yeux, c'est un aveu de culpabilité de sa part. Je lui réponds sèchement ce qu'il espérait ne pas entendre de ma bouche : « Oui. » J'ai alors tourné les talons pour quitter l'autocaravane en claquant la porte. J'avais peut-être perdu mon volant, en fait c'était le risque que je courrais en exposant ainsi ma frustration, mais je venais aussi de retrouver ma dignité. Pour la première fois depuis le début de l'année, je me sentais bien dans ma peau. En confrontant mes patrons, je m'étais débarrassé d'un poids énorme qui était en train de miner non seulement mon moral, mais aussi ma santé. De retour dans les paddocks, je décide que c'est maintenant le temps de parler à mes coéquipiers. Je raconte tout à David Empringham et Claude Bourbonnais, incluant les événements de Memphis que je devais leur cacher. Ils sont estomaqués. Claude essaie de crâner. « Mister Bean s'est levé du mauvais pied, ce matin... » Je l'apostrophe. « Là, tabarnak, tu vas me lâcher le

Mister Bean une fois pour toutes. » Il recule, totalement incrédule. C'est probablement la première fois qu'il m'entend sacrer. « Nous sommes des professionnels, comportons-nous comme des professionnels. La farce a assez duré. Je pense aussi qu'il est dans notre intérêt à tous les trois de ne plus se faire de cachettes, peu importe ce qu'ils nous disent en haut. » Cette fois, mes coéquipiers acquiescent. Neil et moi nous ne nous sommes pas reparlé de cette fin de semaine. La semaine suivante, de retour à Saint-Hyacinthe, une surprise m'attendait. On avait livré à mon appartement un blouson de cuir aux couleurs de Player's, celui que Micklewright m'avait promis un an plus tôt.

CHAPITRE 32

Enfin en piste !

Avant la Molson Indy de Toronto, à la mi-juillet, nous avions été convoqués à une importante réunion par les dirigeants de Forsythe Racing à Indianapolis. On en profite pour nous rappeler l'importance des trois prochaines épreuves canadiennes pour notre commanditaire Player's pour qui nous débarquons dans son marché de prédilection. À chaque semaine en cours de saison, on nous remettait les directives du service de relations publiques préparées par Torchia Communications et où l'on nous précisait même ce qu'il fallait répondre à certaines questions des journalistes. C'était les fameux Q&A pour « *Questions & Answers* ». Nous avions tous intérêt à les apprendre par cœur ou presque. Il était surtout impératif de ne pas déroger de la ligne directrice que nous avaient dictée les gens des communications ! Nous avions même à apprendre par cœur, au début de chaque nouvelle saison, certains « commentaires » dont nous devions nous contenter dans certains cas d'urgence ou de gestion de crise : notamment ce que nous devions dire et ne pas dire dans le cas d'un accident mortel impliquant un pilote de la filière

Player's. Constamment, on nous rappelait l'importance de dégager une image impeccable : du sourire à notre tenue vestimentaire en passant par la façon de nous comporter en public. Nous étions les ambassadeurs de Player's qui s'était associé au sport automobile pour rehausser son image de prestige, et on nous le rappelait constamment. Parfois, c'était subtil, mais à d'autres occasions ce ne l'était pas du tout. Jusqu'à la saison 1996, je m'en accommodais plutôt bien et c'était généralement avec plaisir que je participais aux mascarades organisées par les perroquets de service. J'ai toujours aimé accorder des entrevues, et c'est tout naturellement que je me pliais aux exercices de relations publiques. Ce n'était pas une corvée pour moi que ce pouvait l'être pour certains autres pilotes. Mais en cette saison où les promesses n'avaient pas été tenues, ça m'était plus difficile parce que je suis un gars franc qui a bien du mal à cacher ce qu'il pense vraiment. Je m'y astreignais, mais avec beaucoup d'amertume. Pour la première fois de ma vie, je ne pouvais dire la vérité aux journalistes, mais ce n'était vraiment pas mon genre. Je me souviens d'avoir répliqué de façon un peu bête à Joann Gonthier, une des responsables des communications chez Torchia, qui me rappelait l'importance de bien paraître en toutes circonstances, que ce serait bien aussi à l'occasion « d'être aussi bons en piste que nous sommes beaux hors-piste ». Elle m'avait jeté un regard étonné. Pauvre Joann, elle n'avait pas la moindre idée à ce moment-là des frustrations et des doléances qui me rendaient acerbe. Puisque Player's était « à la maison », les jours qui ont précédé le Molson Indy n'allèrent pas être de tout repos pour les pilotes de la filière : séances d'autographes, participation à une course de karting avec des personnalités bien connues dans la

Ville Reine, conférences de presse extravagantes dont une au Planet Hollywood. Évidemment, les médias se ruaient principalement sur Greg Moore, le sympathique pilote de la Colombie-Britannique qui après avoir tout balayé en Indy Lights l'année précédente a déjà deux podiums cette saison en Indy : une 2e place à Nazareth et une 3e place à Cleveland. Patrick Carpentier, qui s'amène à Toronto après avoir remporté l'épreuve de Formule Atlantique du Grand Prix du Canada un mois plus tôt et qui domine le classement des pilotes de cette série avec 15 points d'avance sur l'Ontarien Lee Bentham, est aussi fort sollicité par les médias. En revanche, même s'il est natif de Toronto, David Empringham n'accorde probablement pas autant d'entrevues qu'il ne l'aurait cru. Pour ce qui est de Claude et moi, nous retrouvons essentiellement les mêmes journalistes ou commentateurs sportifs du Québec qu'à l'habitude : Schraenen, Houde, Bourcier, Lecours, et autres. Une petite répétition générale avant ce qui nous attend quelques semaines plus tard à Trois-Rivières.

Mécanos surchargés

Dans les garages de l'équipe Forsythe, la situation ne s'était pas tellement améliorée à Toronto où je me préparais enfin à disputer ma première course de la saison le dimanche 14 juillet. Ma première course depuis le 23 juillet 1995, un peu plus d'un an plus tôt ! Et entre ces deux courses, je n'aurai eu que deux journées d'essais (Laguna Seca et Putnam Park) et deux journées à faire le mariolle en ligne droite avec une voiture dont la colonne de direction était défectueuse (Memphis). J'ai hâte, mais je suis un peu inquiet. Parce que je n'ai pas beaucoup roulé au cours de la dernière année, je me doute que ce sera plus difficile de percevoir les problèmes qui pourraient surgir sur l'automobile. De plus, ma confiance n'est pas vraiment à 100 %. J'ai aussi une autre inquiétude. Je ne sais pas comment Forsythe va gérer la course avec trois voitures au lieu de deux. Je suis conscient que s'il y a des consignes d'équipe, je serai le premier à devoir me sacrifier. J'avais des doutes. J'avais surtout peur de perdre, de mal paraître après une aussi longue absence des circuits. Je m'amenais contre des gars qui avaient disputé huit courses et une vingtaine de jours d'essais. Ce n'était pas évident dans les circonstances que je puisse mener la voiture à la limite. En revanche, je connais maintenant le circuit de Toronto, contrairement à l'année dernière où j'avais appris que je prendrais le départ la veille des essais. J'y avais quand même terminé 7e dans des conditions infernales alors je pouvais espérer rouler au-delà des attentes. Je crois même un podium possible. J'ai observé mes adversaires depuis le début de la saison et je sais comment chacun se comporte en piste. Je les connais mieux qu'ils me connaissent, et ça aussi peut tourner en ma faveur. Dès les premiers essais libres du vendredi, je constate que ma voiture est mieux préparée que lors des essais de Putnam Park, mais ce n'était pas encore l'idéal. J'appréciais tout de même les efforts déployés par les mécaniciens pour qui je représentais une surcharge de travail. On ne m'avait affecté qu'un seul mécanicien qui finissait par être secondé par ceux de Dave et de Claude. Malgré tout, j'allais réussir une qualification décente. Mais je n'étais pas mieux entouré pour autant. Je n'avais même pas d'ingénieur. C'est le responsable de l'acquisition de données, Jason Ashbrook qui m'est plutôt affecté comme préparateur. Pour illustrer mon propos, je vais vous établir une comparaison :

l'ingénieur, c'est comme un chirurgien. Il pose des diagnostics et dirige l'opération. Le responsable de l'acquisition des données, c'est comme le radiologiste. Il collige les données informatiques reçues à partir des capteurs sur la voiture. Ashbrook le radiologiste allait donc être mon chirurgien en chef ! Rien de trop rassurant pour un pilote. Claude Rouelle, qui était l'ingénieur d'Empringham, avait été viré par Neil Micklewright. La mentalité européenne de Rouelle était incompatible avec la vision américaine des choses de Micklewright. On allait jusqu'à lui reprocher de ne pas utiliser d'antisudorifique, peu importe ses compétences ! Après tout, si Empringham est toujours en tête du championnat à l'aube de la course torontoise, c'est en grande partie grâce au travail de Rouelle. J'avais sous les yeux un autre exemple du manque de gratitude dont pouvait être capable Neil Micklewright. Je comprenais aussi que Micklewright était prêt à tout pour camoufler sa propre incompétence, même si cela signifiait de virer un brillant ingénieur. Je n'étais plus dupe. Si 1995 avait été un véritable conte de fées, 1996 aura été une année où mon regard sur la vie, les hommes et les coulisses de la course automobile a considérablement changé.

La compétition se ressert

Même si Empringham dominait toujours le Championnat des pilotes d'Indy Lights, ça se resserrait derrière lui. Dès les premiers essais de qualifications du vendredi, devant nos partisans, ce sont les Jeff Ward, Tony Kanaan, Gualter Salles et Shigeaki Hattori qui ont été les plus rapides. Claude Bourbonnais a été le meilleur de l'équipe avec le 5e chrono du jour. Empringham a signé le

7e temps tandis que je devais me contenter du 12e. J'étais néanmoins satisfait de ma première journée. J'avais d'ailleurs fait rire les journalistes qui m'attendaient en leur disant : « Je ne voulais pas avoir l'air d'un *pied*[83]. Même si un *pied* qui le sait est bien moins *pied* qu'un *pied* qui ne le sait pas ! » Même si la piste était quelque peu différente par rapport à l'année dernière, je croyais pouvoir gagner quelques dixièmes de seconde assez facilement en modifiant quelque peu mon pilotage à certains endroits. D'autant qu'avec mes pneus neufs, j'avais mal synchronisé ma tentative pour réussir un tour rapide. J'avais même dépassé une voiture lors de ce tour. Ce qui était le plus inquiétant, c'est que Ward semblait intouchable. Nos voitures avaient de sérieux problèmes de sous-virage. Il y avait beaucoup de travail à faire, mais pour la première fois depuis plus d'un an, je faisais exactement ce pour quoi j'étais payé chez Forsythe Player's : piloter une voiture de course et chercher les meilleurs réglages possible pour être compétitifs lors de la prochaine séance de qualifications et la course du dimanche. Les qualifications ont toutefois été dures. Je manquais de confiance en l'auto, parce qu'on ignorait les limites. J'y suis donc allé à très petites doses. Je n'étais toutefois pas trop nerveux en piste et j'essayais de ne pas imposer de pression additionnelle. Si j'ai ressenti des papillons dans l'estomac, c'était surtout à cause de l'incertitude que je nourrissais vis-à-vis l'auto. Un pilote doit pourtant avoir une confiance aveugle en sa monture afin de réussir un temps canon. Je ne vous étonnerai donc pas en vous disant que je n'ai pas réussi à améliorer ma position de départ lors de la deuxième séance de qualifications.

83. Niais.

Départ canon

Parti de la 12e position, j'ai connu un départ canon qui m'a permis de gagner cinq rangs dès le 1er tour. J'y suis resté jusqu'au 35e des 42 tours de l'épreuve. J'avais une pensée pour Jean D. Legault qui m'avait prédit une 15e place dans le meilleur des scénarios. Je me suis alors retrouvé tout juste derrière Empringham et je ne me suis pas gêné. J'ai tenté de le doubler. Avec succès. Au bout de ligne droite du Lakeshore, je le dépasse. J'étais maintenant 6e. J'avais signé le 3e meilleur tour en course. Un oiseau, c'est fait pour voler, un pilote, pour courir. Là, je dois vous dire que je me sentais comme un méchant moineau ! Je m'attends à être semoncé, mais je n'entends rien sur la radio en provenance des puits. Pendant quatre tours, je roule devant Empringham et je creuse l'écart. C'est alors que j'entends la voix de Micklewright dans mon casque. « Bert, laisserais-tu passer David, s'il te plaît », me dit-il d'une voix presque mielleuse. J'ai envie de simuler un problème radio, d'arracher le fil de mes écouteurs. Après tout, ce sont des choses qui arrivent régulièrement. J'ai tellement envie de faire fi de sa directive. Mais après une courte réflexion, je me dis que ce serait indécent. J'ai envie de me venger de Neil et de ses promesses non tenues, mais David et le reste de l'équipe méritent mieux de ma part. D'autant que David mène le championnat. Je n'ai pas le droit de lui nuire. Il est mon coéquipier et il n'a rien fait pour mériter que je me comporte comme un sale égoïste. Ce n'est pas dans ma nature. Par contre, pourquoi répondre tout de suite à l'ordre de Micklewright ? Il n'y a rien qui presse que je sache. J'ai maintenant envie d'attendre le dernier tour, le dernier virage pour laisser David passer. Juste pour prouver à tous que j'étais le plus rapide et que j'ai dû obéir aux consignes de l'équipe. Mais ça aussi ça me semble injuste pour l'équipe. D'autant que si la course devait se terminer sur un drapeau jaune, ce qui était fréquent et ce qui allait ultimement survenir, je n'aurais pas pu laisser David passer devant. Il me reste une autre façon de montrer à tous que je suis plus rapide et que je me sacrifie pour Empringham. Je lève le pied et je lui fais de grands signes avec mon bras l'invitant à passer devant. J'aurai obéi tout en préservant ma dignité. Je le laisse passer, mais je reste dans son sillon. Lorsque nous nous retrouvons sous un drapeau jaune, j'en profite pour communiquer avec Neil par la radio. « Hey, Neil, j'ai suivi tes consignes. J'espère qu'un jour on me renverra l'ascenseur. » En entrevue pour la télévision après la course, lorsque Didier Schraenen m'a demandé si David m'avait doublé à la régulière ou si je l'avais laissé passer, j'ai répondu franchement. « On m'a demandé de lui céder le passage, après tout il est en tête du championnat. » Un commentaire qui n'a pas plus à certaines personnes dans l'organisation Forsythe-Player's. Je voulais bien jouer le jeu, mais il était fini le temps où j'allais m'effacer complètement au profit de l'équipe. Il est temps que tout le monde réalise ici que je suis un gars de championnat, pas un pilote d'essai ! Ce qui n'allait pas m'empêcher de participer, deux jours après le Molson Indy, à deux autres journées d'essais, cette fois à Chicago avec en tête la présentation deux semaines plus tard du Grand Prix de Trois-Rivières.

CHAPITRE 33

Devant mes partisans à Trois-Rivières

Le Grand Prix de Trois-Rivières de 1996 était le moment fort de ma saison pour plusieurs raisons. D'abord, il s'agissait de ma toute première course disputée au Québec depuis que j'avais fait le saut dans les rangs professionnels. L'événement était, comme il se doit, précédé d'une tournée promotionnelle qui est passée tant par Montréal que par Québec. Il y a un beau vent de passion pour la course automobile qui souffle sur tout le Québec. Les succès de Jacques Villeneuve à sa première saison chez Williams en Formule Un n'y sont pas étrangers, bien au contraire. Jamais de ma vie n'ai-je senti un tel engouement pour tout ce qui touchait le sport motorisé. Même nos courses d'Indy Lights sont présentées sur RDS. Les gens se lèvent à l'aube ou passent des nuits blanches pour regarder les Grands Prix à la télévision. Après avoir passé les derniers mois aux États-Unis à ruminer sur mon sort, je constate à quel point mon sport est en santé, à quel point les fervents de course automobile n'ont jamais été aussi nombreux. Je l'avais moins remarqué au Grand Prix du Canada parce que j'avais d'autres chats à fouetter et qu'à ce moment-là je broyais du noir. Mais cette fois-ci, j'étais au centre de l'action et je savourais pleinement cette passion que nous échangions avec le public. À quelques jours de la course, une compétition d'arrêts aux puits avait été organisée dans la Vieille Capitale, sur la Grande Allée. Il y avait un monde fou pour y assister. L'ambiance était délirante. C'était la première fois que je prenais part à une telle compétition, et j'avais bien aimé mon expérience surtout que j'avais pris le 3e rang derrière mon coéquipier Claude Bourbonnais. C'est David Desilva qui l'avait emporté. Mais ce que je retiens, c'est que les gens tout autour étaient joyeux et extrêmement chaleureux. On les sentait vraiment avec nous à bord de nos voitures. Leurs cris étaient particulièrement dirigés vers Claude et moi. Les Américains et les Canadiens anglais de l'Indy Lights semblaient un peu décontenancés de notre popularité devant notre public. Même Empringham n'avait pas eu droit à un pareil accueil devant son public à Toronto. Ici, il passait totalement inaperçu, même si c'était lui le meneur du Championnat d'Indy Lights. Pour moi qui venais de vivre une année extrêmement difficile tant sur le plan sportif que sur le plan humain, les gens de Québec n'ont pas idée à quel point, le mardi 30 juillet 1996, ils m'ont fait du bien, à quel point ils m'ont envoyé des ondes positives ! J'aurais voulu avoir le temps de serrer la main de chacun d'entre eux, de prendre le temps de les remercier et de signer des autographes pour tout le monde. Évidemment, je n'aurais pas eu assez de 24 heures pour y arriver, mais je tenais à souligner l'importance de leurs encouragements. Des encouragements du public qui étaient aussi drôlement appréciés par les mécaniciens de l'écurie, habitués à travailler dans l'ombre. On oublie trop souvent qu'ils sont en partie responsables de nos succès en piste. Dommage que les podiums ne soient jamais assez grands pour qu'ils montent à nos côtés après une victoire.

Sous la minute

Le Grand Prix de Trois-Rivières est une véritable institution au Québec et cette année-là, pour souligner son 30e anniversaire, ce fut particulièrement faste. Pas moins de 172 voitures étaient inscrites dans 7 classes de compétition. L'Indy Lights y débarquait pour la première fois. Jamais, de toute son histoire, Trois-Rivières n'avait vu ou entendu la pétarade de bolides aussi performants. Comme à Québec, nous sommes accueillis comme des vedettes de rock à Trois-Rivières. Le public est déchaîné dès la première journée. Il faut dire que les Québécois y sont non seulement nombreux en piste, mais très loin d'y faire de la figuration ! Dès le départ, ce public de connaisseurs est soulevé par Patrick Carpentier qui, pour la troisième fois de la saison, enlève la position de tête pour la première des deux courses de Formule Atlantique à l'horaire de la fin de semaine. Il faut préciser, pour ceux qui ne le sauraient pas, que Trois-Rivières a une très longue histoire d'amour avec la Formule Atlantique où ont couru les Gilles et son frère Jacques Villeneuve, Didier Piron, Bobby Rahal, Keke Rosberg, Patrick Tambay, Riccardo Patrese, Danica Patrick, Paul Gentilozzi, et combien d'autres. Vainqueur à Montréal et à Toronto en Atlantique, Carpentier était non seulement le meneur incontesté au championnat, mais le grand favori de la foule, même s'il devait partager l'amour du public avec son rival Alex Tagliani qui était à une demi-seconde de la position de tête. Il y avait aussi Martin Roy, au volant de la voiture habituellement pilotée par Christian Vandal, que les amateurs auraient aussi souhaité voir monter sur le podium. Les Québécois étaient aussi très nombreux à Trois-Rivières en Formule 1600 dont le trio de tête des Jean François : Lussier, Veilleux et Dumoulin. Pas très loin derrière eux, il y avait les Camirand, Schraenen, Guimont et Lesage. En série Enduro, Stéphane Veilleux, Benoît Theete et Claude Poirier menaient le bal en ce vendredi, au grand plaisir des amateurs qui étaient survoltés lorsqu'est arrivé le clou de la journée, la séance de qualifications d'Indy Lights. La table était mise. Malheureusement, ni Claude ni moi ne serons en mesure de soulever la foule à notre tour. Nous avons de sérieux problèmes de mise au point. Nous avons connu un vendredi d'enfer. Je n'avais pu faire mieux que le 16ᵉ meilleur temps ! La voiture régresse, et personne n'y comprend rien. Ce n'est pas compliqué, il nous manque une seconde. Rien ne va plus chez les « bleus ». Nous faisons un peu mieux le lendemain : Bourbonnais signe le 6ᵉ chrono de la deuxième séance de qualifs, moi, le 7ᵉ, et David, le 9ᵉ, mais avec nos résultats combinés, ce ne sera pas suffisant pour éviter de partir au milieu du peloton. Au départ, je serai donc coincé entre mes deux coéquipiers puisque je partirai 8ᵉ tout juste derrière Bourbonnais tandis qu'Empringham, le grand perdant de la journée, partira de la 11ᵉ position. Ce n'était pas le scénario espéré. Gualter Salles, vainqueur des trois dernières courses, n'est plus qu'à neuf points du 1ᵉʳ rang qu'occupe Empringham au championnat des pilotes. Et lui, il partira 4ᵉ, sur la deuxième ligne de départ. C'est le Brésilien Hélio Castro-Neves qui partira en position de tête.

Impatience chez Player's

J'ai entendu dire que le samedi, le grand patron de la filière Player's, qui était aussi le président et chef de la direction d'Imperial Tobacco, Jean-Paul Blais, a voulu rencontrer Neil Micklewright pour obtenir certaines explications. L'entourage de Micklewright, qui ne savait pas qu'il était le grand patron, a essayé de l'en empêcher. C'était sans connaître Jean-Paul qui s'est tanné[84], a sauté une clôture, pour finalement entrer sans s'annoncer dans l'autocaravane de Neil qui jouait au solitaire sur son ordi. Jean-Paul lui aurait alors lancé : « C'est comme ça que tu vas faire marcher tes voitures ? » Le lendemain, Neil, sans que je comprenne trop pourquoi, était soudainement beaucoup plus présent dans le garage, et surtout plus proactif. Trois heures avant la course, lors du réchauffement, je veux voir comment la voiture se comporte avec le plein d'essence, en configuration du Grand Prix, mais aussi roder les plaquettes de frein. C'est ainsi que, vers la fin de la séance, j'arrive au bout de la ligne droite à 250 kilomètres à l'heure, prêt à négocier un virage qui se prend autour de 80 kilomètres à l'heure. Je freine, mais les freins ne répondent pas. En une fraction, je donne un coup de volant. La voiture part en tête-à-queue. Je percute le mur de côté, je rebondis sur la piste, la voiture touche de reculons, revient sur la piste comme une balle de ping-pong pour retoucher une dernière fois le mur avant que la voiture finisse par s'immobiliser. Il y en a pour environ 80 000 dollars de dommages. On est à trois heures du départ de la course. Je suis sonné. J'ai même subi une légère commotion

84. Lasser.

cérébrale. Ça, je ne le sais pas encore, mais j'ai un bon mal de tête. Personne chez Forsythe ne s'en souciait et je n'ai pas vu de médecin. Il était beaucoup plus important de s'assurer que je sois sur la grille de départ dans quelques heures. Mais les mécanos, les miens comme ceux de Dave et Claude, me promettent de tout faire pour remettre la voiture en bon état pour la course. Même Neil s'est sali les mains et est allé sous la voiture pour contribuer aux réparations, ce que nous n'avons pas vu très souvent. En trois heures, les mécaniciens ont réussi à remonter la voiture. La consigne était toutefois claire lorsque le départ a été lancé. Encore une fois, il fallait donner la priorité à David Empringham, et c'est ce que j'ai fait, le laissant passer dès que j'en ai eu la chance. Ce fut toutefois une course terriblement souffrante. J'avais un de ces maux de tête, et à chaque petite bosse, j'avais l'impression que ma boîte crânienne allait exploser. C'était l'enfer. Même ma vision en était affectée, ce qui n'est jamais une bonne nouvelle quand on file à des vitesses de plus de 200 kilomètres à l'heure ! Malgré tout, j'estime que ce fut l'une des plus belles courses de ma carrière et le résultat, dans les circonstances, était plus que satisfaisant : je devais terminer en 5e position tout juste derrière Empringham. Bourbonnais avait encore une fois terminé sa course dans le mur après avoir éprouvé des problèmes de freinage. Helio Castro-Neves allait remporter l'épreuve. Plusieurs heures après la course, Jean D. Legault trouvait que j'avais mauvaise mine et m'avait fortement suggéré de consulter un médecin qui a vite diagnostiqué une commotion et m'a sermonné de ne pas l'avoir consulté avant le départ. Je me félicitais de ne pas l'avoir fait, convaincu qu'il m'aurait probablement interdit de prendre le volant !

Incident diplomatique

Je ne ressentais plus vraiment de maux de tête à notre arrivée à Vancouver où serait disputée l'avant-dernière course de 1996. La ville était véritablement en ébullition puisqu'en plus du Molson Indy, elle accueillait, dans son tout nouveau GM Place adjacent au BC Place, le tout premier match des équipes de la division « Amérique du Nord » de la Coupe du Monde de hockey opposant la veille des essais libres, les deux archirivales que sont le Canada et la Russie. En fait, ce serait le seul match de ce tournoi présenté à Vancouver, alors vous pouvez imaginer qu'on en entendait parler à l'hôtel, dans les puits, au restaurant... absolument partout. Cela dit, c'était très loin d'être une préoccupation pour moi qui n'a jamais été un grand amateur de hockey. Ce qui ne m'empêchera pas de me sentir vexé lorsque j'apprendrai que mes trois coéquipiers ont été invités par les gens de Motomaster à assister au match dans la loge de Canadian Tire, mais pas moi. J'étais avec Claude Bourbonnais dans les puits, le jeudi précédant la course, et nous venions d'effectuer le travail de préparation sur les voitures en vue des premiers essais du lendemain lorsque celui-ci, en regardant sa montre, me lance : « Ouais, il faudrait se dépêcher si on veut avoir le temps de rentrer à l'hôtel et prendre une douche avant le match. » Je lui ai alors lancé un regard d'étonnement qui l'a aussitôt mis mal à l'aise. « Ben, le match Canada-Russie. Tu as été invité, non ? » Je lui ai répondu que non. Je lui demande aussitôt : « Qui d'autre a été invité ? » Claude a rougi. « Ben, j'sais pas moi. Greg (Moore) et David (Empringham), je crois. Voyons, il y a sûrement une erreur. Nous avons tous été invités à regarder le match dans une loge par les gens de Motomaster. C'est sûrement un oubli, Bert. C'est sûr que tu es sur la liste d'invités. » J'étais maintenant furieux d'autant qu'à Toronto, les gens de Motomaster m'avaient sollicité pour que je participe à des séances de signatures d'autographe. C'est comme ça que l'on me remerciait ? Ces gens-là ne me considéraient pas comme un membre à part entière de l'équipe ? J'ai vite retrouvé dans les paddocks le gars des relations publiques de Motomaster pour lui dire ma façon de penser. J'étais profondément insulté. Il en a semblé surpris et a balbutié de plates excuses qui ne faisaient qu'ajouter à ma colère. Il est revenu me voir avant que je quitte le circuit pour l'hôtel en me lançant une invitation maladroite de dernière minute. « Trop tard, lui ai-je répondu. J'ai maintenant d'autres plans. *Thanks, but no thanks*[85]. » Ce n'était pas vrai, je n'avais pas d'autres plans ni d'autres engagements. Mais ma fierté avait été blessée et, dans le contexte d'une saison où je me suis trop souvent senti comme un chien dans un jeu de quilles, c'était une fois de trop. Il a essayé d'insister, mais je suis parti avant qu'il ne puisse terminer son argumentation. Je suis rentré à l'hôtel, j'ai soupé et je me suis couché tôt. Je n'ai même pas regardé le match à la télé. Ça ne m'intéressait pas. J'estimais qu'encore une fois, on m'avait carrément manqué de respect.

Un espoir pour 1997

Au cours de la course de Vancouver, j'ai été victime d'une touchette à l'arrière et d'une fuite d'huile. J'ai été contraint à l'abandon. Il restait une course à ma saison (Laguna Seca où je

85. Merci, mais non merci.

terminerai 10e), et déjà je commençais à me faire des soucis pour l'avenir. Après la course de Vancouver, Neil Micklewright est toutefois venu me voir pour me demander ce que je dirais de courir la saison prochaine en Formule Atlantique. Pour moi, ça représentait Gilles Villeneuve. Chez Player's, on voulait repartir le programme de développement en Formule Atlantique. Certains diront que c'était un pas en arrière, mais après tout ce que j'avais vécu en 1996, une saison en Formule Atlantique ne représentait certainement pas un recul, à mes yeux. J'estimais que ce n'était qu'un instrument de développement différent. Certes, c'était une série où les voitures étaient moins puissantes, mais, justement à cause de ce que Gilles avait accompli en Atlantique, c'était aussi une série beaucoup plus représentative pour les amateurs de courses du Québec. Après Gilles, son frère Jacques y avait laissé sa marque. De même que Richard Spénard, Patrick Carpentier, Claude Bourbonnais et Jacques Villeneuve fils. Ce serait donc une aventure que j'aborderais avec enthousiasme et un objectif précis en tête : gagner au Grand Prix du Canada !

CHAPITRE 34

J'ai vendu mon âme au diable !

Je n'avais toujours pas signé de contrat pour 1997, mais ça ne semblait plus qu'une formalité. C'est donc le cœur léger que je me suis rendu à Indianapolis en octobre, quelques semaines après la fin de la saison, pour la réception traditionnelle organisée par Forsythe Player's pour ses pilotes des différentes séries. Tous ceux qui étaient commandités par Player's, qu'il s'agisse d'une commandite partielle ou complète, y étaient invités, soit Greg Moore, David Empringham, Claude Bourbonnais, Lee Bentham, Jean-François Dumoulin, Jean-François Veilleux, Patrick Carpentier, Alex Tagliani, Andrew Bordin, et moi-même. Nos billets d'avion, notre hôtel, nos repas : tout était payé par Forsythe Player's. Avant le banquet dans un chic restaurant d'Indianapolis, les 10 pilotes de la filière s'étaient donné rendez-vous à la piste de karting de Stefan Johansson. Nous étions comme des gamins en piste, à rivaliser juste pour le plaisir. Ce fut aussi pour moi l'occasion de retrouver Alex Tagliani. Ce fut à ce moment-là où nous avions enfin réglé nos vieux différends qui semblaient devenus tellement puérils. D'autant que le contexte de cette journée de célébration était convivial et se prêtait à pareille réconciliation. Je découvrais mon ancien meilleur ennemi sous un jour différent. Il avait gagné en maturité, et moi aussi. La vie s'était assurée de nous enseigner quelques leçons et d'aplanir nos querelles de jeunesse. Bien sûr, nous sommes revenus sur l'histoire des pièces dont me privait son père à l'époque où nous étions rivaux en F125. Je sentais qu'il n'était pas très chaud à l'idée que je ramène cette histoire sur le tapis, mais il me fallait vider la question, surtout que nous défendions maintenant les mêmes couleurs. J'ai alors réalisé qu'il était très embarrassé par toute cette affaire, que dans cette histoire il avait été victime d'un père prêt à tout pour l'aider à progresser dans sa carrière. La discussion fut franche et sympathique. La hache de guerre était désormais enterrée entre nous deux, même si tout indiquait que nous allions être des rivaux en piste pour la prochaine saison de Formule Atlantique où il allait porter les couleurs de Player's, mais au sein de Lynx Racing, une écurie avec laquelle Patrick Carpentier avait brûlé les circuits de la Formule Atlantique pendant deux ans !

Allergie fatale

Nous étions une vingtaine, le soir venu, à partager une bonne table pour célébrer la saison 1996 de l'écurie Forsythe. Le repas se déroulait dans la bonne humeur et on y riait beaucoup des blagues ou des pitreries de l'un ou l'autre d'entre nous. Jusqu'au moment où j'ai constaté qu'Alex Tagliani a quitté la table de façon précipitée. Il ne semblait pas dans son assiette, mais ce n'est qu'en constatant qu'il commençait à tarder sérieusement à revenir que je me suis quelque peu inquiété de la situation. Puis, j'ai regardé son couvert avec effroi. Il avait mangé la moitié de son gâteau. Un gâteau qui contenait de la pâte d'amande. Or, je me souvenais d'une promotion à laquelle nous avions participé au cours de l'été au Lac-Saint-Jean. Après le petit-déjeuner, Alex s'était amené dans le hall d'entrée de l'hôtel, la lèvre enflée comme s'il avait encaissé un violent coup de poing. Il m'avait alors expliqué qu'il avait mangé un muffin aux bleuets qui, de toute évidence, avait été en contact avec des noix. « Je suis allergique aux noix à un point que je pourrais en mourir, m'avait-il confié en me montrant son auto-injecteur EpiPen. Je ne l'ai jamais utilisé de ma vie, mais si par mégarde je mangeais des noix, il me faut m'injecter avec ça, pour me stabiliser jusqu'à mon arrivée à l'hôpital. » Je me suis souvenu de ses paroles en regardant son assiette à moitié entamée. Immédiatement, j'ai à mon tour quitté la table sans explication pour me mettre à la recherche d'Alex. Je l'ai trouvé dans le hall d'entrée de l'hôtel, en sueur et visiblement très mal en point. « Bertrand, va chercher mon EpiPen dans ma voiture », m'a-t-il imploré, le souffle court. Je suis parti au pas de course. Quand je suis revenu, la métamorphose qui s'était effectuée sur Alex Tagliani en quelques minutes me semblait incroyable. C'était comme si je venais de voir Bruce Banner se transformer en l'incroyable Hulk. J'avais l'impression que ses vêtements allaient se déchirer sur son corps qui enflait à vue d'œil. Il enflait de partout. Son visage ressemblait à celui d'un boxeur qui venait de se faire rosser pendant 12 rounds par Mike Tyson ! Son cou grossissait, ses doigts étaient boudinés, ses mollets semblaient aussi larges que ses cuisses. Il avait de plus en plus de difficultés à respirer. Il a baissé son pantalon, et d'une voix que je ne reconnaissais plus, me demande de l'injecter dans la jambe. Pendant ce temps, Richard Spénard, qui s'était aussi inquiété de l'absence de Tag, composait le numéro d'urgence 911 pour obtenir une ambulance. Je n'avais jamais utilisé d'EpiPen, aussi je ne savais pas qu'en appliquant l'objet sur sa cuisse, l'injection serait automatique. Je cherchais le bouton. Pour être bien certain, je l'ai repiqué une deuxième fois. Tagliani continuait de respirer péniblement, et je me demandais si la dose avait été suffisante. Nous étions tous en état de panique. Nous n'avons guère été rassurés en voyant un camion de pompier et une voiture de police arriver sur les lieux, ne sachant pas qu'ils avaient un rôle de premiers intervenants lors des appels d'urgence en attendant l'intervention des ambulanciers. Alex se voyait mourir. Quand les pompiers sont entrés en demandant ce qui n'allait pas, Alex a voulu se lever. Imaginez un peu la scène. Les jambes enflées, le souffle coupé, les pantalons baissés, c'est un Alex Tagliani titubant, l'œil vitreux, et la bouche pâteuse qui essaie d'expliquer la situation. Les pompiers lui ont jeté un regard pour le moins sceptique. « Il est allergique ! » me suis-je écrié. Le sourire moqueur du pompier est venu confirmer ce que je craignais : « Ouais. Il est allergique à l'alcool ton copain ! » Plus Alex tentait de parler, moins il était cohérent et plus nos premiers intervenants croyaient, à tort, avoir affaire à un ivrogne. « Vous ne comprenez pas. Il a mangé des noix. Il est terriblement allergique aux noix. Il faut l'amener à l'hôpital, sinon il risque de mourir ! » leur ai-je dit dans mon anglais approximatif. Pompiers et policiers venaient de comprendre la gravité de la situation lorsque l'ambulance est arrivée. En compagnie des relationnistes de Player's, François Cartier et Marc Chartier, j'ai suivi l'ambulance jusqu'à l'hôpital. Lorsque le médecin est venu nous rencontrer, il avait la mine sombre. « Il est très mal en point, a-t-il commencé, je ne sais pas si nous pourrons le sauver. » Son état était si grave que nous avons eu le droit de lui rendre ce qui aurait pu être une possible dernière visite aux soins intensifs. Il était toujours aussi enflé, mais en plus son teint était passé au bleu-mauve. Nous étions horrifiés. Je me sentais responsable. Si seulement j'avais allumé plus vite en voyant Alex manger son gâteau. Est-ce que j'avais bien compris l'utilisation de l'EpiPen ? La deuxième injection avait-elle été de trop ? J'aurais dû courir encore plus vite quand il m'a demandé d'aller chercher la fameuse seringue dans sa voiture. Tout se bousculait dans ma tête. Un pilote défie la mort à chaque fois qu'il s'engouffre dans sa voiture pour une séance d'essais ou un Grand Prix. Nous sommes conditionnés à accepter la fatalité du métier que nous avons choisi. Mais rien ne m'avait préparé à la perspective de voir un pilote mourir d'une allergie aux noix ! C'était d'autant plus bête que Tag et moi venions de vivre ensemble une journée agréable où, pour la première fois, le courant passait entre nous. C'était tout simplement trop absurde. « Maintenant que nous sommes amis, voilà que je vais le voir crever ? C'est vraiment trop bête ! » me disais-je tout bas. Je pense que c'est, de toute ma vie, la fois où j'ai eu le plus peur de voir quelqu'un mourir sous mes yeux. Il s'en est bien sûr tiré, mais non sans nous avoir donné des sueurs froides pendant les quelques jours qu'il est resté en observation dans cet hôpital d'Indianapolis.

Pacte avec Satan

La mésaventure d'Alex Tagliani avait jeté une douche froide sur nos célébrations de fin de saison 1996. Personnellement, c'était un peu symbolique de ce qu'avait été cette saison misérable où je n'avais disputé que quatre courses. Mais tout ça, c'était du passé. Tag avait retrouvé sa bonne mine, et un volant m'attendait pour la prochaine saison en Atlantique. Depuis déjà deux ans, j'étais payé, et grassement à mes yeux, pour courir. J'avais gagné au moins 30 000 dollars en 1995 et environ 60 000 dollars en 1996. En devises américaines, il va sans dire. Je ne courais pas pour l'argent, mais je m'attendais à un très bon salaire pour courir une saison complète en Atlantique. Et je n'ai pas été déçu par l'offre que m'a présentée Neil Micklewright. Il m'offrait un pacte de 5 ans d'une valeur totale de 650 000 dollars[86], toujours en billets verts de l'Oncle Sam. Wow ! C'était presque un salaire de joueur de hockey qui m'était offert pour continuer de vivre ma passion. J'allais vite retomber sur terre quand j'ai eu en main le contrat d'une dizaine de pages que l'on me proposait. Certes, les montants promis étaient bel et bien là. Je toucherais 75 000 dollars américains[87] pour 1997, 100 000[88] pour 1998, 125 000[89] pour 1999, 150 000[90] pour 2000 et 175 000[91] pour 2001. Je vous rappelle que c'était toujours en dollars américains à une époque où notre devise ne cessait de se dévaluer face à celle de nos voisins du sud. Un montant de 650 000 dollars américains, c'était, à l'époque, l'équivalent de près d'un million de dollars canadiens ! Bref, c'était le pactole. Je venais de gagner le gros lot. Que pouvais-je donc espérer de plus dans la vie ? J'approchais la trentaine,

86. Autour de 550 000 euros (selon le taux de change d'aujourd'hui).

87. Autour de 63 000 euros (selon le taux de change d'aujourd'hui).

88. Autour de 85 000 euros (selon le taux de change d'aujourd'hui).

89. Autour de 105 000 euros (selon le taux de change d'aujourd'hui).

90. Autour de 127 000 euros (selon le taux de change d'aujourd'hui).

91. Autour de 148 000 euros (selon le taux de change d'aujourd'hui).

et enfin on me reconnaissait, croyais-je naïvement, à ma juste valeur. Je n'avais pas encore signé que déjà dans les journaux il était question de cette formidable entente à long terme que j'étais sur le point de parapher. Bien sûr que lorsque les journalistes me questionnaient à ce sujet, j'étais d'un enthousiasme presque délirant. Jusque-là, je n'avais signé que des contrats ponctuels au rythme des courses que j'allais disputer. C'était donc mon premier véritable contrat en course automobile, le premier pacte de ma vie où il était question de plus d'une course et de surcroît, de plus d'une saison. Vraiment très payant, en plus. Du moins, pour un gars qui jusque-là n'avait jamais vraiment pensé à l'argent, sinon pour l'argent qui lui manquait pour vivre son rêve. Pareil salaire pour vivre ma passion, c'était au-delà de mes plus folles espérances. Mais voilà, tout ce qui brille n'est pas or. J'allais le constater rapidement. Je n'étais pas le plus matérialiste des hommes, loin de là, mais j'ai vite réalisé que l'on me proposait un mirage. Un mirage dont j'avais toujours rêvé, me direz-vous avec raison, mais ça restait un mirage. C'était aussi un pacte avec le diable quand on lisait la suite du contrat proposé. Littéralement. Je leur vendais non seulement mon âme et mon corps, mais aussi mon image ! En effet, il était écrit noir sur blanc que mon image et mon nom leur appartiendraient pour les 50 années suivant la fin dudit contrat, soit jusqu'en 2051 ! Un ami m'a récemment fait remarquer que c'était une bonne chose qu'ils aient mis fin au contrat avant son échéance, sinon je n'aurais probablement pas eu le droit d'écrire cette autobiographie ou même de donner des conférences auprès des étudiants ou des gens d'affaires. L'idée m'avait à l'époque effleuré l'esprit, mais j'étais tellement obnubilé par ma passion que je n'y voyais plus clair. L'amour, c'est bien connu, rend sourd et aveugle. Celui que je nourrissais pour le sport automobile était si intense que j'en devenais parfois idiot.

À prendre ou à laisser

Je ne demandais rien d'autre qu'un volant. C'est tout ce qui m'importait. J'avais toujours rêvé d'être pilote de course. J'avais, enfin, atteint ce statut. Que pouvais-je espérer de plus ? Cette passion m'aura incité à faire beaucoup de sacrifices, mais je n'étais tout de même pas pour la sacrifier pour des petits paragraphes imaginés par de perfides avocats. Pourtant, plus je relisais à la loupe chaque mot, chaque phrase, chaque paragraphe, et moins je me sentais en confiance. Dans ce contrat, on me demandait non seulement de vendre mon âme, mais aussi tout ce qui s'y rattache. Rien de moins. Évidemment, si je mourais en piste, si je me blessais ou si je tombais bêtement malade, ils avaient le droit de mettre fin à l'entente à 30 jours de préavis. Ni ma conjointe ni ma succession n'auraient eu droit au moindre centime. Si je subissais une blessure sérieuse, ou pire, si un accident à plus de 300 kilomètres à l'heure me laissait lourdement handicapé, je n'étais pas assuré. Ce contrat ne me protégeait en rien et ne me garantissait un bon salaire que si tout allait bien, si eux étaient satisfaits. C'était à prendre ou à laisser, et on me disait que c'était un contrat typique comme ceux signés avant moi par tous les autres pilotes qui se sont retrouvés dans la filière Player's. La course automobile, c'est très dangereux, on peut y mourir. On peut y subir les pires blessures. C'est au pilote de prendre les risques et de vivre et mourir avec les conséquences de ses actes, mais aussi de la possible défaillance de sa mécanique. Après tout, je connaissais et j'assumais les risques du métier. C'est également ça la réalité d'un pilote de course. On pousse et on repousse toujours les limites de l'extrême sans se préoccuper des dangers. Mais en lisant l'offre qui m'était présentée, je réalisais que ce n'était pas seulement vrai en piste, mais aussi à l'extérieur des circuits. Ce contrat à sens unique en était un bel exemple. En fait, ils avaient le droit de mettre fin à notre entente au moment de leur choix. Certaines clauses étaient des plus vagues quant aux motifs pouvant justifier la rupture de contrat. Attitude, condition physique, image agréable ou non, à peu près tout était prétexte de leur part pour résilier l'entente. Je n'avais rien à y redire. Ils étaient les seuls juges. C'était un contrat où je m'engageais inconditionnellement pour cinq ans. C'était mon engagement vis-à-vis l'équipe pour cinq ans, et non un engagement de cinq ans de l'équipe vis-à-vis moi. Eux pouvaient se débarrasser de moi à la moindre occasion. J'avais un contrat de cinq ans qu'ils pouvaient déchirer à n'importe quel moment ! Il n'y avait rien de garanti, sinon que je devenais la propriété exclusive de Forsythe Player's tant qu'il en déciderait autrement. Je vous l'ai déjà dit, je n'ai jamais couru pour l'argent. Seule ma passion de la course automobile me guidait. Mais en lisant et relisant la proposition qui m'avait été soumise, je flairais le danger, voire une quelconque arnaque dont je ne pouvais qu'être la victime. Je sentais au plus profond de mon être que l'on achetait mon talent, que l'on se l'appropriait et qu'en retour on ne m'offrait rien d'autre que de vivre ma passion. J'ai demandé conseil, et, à l'unanimité, des gens autour de moi, des amis et des avocats m'ont fortement suggéré de ne pas signer une entente aussi restrictive. Tous confirmaient mes appréhensions. Mon agent Jean-Marc St-Pierre et mes amis,

Stéphane Gabriele, et son épouse, Louise, qui était avocate, ont particulièrement tenté d'être persuasifs. « Si j'étais toi, je ne signerais pas ça », m'a répété Louise avec beaucoup d'insistance. Elle ne fut pas la seule à me déconseiller de signer ce contrat. Mais je n'écoutais pas. Ces gens en qui j'avais pourtant tellement confiance ont tous, en vain, essayé de me faire entendre raison. Je demandais conseil, mais en même temps je n'avais qu'une priorité en tête : courir une saison complète en Formule Atlantique. Je leur répondais à tous, bêtement : « Que veux-tu donc que je fasse ? Si je ne signe pas, ils vont en trouver un autre à ma place ! » Je n'avais aucun véritable pouvoir de négociation. Le savaient-ils ? Avais-je raison ? Avais-je tort ? Je ne le saurai probablement jamais. Moi, je ne voulais qu'un volant. Il y a des pilotes qui ont ce pouvoir quand ils peuvent se présenter avec de puissants commanditaires pour payer la note, mais je n'avais pas cet atout. Mon seul atout, c'était mon talent. C'était, à mes yeux, mon unique atout. C'était surtout ma seule véritable conviction. Mais que valait vraiment ce talent sur le plan monétaire ? De l'argent, je n'en avais jusque-là jamais vraiment attiré. C'était, honnêtement, le moindre de mes soucis. La filière Player's m'avait donné une chance unique. Et moi, je me considérais tout simplement chanceux de pouvoir gagner ma vie en pilotant. Je croyais aveuglément en mon talent, en ma capacité de gagner des courses et même des championnats. J'étais prêt à miser sur moi. J'étais peut-être le seul, mais j'y croyais sincèrement. Ma logique était très simple. Plus je serai performant en piste et mieux je serai rémunéré. Je ne demandais pas la charité. Je souhaitais prouver ma valeur comme pilote de course et démontrer à Forsythe Player's qu'ils avaient raison de croire en moi et de m'offrir pareil gros lot dans un tel contrat, aussi unidimensionnel soit-il. C'était tout simplement à moi de mériter chaque sou qui m'était promis. Cela dit, ce qui me chatouillait plus que tout c'était de constater que rien dans ce contrat ne me permettait de croire que de bonnes performances de ma part suffiraient pour assurer qu'il soit respecté jusqu'à son échéance. Bien sûr, j'ai essayé de négocier serré avec Neil Micklewright. Ce fut très bref. Il m'a regardé décortiquer l'entente proposée et après avoir entendu mes objections sur certains passages, il s'est contenté de me lancer froidement : « Tu sais, si tu ne signes pas ce contrat-là, ce n'est pas grave. De toute façon, si ce n'est pas toi, j'en ai 10 autres qui sont prêts à le signer ce contrat sans même prendre le temps de le lire. » Il ne blaguait pas. J'ai alors signé. Je venais de vendre mon âme au diable. Mon talent, croyais-je naïvement, ne valait donc rien ou si peu. C'était pourtant ce que je venais de vendre au rabais pour assouvir ma passion. Aujourd'hui, je vous le dis sans amertume. J'étais juste aussi naïf que le personnage de Mr Bean dont on m'avait affublé le surnom.

Un coup de foudre

J'ai effectué six jours d'essais peu de temps après avoir signé mon contrat à l'Indy Racing Park. Ce fut un coup de foudre. Je passais d'un gros *pick-up*[92] chargé de briques à un nerveux kart. Le pilotage d'une Formule Atlantique se révélait en effet totalement différent de celui d'une Indy Lights. Je m'amusais comme un enfant derrière le volant. Dès la première journée, où j'ai fait 12 petits tours de piste, j'étais comme dans un autre monde. C'était

92. Camionnette à plateau découvert.

jouissif. Quelle voiture de course ! Quel plaisir de sentir et de contrôler à la limite une mécanique aussi agile. C'était fabuleux. Le haut niveau d'adhérence de ce type de monoplace me comblait de bonheur. Les voitures d'Indy Lights étaient certes plus puissantes, mais celles de l'Atlantique tellement plus agiles, et surtout beaucoup plus équilibrées. Et il y avait le son du moteur qui m'envoûtait. C'était comme celui d'une F1, à mes oreilles. Après ma première véritable séance, cette fois à Big Springs au Texas, j'ai complété 150 tours et je me suis senti à l'aise dès le départ. Je roulais déjà à une seconde des meilleurs temps. Je pouvais aussi me permettre des dérapages sur quatre roues, imitant mon idole Gilles Villeneuve qui était le maître du genre. C'était très différent de ce que je pouvais oser faire avec une Indy Lights. Certes, j'héritais de la voiture qu'avait pilotée Jacques Villeneuve quatre ans plus tôt et celle-ci risquait de souffrir la comparaison par rapport aux modèles plus récents, notamment ceux de Lynx Racing qui avaient une incroyable avance sur nous en ce qui a trait au développement. Tout était à refaire sur l'ancienne voiture de Jacques. Nous étions deux ans en retard pour ce qui était du châssis et de la suspension. J'étais aussi conscient que j'aurais à me mesurer à des pilotes plus expérimentés, qui pour la plupart avaient couru en Atlantique la saison précédente. J'étais toutefois entouré d'une bonne équipe et j'avais la volonté de gagner. Je restais fidèle à la philosophie qui m'avait été inculquée voulant qu'il faille une année pour apprendre et une année pour gagner, mais au fond de moi je rêvais déjà de remporter le championnat de la saison et le titre de recrue de l'année. J'estimais qu'il me suffisait de remporter 6 des 12 épreuves de la saison 1997 pour atteindre cet objectif.

Nuages noirs... de fumée

Malgré les aspects positifs pour le début de la saison 1997, il y avait de gros nuages qui se pointaient à l'horizon. De terribles nuages noirs poussés par le souffle d'un projet de loi qui venait d'être présenté à la Chambre des communes. Le projet de loi C-71 voulait interdire toute forme de commandite endossée par l'industrie du tabac. J'avais enfin un commanditaire majeur qui me versait un salaire décent pour courir, et voilà que le gouvernement du Canada menaçait de le rendre illégal. Mon commanditaire était menacé, et mon sport aussi. On avait beau nous répéter de ne pas nous inquiéter, que le projet de loi allait mourir au feuilleton, tous les pilotes de l'écurie sentaient que le danger était bien réel. Nous étions aussi tous très conscients que si Player's retirait son appui financier aux pilotes, qu'il était peu probable qu'une autre entreprise soit en mesure de prendre la relève. D'ailleurs, lors de la présentation des pilotes de la filière, à la fin janvier de 1997, le directeur des communications et du marketing de Player's, Don Dugas, avait déclaré publiquement : « Nous serons au départ, mais nous ne serons peut-être pas à l'arrivée. » Il avait aussi précisé : « La situation n'est pas réjouissante. Nous vivons sous la menace de cette loi, mais jamais Player's ne va accepter de travailler dans l'illégalité. Si elle nous oblige à tout arrêter, nous n'aurons pas le choix. » Évidemment, avant que Don Dugas lance cette bombe en conférence de presse, nous, les pilotes, avions été avisés de la partie de bras de fer qui s'engageait. Afin que le moral des troupes semble intact, nous avions été préparés par les gens du service des communications et nous avions, à l'avance, appris par cœur les réponses à donner aux journalistes. Il ne fallait surtout pas y déroger, sortir du texte qui nous avait été imposé. Tout ça faisait partie d'une stratégie d'entreprise à laquelle nous devions adhérer inconditionnellement. Ça devenait même presque rassurant. Mais ce ne l'était pas vraiment. Surtout quand François Cartier, un de nos conseillers en communication, ne cessait de nous prévenir : « Mettez-vous-en de côté, les jeunes. On ne sait jamais de quoi demain sera fait. » Il semblait en savoir plus qu'il n'osait nous l'avouer.

CHAPITRE 35

Une saison de rêve… ou presque

La saison débutait à la fin février sur le circuit routier du complexe d'Homestead, au sud de Miami, en Floride. Il me faudrait donc me familiariser avec les subtilités du circuit routier tout en continuant d'apprendre à tirer le maximum de la voiture. Nous étions une trentaine de pilotes inscrits. C'était un plateau des plus relevés à cette époque. Parmi nos adversaires, il fallait compter sur des adversaires de la trempe de Case Montgomery, Anthony Lazzaro, Tony Ave (qui avait gagné l'année précédente à Homestead), Jeret Schroeder (ex-coéquipier de Patrick Carpentier), Chuck West, l'expérimenté Bill Auberlen, de plus que des recrues de talent comme Alex Barron et Memo Gidley qui faisaient équipe au sein de l'équipe à battre, Lynx Racing. Les premiers essais libres se déroulaient le jeudi matin. J'y ai complété 70 tours et j'étais aussi rapide que les Lynx de Barron et Gidley. La journée avait été plus laborieuse pour mon coéquipier qui, en raison de problèmes d'engrenages dans le différentiel, n'avait pu réaliser qu'une quinzaine de tours de piste. Le lendemain, j'ai, à mon tour, connu ma part de petits ennuis. L'équipe avait fixé de nouveaux ailerons à la voiture afin d'être plus rapide en ligne droite. Malheureusement, au dernier tour, lors d'un changement de vitesse, une fêlure du métal a causé la rupture du bras de vitesse. Ma séance d'essais s'était donc terminée sans que l'on puisse tester de nouveaux réglages. À la séance de qualifications, je faisais partie du premier groupe avec mon coéquipier Alex Tagliani. Lors des 4e et 5e tours, j'ai utilisé ma voiture pour lui faire écran. Cela lui permettait de bénéficier de l'effet d'aspiration et de réaliser un très bon temps qui lui donnait la position de tête provisoire. Il s'apprêtait à me rendre la pareille pour que je puisse à mon tour bénéficier de son aspiration pour améliorer mon temps, mais après m'avoir dépassé il a perdu le contrôle de sa voiture dont l'arrière a commencé à se décrocher. Il est alors parti en tête-à-queue. J'ai réussi à l'éviter, mais ce ne fut pas le cas de Steve Knapp qui suivait. J'ai fait cavalier seul pour le reste de la séance et ne pouvait plus compter sur mon coéquipier pour abaisser davantage mon chrono. Tagliani partirait en 5e position, moi, en 8e. La course allait s'avérer des plus difficiles. Nos vieilles Ralt RT40 allaient nous donner du fil à retordre. J'ai perdu une ou deux places au départ. J'ai toutefois bénéficié d'un drapeau jaune qui m'a permis de gagner des positions en ligne droite, toujours grâce à l'effet d'aspiration des voitures qui me précédaient. J'ai ainsi réussi à remonter de la 8e à la 3e position à la mi-course, mais plus celle-ci progressait et moins un podium semblait réaliste. La voiture se dégradait à chaque tour. Ça ne m'a toutefois pas empêché de réussir le tour le plus rapide de la course. Mais je manquais de motricité en sortant du sixième virage, ce qui me handicapait en vitesse de pointe sur la ligne droite où mes rivaux en profitaient pour me dépasser, et de mon côté, j'étais désormais incapable de profiter de l'aspiration des voitures qui étaient devant moi. La voiture devenait instable, et il m'a fallu conduire avec précaution pour espérer rallier l'arrivée. C'était particulièrement délicat au virage numéro deux, que l'on attaquait à près de 225 kilomètres à l'heure, alors que l'arrière de la voiture dandinait au point de provoquer une sérieuse dégradation des pneus arrières. J'ai finalement dû me contenter du 5e rang à l'arrivée. Pour Alex, ce fut une course encore plus éprouvante. Un mauvais départ lui a coûté quelques positions et sa boîte de vitesses lui a causé des ennuis pendant toute la course. Il a terminé en 10e position. Au moins, nous avions tous deux marqué des points : j'en inscrivais 11, Tag en méritait 8. Je me retrouvais surtout 3e au classement des recrues, derrière Memo Gidley et Joao Barbosa, un objectif qui m'était cher. Nous pouvions donc quitter la Floride vers la Californie où serait présenté dans un mois le Grand Prix de Long Beach, avec la conviction que le meilleur restait à venir. Cependant, avant la Californie, il nous fallait revenir chez nous et surtout faire une très importante escale à Ottawa où nous espérions faire entendre raison aux croisés de l'antitabagisme qui menaçaient notre sport et pire encore, nos carrières.

Le zoo parlementaire

Je le répète, je n'ai jamais fumé une cigarette de ma vie. Mais Player's était devenu mon équipe, ma famille, mon pain et mon beurre. Plus que jamais, j'étais prêt à tout à la défendre devant ces fonctionnaires obtus qui menaçaient mon avenir. Je me devais de défendre mon pain et mon beurre bec et ongles. Jamais le gouvernement ne m'a aidé pour avancer dans mon sport. Et le projet de loi présenté par le ministre David Dingwall menaçait de briser le rêve de ma vie. J'avais envie de le dénoncer sur toutes les tribunes. J'envisageais même de poursuivre le gouvernement si le projet de loi devait un jour être adopté. C'était un projet de loi hypocrite qui allait à l'encontre des droits et libertés individuelles. Il menaçait non seulement mon avenir et celui des autres pilotes de la filière, mais aussi la tenue d'événements comme les Grands Prix de Trois-Rivières et du Canada. Même la télédiffusion des courses de Formule Un était menacée. Je ne m'étais jamais mêlé de politique, mais là je me sentais interpelé et je voulais participer au débat. Les autres pilotes aussi. C'est ainsi qu'avec la bénédiction de Player's, nous nous sommes rendus à Ottawa au début du mois de mars, immédiatement après la course de Homestead. C'était ma première visite au Parlement. Je n'ai pas été impressionné. À la Chambre des communes, j'ai été dégoûté par le comportement puéril des députés qui s'engueulaient comme des enfants mal élevés. D'autant plus révoltant que ces mêmes pitres tentaient de me priver de mon gagne-pain. Player's nous avait envoyé dans la capitale nationale, Alex Tagliani, Greg Moore, David Empringham et moi-même, en compagnie de Normand Legault, du Grand Prix du Canada, Richard Legendre et Eugène Lapierre de Tennis-Canada ainsi que les gens des Internationaux Benson & Hedges de feux d'artifice, tous des événements menacés par le projet de loi interdisant la publicité et la commandite d'événements par les fabricants de cigarettes. Devant un comité parlementaire, les députés nous bombardaient de questions. L'un d'eux m'a même lancé avec mépris : « Mais n'avez-vous donc pas honte de défendre les couleurs de Player's ? Vous tuez des gens ! » J'étais stupéfait. Aux yeux de cet illuminé, je n'étais rien de moins qu'un assassin. Les autres pilotes de la filière Player's aussi. J'avais envie de lui répondre qu'il n'y a pas que la cigarette qui puisse tuer des gens. Chaque année, l'alcool fait également son lot de victimes. La malbouffe aussi peut entraîner de graves problèmes de santé, et même la mort. Que je sache, ni l'alcool ni la malbouffe ne sont prohibés. D'ailleurs, à bien y penser, la cigarette ne l'était pas plus. Le jeu aussi peut s'avérer mortel. Combien se suicident chaque année dans le parc de stationnement des casinos opérés par l'État ? J'avais finalement répondu à ce député zélé qui était sur le pied de guerre : « Je ne comprends vraiment pas votre attitude. Vous voulez me dire sérieusement que la voiture aux couleurs de Player's que je pilote incite les gens à fumer ? Désolé de vous décevoir, mais ça ne s'applique pas dans mon cas. Dès ma plus tendre enfance, je jouais avec des petites voitures de course identifiées à des produits du tabac. Je me souviens de ma petite réplique de la magnifique Lotus John Player's Special avec laquelle j'ai joué et disputé des courses imaginaires sur le plancher de ma chambre. Je n'avais que huit ans, mais je savais que c'était une marque de cigarette. J'avais aussi une voiture en plastique, réplique de la Malboro McLaren. Je savais aussi que Malboro était une marque de cigarettes américaines. Cette voiture-là dégageait même de la fumée lorsqu'on tirait sur une petite corde ! Ça n'a pas fait de moi un fumeur pour autant. » Pire encore, la logique même du projet de loi m'échappait complètement. « Pourquoi ne pas interdire carrément l'usage des produits du tabac ? avais-je demandé. Comment pouvez-vous concilier le fait que la vente de cigarettes est légale, qu'il est légal de fumer… mais qu'il sera désormais interdit d'en faire la publicité ? Où est la logique ? » Mes arguments n'intéressaient pas les parlementaires. Leur idée était déjà faite. Sous la pression d'une minorité qui se drapait dans la vertu pour lutter contre l'industrie du tabac au nom de la santé collective, les parlementaires n'avaient que des considérations bassement électorales. Moi qui avais toujours rêvé de pouvoir représenter mon pays dans le cadre de grands événements internationaux, je n'étais plus tellement fier de porter la feuille d'érable sur ma combinaison de pilote. Les fumeurs aussi ont le droit de vote. Il ne faudrait pas les brimer. En revanche, les politiciens pouvaient gagner les votes des groupes antitabac en bâillonnant les vilains fabricants de cigarettes. Cela dit, je suis revenu d'Ottawa plus convaincu que jamais que les politiciens qui défendaient le projet de loi C-71 étaient des pantins dont le raisonnement manquait de logique, que la popularité de la course automobile, qui me semblait même à cette époque dépasser celle du Canadien de Montréal (une équipe qui était alors sur la pente descendante depuis la conquête de la coupe Stanley de 1993), mobilisera les appuis et que le puissant lobby de l'industrie du tabac finira par avoir raison de ces empêcheurs de tourner en rond. Il y avait aussi une autre lueur d'espoir, celle du déclenchement hâtif d'une élection fédérale, hypothèse qui semblait très sérieuse, condamnant le projet de loi à être repoussé jusqu'à la prochaine législature. Je n'allais toutefois pas rester les bras croisés en espérant que la catastrophe ne se produise pas. La semaine suivante, je me suis rendu à l'hôtel de ville de Montréal où, lors de la période de questions, j'ai reproché au maire Pierre Bourque le peu de leadership qu'il avait jusque-là manifesté dans la défense des droits des jeunes artistes sportifs qui font honneur à la ville et au Québec tout entier, grâce aux commandites des compagnies de tabac. Le maire s'en était bien défendu et avait alors soutenu qu'il travaillait avec ses homologues de Toronto et Vancouver pour obtenir des amendements au projet de loi du Fédéral. Déjà il se réjouissait d'avoir obtenu un délai de deux ans avant que la loi ne soit entièrement en vigueur. « La bataille n'est pas finie, avait-il clamé à la suite de mon intervention. Nous avons ces deux années devant nous pour faire en sorte que le Grand Prix et les autres événements internationaux demeurent à Montréal. » J'étais loin d'être convaincu. D'autant que tout comme à la Chambre des communes, les débats me semblaient souvent échevelés et dénués de civilités. En deux semaines, j'avais l'impression d'avoir visité un zoo et un cirque, et je ne saurais trop vous dire, même aujourd'hui, lequel était le zoo, lequel était le cirque.

Abandon humiliant à Long Beach

Un mois s'est écoulé entre le Grand Prix de Homestead et celui de Long Beach, en Californie. Inutile de dire que nous avions tous des fourmis dans les jambes et hâtes de retrouver nos voitures. Mais la première journée allait être des plus frustrantes. Un incident au début de la séance matinale a forcé les organisateurs à tout arrêter après seulement trois tours de piste. Le moteur d'un concurrent avait explosé et répandu beaucoup d'huile sur la piste. Parce que nous n'avions pas assez roulé en essais libres, la séance de qualifications de l'après-midi fut annulée. De plus, en raison du nombre élevé de participants (nous étions 45 pilotes inscrits), il a fallu diviser le groupe en deux pour de courtes séances d'une douzaine de minutes. C'était ridicule. Je n'ai pu compléter que 10 tours en 2 séances alors que je devais apprendre la piste tout en trouvant les bons réglages. C'était un peu comme demander à un étudiant d'université d'obtenir son diplôme en une semaine. Je n'ai pu réussir que le 14e chrono de la journée. C'était encore plus enrageant pour Alex qui a eu du mal à compléter trois tours. Encore une fois, il éprouvait des problèmes avec sa boîte de vitesses et ne pouvait l'exploiter comme il le souhaitait. Il était furieux, et avec raison. Il se retrouvait 19e avec un recul de deux secondes sur Alex Barron de Lynx Racing. Heureusement pour lui, les ingénieurs ont réussi à régler le problème, avec l'aide de ses anciens mécanos de P-1 Racing, et Tagliani a pu améliorer son sort en obtenant le 3e meilleur temps des qualifications du samedi matin. De mon côté, je manquais de puissance en ligne droite. Ma vitesse maximale était inférieure de huit kilomètres à l'heure par rapport à celle de la voiture de Tag. Des ajustements nous ont permis d'améliorer de deux secondes le temps que j'avais signé la veille, mais c'était encore insuffisant. Avec un chrono de 1 min 1 s 03, j'étais à huit dixièmes de seconde de la position de tête. Je partais 12e au départ, loin derrière mon coéquipier, et je ressentais une certaine nervosité parce que j'allais vivre mon premier départ « arrêté » en Formule Atlantique. En course, Alex Tagliani a tiré son épingle du jeu et réussi, au 7e tour, un dépassement impeccable sur Anthony Lazaro lui permettant de s'emparer des commandes de l'épreuve. De mon côté, ma course n'aura duré que 12 tours. J'ai gagné trois places, pour me hisser au 9e rang lorsqu'un accident m'a contraint à l'abandon. Ma roue arrière droite a effleuré le mur dans l'épingle, et je suis parti en dérapage, puis en tête-à-queue. J'étais en mauvaise posture parce qu'à la sortie de l'épingle, la visibilité n'était pas bonne. Malgré les drapeaux jaunes déployés par les commissaires de piste, Cam Binder est venu frapper ma roue arrière gauche. L'impact fut suffisant pour provoquer le déboîtement du cardan et casser une rotule. C'est ainsi qu'allait prendre fin ma course. C'était mon erreur, et j'avais honte de moi. Cet abandon-là faisait très mal. J'aurais voulu me creuser un tunnel pour rentrer aux puits sans être vu par quiconque. C'était ma première erreur de pilotage depuis 1993. Un abandon, surtout quand vous en êtes responsable, c'est presque comme un deuil à porter. C'est comme un coup de poignard qui vous transperce tant le cœur que l'ego. J'étais piteux en rentrant dans le garage de l'équipe. Gerry Forsythe est venu me voir et m'a dit de ne pas m'en faire, mais j'étais ébranlé. Toujours aussi chaleureux, Pierre Lecours, du *Journal de Montréal*, me narguait du regard avec un sourire moqueur rempli d'allusions malveillantes. Pour ajouter à ma déconvenue, mon coéquipier menait la course. J'aurais dû m'en réjouir, mais son succès rendait cet abandon encore plus insoutenable à accepter. Il ne faut pas oublier que le premier adversaire d'un pilote, c'est d'abord son coéquipier, celui qui, en principe, roule avec le même matériel. Alex Tagliani a réussi à rester en tête jusqu'à la fin, signant même le temps le plus rapide en course, pour devenir le troisième Québécois en 23 ans d'histoire, après Gilles Villeneuve en 1979 et Claude Bourbonnais en 1993, à remporter la course de la série Atlantique disputée à Long Beach. Alex était le héros du jour. Moi, j'étais le zéro. Comprenons-nous bien, j'étais heureux pour Alex ayant remporté la course. Je n'en étais pas moins triste de mes déboires. Je me souviens d'avoir appelé ma blonde Annie à Montréal après la course, les yeux pleins d'eau, le cœur gros. Mais il me fallait me relever et essayer de trouver du positif dans cette sombre fin de semaine en

Californie. Après tout, l'équipe avait non seulement une première victoire à la deuxième course de la saison, mais, tant à Homestead qu'à Long Beach, c'est aussi l'une de nos voitures qui s'était montré la plus rapide en course. Nous étions plus que jamais gonflés à bloc, en vue du prochain rendez-vous, sur l'ovale de Nazareth, en Pennsylvanie. Des essais à Phoenix sur ce type de circuit présentant des défis fort différents de ceux qu'offraient les circuits routiers nous permettaient d'être optimistes quant à nos chances de bien faire. Les progrès de nos vieilles voitures recyclées, malgré quelques sources d'irritation, ajoutaient à cet optimisme. Plus personne au sein de l'équipe ne pensait plus à la menace du projet de loi C-71. Nous avions tort.

La menace de Player's

Une semaine avant le Grand Prix de Nazareth, Player's menace d'abandonner son programme de course. Le projet de loi C-71 était sur le point de recevoir la sanction royale. Cette fois, c'était du sérieux. La loi entrerait donc en vigueur avant la troisième course de notre saison en Atlantique, et nous serions dès lors soumis à ses nouvelles directives. Player's n'avait nullement envie de se retrouver ou de nous placer dans l'illégalité. La nouvelle a eu l'effet d'une bombe. Nous étions tous pétrifiés. Pour la première fois, la menace nous semblait non seulement très réelle, mais immédiate. Nous n'avions pas le feu vert de partir comme prévu vers la Pennsylvanie. Une conférence téléphonique fut aussitôt organisée avec Jean-Paul Blais, le grand patron d'Imperial Tobacco et responsable de la filière Player's. Il nous annonça qu'il y avait une forte possibilité que nous ne soyons pas au départ de la course. Les genoux commençaient à me claquer. J'étais très nerveux. J'avais envie de pleurer. Tous les efforts, tous les sacrifices que je m'étais imposés depuis tant d'années risquaient d'avoir été vains. J'avais l'impression d'être aux portes du Paradis et de me faire claquer la porte au nez. Si Player's retirait ses billes, c'en était fait non seulement de notre saison, mais aussi de nos carrières. C'est le sport automobile en entier qui menaçait de s'écrouler au Canada. La fin de semaine avait été très longue. Ce n'est finalement que le mardi, à quelques jours du rendez-vous de Nazareth, que l'on nous a finalement affirmé que, du moins jusqu'à la fin de la saison 1998, la filière Player's pourrait continuer ses opérations. Le sursis nous était accordé. N'empêche que, cette fois-là, nous avions vraiment été ébranlés. Nous avons vraiment cru que c'était la fin. Il fallait maintenant reprendre le contrôle de nos émotions, balayer tout ça sous le tapis, et retrouver notre pleine concentration pour faire bonne figure à Nazareth. Un défi que j'appréhendais quelque peu, surtout après ma gaffe à Long Beach. Je n'avais pas l'habitude des circuits ovales. La technique de pilotage y est passablement différente de celle utilisée sur les circuits routiers. Nous aurions peu de temps pour nous adapter à la piste de Nazareth. Moi qui débordais généralement de confiance, je commençais à douter et à me remettre en question. En fait, j'étais, depuis Long Beach, inhabituellement à fleur de peau. La menace du retrait de Player's n'avait rien fait pour améliorer mes humeurs. Je continuais de sourire en public, mais intérieurement j'étais en lambeaux.

Broyer du noir… et rêver

La première journée d'essais à Nazareth n'a guère été concluante. Je traînais de la patte. Je peinais dans les virages. Cependant, en qualification, j'ai beaucoup mieux travaillé et j'ai signé le 10e temps. Alex était le 3e plus rapide. Les Lynx Racing d'Alex Barron et Memo Gidley occuperaient toutefois à nouveau la première ligne lors du départ. Ce fut une autre course à oublier pour moi. Une autre course où Alex Tagliani allait se battre aux avant-postes tandis que je resterai englué en milieu de peloton sans être capable d'améliorer mon sort. Alex Barron de Lynx Racing allait signer la victoire devant Case Montgomery et Tag qui, pour une deuxième course de suite, montait sur le podium avec une 3e place. Pour ma part, je devais terminer au 10e rang, arrachant six maigres points au passage. C'était ça de pris, mais c'était loin d'être suffisant pour me satisfaire ou me remettre de bonne humeur. Je continuais d'essayer de ne rien laisser paraître. Ça devenait toutefois difficile, d'autant que la prochaine course, à Milwaukee, était dans plus d'un mois, à la fin mai. C'est long quatre semaines pour attendre l'occasion de se reprendre, de se faire justice en piste. C'est plusieurs nuits à ruminer en silence, à se remettre en question et à s'imaginer les pires scénarios pour la suite des choses. Fort heureusement qu'entre ces deux épreuves, il y avait eu la traditionnelle conférence de presse annonçant le Grand Prix de Trois-Rivières. J'avais aussi obtenu une petite commandite de mon ancien employeur, Duval Toyota, de Boucherville. Avant de quitter pour le Wisconsin, nous avions aussi participé, Alex et moi, à une conférence de presse en vue du Grand Prix du Canada, une date qui était encerclée sur mon calendrier depuis belle lurette. Un moment rafraîchissant où Normand Legault avait souligné que le gagnant de la course de Formule Atlantique à Montréal avait la plupart du temps connu une glorieuse carrière par la suite. Il avait d'ailleurs rappelé la victoire de Jacques Villeneuve quelques années plus tôt, lui qui avait terminé 2e l'année précédente en F1 derrière Damon Hill et qui se promettait bien d'inverser les rôles cette fois-ci. Je me suis mis à rêver d'un doublé. Jacques, gagnant du Grand Prix du Canada à bord de sa Williams-Renault, moi, vainqueur de l'épreuve d'Atlantique. Ce serait l'extase suprême. Je m'imaginais déjà, le drapeau en damier dans les mains, rouler sur le circuit Gilles-Villeneuve en l'agitant comme mon idole l'avait fait après son triomphe de 1978. J'en avais la chair de poule, et c'était suffisant pour me faire oublier mes idées noires. J'en oubliais que Tag avait l'avantage d'avoir couru deux fois sur ce circuit, d'abord en Formule 1 600, puis, en 1996, en Atlantique.

CHAPITRE 36

L'apothéose

Nous étions à Milwaukee, Alex Tagliani et moi, mais nous ne pensions déjà qu'à la prochaine épreuve, celle de Montréal d'où nous arrivions d'une série de rencontres promotionnelles pour mousser le Grand Prix du Canada. J'étais tellement fébrile à l'idée de courir sur le circuit Gilles-Villeneuve pour la toute première fois de ma carrière. Je ne pensais plus qu'à ça. J'en rêvais depuis si longtemps. Ne le répétez à personne, mais je me revois à bord de ma petite Renault 5, en 1986, écouter le chant des sirènes de l'île Notre-Dame à chaque fois que je longeais le fleuve sur la route 132 située sur la Rive-Sud. Je me laissais hypnotiser. Au fond de moi, une voix me disait que j'aurais un jour la chance de piloter une voiture de course sur ce magnifique circuit. Cela me semblait toutefois si loin, et il m'arrivait de me laisser tenter, de faire un détour par le pont Jacques-Cartier pour voir ce dont ma vieille voiture était capable sur la piste de course qui accueillait depuis 1978 le Grand Prix du Canada et les héros de la Formule Un. Je vous assure que je mettais les freins de ma Renault à dure épreuve.

Nous préparions la course de Milwaukee, mais ni moi ni Alex ne pouvions nous empêcher, à la moindre occasion, de parler de la suivante, soit celle de Montréal. Je me souviens d'ailleurs d'avoir confié à Alex que Montréal serait probablement non seulement un tournant pour ma saison, mais possiblement aussi ma carrière. Ce à quoi il m'avait répondu : « Bertrand, on a tous le même rêve quand on arrive à Montréal. Cela dit, je ne veux pas te faire de peine, mais crois-moi, ça ne se passe jamais comme on veut. C'est toujours l'enfer. »

Je me suis dit que c'était sa réalité, son expérience, mais que ce ne serait pas la mienne.

• • •

Les jours qui précèdent la tenue du Grand Prix du Canada plongent immanquablement Montréal dans un tourbillon de folie. À cet égard, l'édition 1997 serait particulièrement mémorable, ne serait-ce qu'en raison de la présence, pour une deuxième année de suite, du fils prodigue des Québécois, Jacques Villeneuve, le fils de Gilles, qui était alors meneur au championnat des pilotes et possédait indéniablement la voiture pour espérer enlever ce titre dont avait tant rêvé son père, mais qui lui avait toujours échappé. Les couleurs de Player's étaient partout, car non seulement le manufacturier de tabac commanditait les pilotes de la relève, mais c'était aussi le commanditaire principal du Grand Prix.

L'arrivée du grand cirque de la Formule Un signifie aussi pour les Montréalais, le retour des beaux jours après un autre trop long hiver. Dix jours avant le Grand Prix du Canada, une vague de chaleur s'était installée sur la métropole avec, quotidiennement, des températures au-delà des normales saisonnières. Il n'en fallait pas plus pour voir les terrasses se remplir, les rues piétonnières avec leurs activités attirer les foules qui s'y entassaient au plus grand bonheur des commerçants qui brassaient des affaires d'or. Évidemment pour tous les pilotes, y compris ceux des séries de soutien comme la Formule 1600 ou l'Atlantique, surtout ceux sous contrat avec la filière Player's, ce serait une semaine chargée au niveau des relations publiques. D'autant que la menace de la nouvelle loi antitabac C-71 planait au-dessus de nos têtes comme un gros nuage noir. Le programme de développement Player's pouvait disparaître dans son sillon, et tous les pilotes canadiens, même s'ils n'en étaient pas membres à part entière, savaient que la disparition d'un aussi important commanditaire serait désastreuse pour tout le monde. Si Jacques Villeneuve pilotait une Williams-Renault aux couleurs de Rothmans, c'était à cause de sa fulgurante ascension en Indy au sein de la filière Player's. Aujourd'hui, il dominait le classement de la série reine de la course automobile ! Greg Moore occupait le 3e échelon du classement de la série CART-PPG (Formule Indy). C'est le Canadien Paul Tracy qui y trônait provisoirement. Or, même s'il était le seul à ne pas avoir bénéficié de la manne de Player's, il était conscient que les succès de ses compatriotes ne pouvaient qu'être bénéfiques pour attirer d'autres commanditaires d'importance. Seuls les politiciens ne semblaient pas comprendre. Le Grand Prix du Canada, qui était alors commandité par Player's se voulait pour nous toute une vitrine incroyable pour espérer les voir faire marche arrière et ainsi éviter l'extinction de l'industrie du sport motorisé à travers le pays. C'est donc avec plaisir que la grande majorité des pilotes ont multiplié les entrevues, les activités et les sorties publiques dans les jours précédant l'événement. En fait, si Jacques Villeneuve et les grands de la F1 étaient les vedettes les plus courues, pendant la semaine du Grand Prix du Canada, tous les pilotes québécois inscrits à l'une ou l'autre des épreuves voyaient les projecteurs briller en leur direction. On nous envoyait à gauche et à droite, tantôt pour signer des autographes, tantôt pour des séances de photographies dans différents commerces ou pour participer à des émissions de radio et de télévision. Nos journées étaient bien remplies. Je ne sais pas si la course automobile aura été plus présente au Québec dans tous les médias et toutes les conversations qu'en 1997. Jamais les amateurs n'avaient probablement été aussi conscients des exigences physiques, athlétiques et mentales du métier de pilotes de course.

La Formule Atlantique a toujours été très prisée des amateurs de courses au Québec, depuis l'improbable victoire dans cette série signée par Gilles Villeneuve contre des pilotes de renommées internationales au Grand Prix de Trois-Rivières de 1976. Même James Hunt, champion défendant de F1, était en piste pour cette course, devant se contenter du 2e rang derrière Villeneuve. Quatre ans plus tard, c'était au tour de son frère Jacques de soulever la foule trifluvienne avec un triomphe spectaculaire en Atlantique. Plus récemment, Jacques Villeneuve, la nouvelle coqueluche de la Formule Un, avait remporté la course de Formule Atlantique présentée sur l'île Notre-Dame en 1993 après avoir disputé un duel des plus enlevants[93] avec David Empringham. Trois ans plus tard, c'était un jeune inconnu du

93. Captivants.

nom de Patrick Carpentier qui, avec sa longue tignasse et un coup de volant irréprochable, avait conquis les partisans en remportant la course de Montréal, point culminant d'une saison où il avait réécrit le livre des records de la série, méritant ainsi pour 1997, un volant en série CART sous les couleurs de Player's. La Formule Atlantique possédait non seulement une riche histoire, mais pour nous, jeunes loups de l'automobile, elle se voulait une occasion de continuer à gravir les échelons, une porte à ouvrir pour atteindre les ligues majeures.

Nous étions cinq Québécois inscrits pour la course de Formule Atlantique, dont bien sûr Alexandre Tagliani et moi au sein de l'écurie Forsythe/Player's. Malgré les moyens dont nous disposions, il ne nous faudrait prendre personne à la légère et nous méfier particulièrement de nos compatriotes Marc-Antoine Camirand et Stéphane Roy à bord de leurs vieilles Ravens. Le cinquième, Carol Soucy, un ancien compétiteur de motoneige ne nourrissait pas les mêmes ambitions que nous et entendait surtout se faire plaisir, apprécier chaque instant en piste. En fait, mon plus sérieux rival demeurait, comme toujours, mon coéquipier Alex Tagliani. Il se présentait pour cette cinquième manche du championnat de 12 courses au sommet du classement des pilotes, lui qui venait de remporter la victoire à Long Beach, seule épreuve de la première moitié du calendrier qui n'avait pas été disputée sur une piste ovale. Pour tout vous dire, j'avais plutôt galéré au cours des quatre premières courses et je n'étais pas dans la course au titre. Tagliani devançait Anthony Lazzaro par trois points, et cinq devant Alex Barron. Le coéquipier de Barron, au sein de l'équipe championne Lynx, était davantage perçu comme une menace que je pouvais l'être par l'entourage de Tagliani.

Pourtant, j'étais convaincu de pouvoir réussir à connaître du succès sur ce circuit, d'y démontrer à tous, y compris les inévitables sceptiques ou rabat-joie, mon véritable potentiel, en dépit des distractions. En fait, je puisais dans chacune de ces apparitions publiques obligatoires pour respecter nos engagements contractuels envers Player's, une grande source de motivation. Gaston Parent, l'ancien gérant du regretté pilote Gilles Villeneuve, en était le président d'honneur. Je m'abreuvais de ses paroles, essayant d'y puiser le moindre enseignement susceptible de faire de moi un meilleur pilote. Même jouer une douzaine de trous en compagnie du journaliste grognon Pierre Lecours, le spécialiste de course automobile de l'époque au *Journal de Montréal*, m'aura permis de le découvrir sous un autre jour. Je ne suis pas un passionné de golf, mais de partager avec quelqu'un l'expérience de chercher des petites balles blanches dans le bois peut nous permettre d'aplanir bien des différends !

Le compte à rebours était enclenché, et plus on s'approchait du coup d'envoi du Grand Prix du Canada avec les premiers tours de pistes du vendredi, plus la pression s'intensifiait. Les activités promotionnelles continuaient toutefois d'être nombreuses, même s'il fallait aussi préparer nos voitures et notre course. Déjà le mercredi, nous étions installés au bout du bassin de l'île Notre-Dame pour entreprendre le travail. Une chaleur torride étouffait Montréal le lendemain, traditionnelle journée Portes Ouvertes sur le circuit Gilles-Villeneuve et d'activités parallèles de toutes sortes organisées aux quatre coins de la ville : sur la rue Peel, la rue Stanley, au complexe Desjardins, sur le boulevard Saint-Laurent, et même dans la Petite Italie. Plusieurs de nos mécaniciens en étaient à leur première visite à Montréal et nous n'étions pas peu fiers de les voir s'ébahir devant la fièvre de la course automobile qui semblait atteindre tout le monde en ville ! Jamais n'avaient-ils probablement vu autant d'activités ou d'événements attirer des foules aussi considérables en marge d'une compétition automobile. Les commerçants qui organisaient tous ces rassemblements cherchaient à s'assurer la présence de pilotes, préférablement ceux de la Formule Un, une tâche presque impossible sans l'intervention d'un de leurs commanditaires personnels, et encore ! Vous devinerez que les pilotes des courses de soutien, particulièrement québécois, devenaient rapidement leur deuxième choix.

Un des événements les plus courus en marge du Grand Prix était les concours d'arrêt aux puits auxquels les pilotes de la Formule Atlantique et leurs mécanos avaient été invités à participer au complexe Desjardins. Il y avait du monde à perte de vue sur la rue Sainte-Catherine malgré le soleil de plomb qui trônait à son zénith, dans un ciel sans nuage. L'ambiance était absolument exceptionnelle, et même si nous étions désormais à moins de 24 heures d'attaquer la piste, je savourais ce moment, je le dégustais pleinement et j'y puisais une énergie que j'entendais bien exploiter tout au long de cette formidable fin de semaine. En prime, c'était mon ami Denis Talbot qui assurait l'animation de l'événement. Bien sûr, nous n'avons pas connu le succès escompté dans ce petit concours. Dès la première ronde, Tag et moi étions éliminés. Pour moi, cela n'avait aucune importance. Ce n'était pas de gagner ce concours qui importait le plus, mais de vivre avec mon équipe la belle folie dans laquelle sombrait Montréal à chaque fois qu'elle y accueille le Grand Prix. Memo Gidley fut couronné vainqueur, et certains journalistes s'empressèrent avec un malin plaisir de nous rappeler que le vainqueur de la course de l'année précédente, Patrick Carpentier, avait aussi gagné le concours d'arrêt aux puits. Ils y cherchaient un présage. Nous n'allions pas nous laisser décourager. Après tout, personne n'a jamais gagné un Grand Prix grâce à un concours d'arrêt aux puits. Sa victoire de 1996, Patrick Carpentier l'avait signée sur le circuit Gilles-Villeneuve, pas sur la rue Sainte-Catherine devant le complexe Desjardins. Moi, de toute façon, je me disais qu'il ne me restait qu'une chose à faire, soit de gagner la course de la Formule Atlantique.

C'en était désormais fini des promotions, des entrevues dans les stations de télévision ou de radio, des rencontres avec les dignitaires et les représentants des commanditaires. Il fallait maintenant se concentrer sur la cruciale journée du vendredi. Autant je m'étais plié généreusement et avec mon enthousiasme habituel à ces incontournables exercices de relations publiques, autant il me tardait maintenant d'entrer dans ma bulle, ne plus avoir de pensées que pour les essais, les qualifs et la course. Le jeudi soir, nous avons eu un souper d'équipe avant de rentrer au Grand Hôtel qui, à l'époque, était littéralement le quartier général du Grand Prix, des écuries de F1, mais aussi des courses de soutien en plus du personnel de l'organisation et des commanditaires. J'étais désormais en mode course et je dois admettre que lorsque j'entre dans cette bulle-là, je deviens une autre personne qui peut s'énerver à la moindre contrariété. Pour vous donner un exemple, en rentrant dans ma chambre d'hôtel, ma fiancée Annie brillait par son absence. Nous n'avions pas de cellulaire, et je ne savais pas où elle était. J'aurais dû me douter qu'elle avait profité de cette visite au centre-ville de Montréal, surtout un jeudi soir, pour aller faire le tour des magasins. Je me suis mis à craindre le pire, à l'imaginer en détresse, perdue dans la grande ville. J'admets que j'ai toujours été un peu « père poule » avec ceux que j'aime, mais là j'étais de mauvais poil. Comment pouvait-elle me causer de tels soucis à la veille d'une journée aussi importante pour moi ? Lorsqu'elle est finalement revenue de sa séance de magasinage[94], je lui ai fait part de ma contrariété. J'étais énervé et en colère. Elle me regardait avec ses grands yeux, comme si un extra-terrestre s'était emparé de mon corps. Elle n'avait pas l'habitude de me voir d'humeur aussi massacrante. Elle ne pouvait comprendre que je me sois inquiété de la sorte. D'autant qu'elle n'était pas revenue au petit matin, mais à l'heure de fermeture des magasins. Je la soupçonne à ce jour de ne pas s'être retenue pour ne pas rire de me voir grimper sur mes grands chevaux pour si peu. Je raconte l'anecdote, car au fil des ans et de mes rencontres avec d'autres athlètes évoluant dans différents sports, j'ai constaté que nous étions plusieurs à nous métamorphoser à la veille de compétitions importantes, à devenir allergiques aux plus futiles contrariétés et d'avoir des sautes d'humeur inhabituelles. D'autant que dans mon cas, je n'avais pas l'habitude d'être entouré à la veille d'une compétition, d'avoir ma blonde à mes côtés. Je n'avais pas réalisé que cela pouvait devenir une source additionnelle de stress, mais aussi de distraction. Je me trouvais un peu ridicule de m'être énervé pour si peu, mais je réalisais à quel point je m'efforçais de tout contrôler à la veille d'une compétition.

•••

94. Chalandage.

Le vendredi, j'étais réveillé bien avant le lever du soleil. Je ne tenais plus en place. Le site ouvrirait ses portes à l'aube. Inutile de vous dire que je fus parmi les premiers arrivés. Je n'avais plus qu'une envie, celle d'entendre rugir le moteur de ma voiture, de savoir qu'elle était prête. En me promenant sur le site, avant que les premiers spectateurs arrivent, je me souviens d'avoir accordé des entrevues à la volée, tantôt pour Salut Bonjour !, tantôt à mon ami Philippe Crépeau. J'étais serein, étonnamment calme, dans mon élément. J'y croyais. En fait, j'avais même prédit, une semaine plus tôt, à l'humoriste Michel Barrette que ma confiance était si élevée que je me voyais signer le temps le plus rapide et mener la course du début jusqu'à la fin. Je voulais tellement y croire. Quand le moment d'amener nos voitures dans la zone des puits est arrivé, peu après 8 h le vendredi matin, j'ai réalisé que le hasard avait voulu que nos installations temporaires soient situées juste en face du garage de l'écurie Williams et des mécanos de Jacques Villeneuve et son coéquipier Hanz-Harald Frentzen. J'y vis un bon présage. Il approchait 8 h 30 quand je me suis installé à bord de ma voiture. Lorsque nos moteurs se mirent à gronder à l'unisson dans les puits, j'étais aussi impatient que l'enfant qui attend le signal pour déballer ses cadeaux le matin de Noël. Je fixais le feu rouge et je n'en pouvais plus de le voir passer au vert pour que je puisse enfin m'élancer pour cette première séance d'essais libres de 60 minutes. Ces essais allaient tous nous permettre de mémoriser la piste, les zones de freinages, les points de corde, mais aussi de découvrir les bosses, les aspérités sur l'asphalte de ce circuit routier qui ne servait alors que deux fois par année pour des épreuves de course automobile. La piste serait assurément poussiéreuse et peu adhérente. Le défi était à la fois de trouver les bons réglages en vue de la séance de qualifications du milieu de l'après-midi sur une piste qui aurait été déblayée par les Formule Un, mais dont la surface serait plus chaude, plus adhérente, tout en évitant d'endommager nos voitures et de compromettre nos chances de succès. La stratégie de notre équipe était simple. Au cours des cinq premiers tours, nous utiliserions des pneus flambants neufs dont la surface est recouverte d'un vernis et d'autocollants avec les numéros de série du manufacturier qu'il faut enlever pour rendre les pneumatiques plus adhérents. Il n'était donc pas question de partir en fous et de pousser la machine dès le départ de cette séance. J'ai profité de ces premiers tours pour saluer au passage tous les signaleurs, tous les préposés et bénévoles qui travaillent en bordure de piste et que je connaissais, pour la plupart, pour les avoir croisés lors de courses de karting, de stock-car ou de Formule Ford aux quatre coins de la province. À mon grand étonnement, les gradins étaient presque remplis un peu partout sur le site. Dès ce 1er tour en piste, j'ai senti leur présence, leur enthousiasme, mais aussi leur attachement pour les pilotes de chez nous. J'en étais à une première participation au Grand Prix du Canada, une première découverte du circuit Gilles-Villeneuve à bord d'une voiture, même si je l'avais arpenté, comme c'était mon habitude, à pied. Bien sûr que j'avais aussi tenté d'en découvrir les subtilités, à l'aide des simulateurs disponibles à l'époque sur ordinateur, mais ils n'étaient pas aussi précis que de nos jours et de toute façon rien ne peut remplacer véritablement l'expérience en piste. Il me restait beaucoup à apprendre pour vraiment pousser ma voiture à la limite de ses capacités, mais cela ne m'intimidait pas. J'attaquais cette première journée avec confiance et optimisme. J'embrassais cette nouvelle expérience avec enthousiasme. J'en appréciais véritablement chaque seconde.

Mon coéquipier Alexandre Tagliani n'allait pas tarder à constater à quel point la séance libre du matin pouvait s'avérer dévastatrice, surtout ici à Montréal où tous les pilotes québécois veulent se signaler. Si j'avais bien pris le temps de réchauffer mes pneus et suivre les consignes d'équipes avant de pousser un peu plus la machine, Alexandre s'est montré un peu plus téméraire et a probablement voulu en mettre plein la vue aux partisans un peu trop rapidement. Mal lui en prit. Un accrochage avec Marc-Antoine Camirand, dans l'épingle, allait saborder ses chances de succès, lui qui menait pourtant le championnat. Sa séance allait se terminer dans le bac à gravier de la chicane de ce que l'on appelait le « Mur du Québec », à cause de sa commandite du ministère du Tourisme. Les dommages à la voiture de Tagliani s'avèrent considérables, et les mécaniciens avaient été obligés de mettre les bouchées doubles pour lui permettre de participer à la séance de qualifications quelques heures plus tard. Vous connaissez le dicton : le malheur des uns fait souvent le bonheur des autres. Pour ma part, tout baignait dans l'huile. Je connaissais des essais libres fantastiques, améliorant constamment mes temps, repoussant toujours un peu plus loin mon freinage. À chaque tour, je poussais davantage la voiture, et celle-ci s'avérait performante au-delà de mes plus folles espérances. Ce jour-là, l'infortune de Tagliani allait me sourire. J'étais dans ma zone. Chaque changement de vitesse, chaque accélération, chaque freinage se déroulait à la perfection. C'était du pur délice. Après la séance d'essais libres, je savais que je pouvais espérer me retrouver aux avant-postes sur la grille de départ. Pourtant, à ma grande surprise, à la fin de cette première séance, je me suis fait apostropher par Richard Spénard, le conseiller spécial de l'écurie, qui me reprochait d'avoir envoyé la main aux signaleurs et aux spectateurs lors de mes premiers tours de piste. Son ton était cassant : « C'est quoi ces niaiseries-là ? » Je me suis défendu en disant que je ne pouvais tout de même pas ignorer les amis que je reconnaissais en bordure de piste. Il ne voulait rien entendre : « Tu es censé être concentré en tout temps ! » Je n'en croyais pas mes oreilles. D'autant que pendant que j'obéissais aux consignes de l'équipe en me contentant d'améliorer l'adhérence des pneumatiques au cours des cinq premiers tours, mon coéquipier avait lourdement endommagé sa monture à la suite d'un accrochage provoqué par sa trop grande témérité. Cela me semblait extrêmement bizarre.

Entre les séances d'essais et celles de qualifications, il y avait encore beaucoup de travail à abattre. D'abord et avant tout, il fallait analyser les données de la télémétrie avec nos ingénieurs, un travail qui nécessite quelques heures afin de déterminer à quel endroit nous pouvons sauver quelques fractions de seconde, où la voiture est moins performante et quels réglages nous permettraient de réussir de meilleurs temps. Ces chiffres-là en disent long tant sur le comportement de la voiture que sur celui du pilote. Chaque virage est analysé dans les moindres détails, mais c'est un exercice aussi fastidieux qu'essentiel. À cela s'ajoutaient toutefois de nouvelles obligations pour satisfaire les promoteurs, les commanditaires et les amateurs. Courir devant ses partisans est un défi sur la gestion du temps. Ainsi nous fallait-il nous astreindre à de nouvelles séances d'autographes sur le site. J'estime que nous avons dû en signer, au cours de cette fin de semaine, environ 5 000, sinon davantage. J'en avais de la corne sous le majeur de la main droite !

Notre séance de qualifications se déroulait immédiatement après les essais libres de la Formule Un. De retour dans les puits de ravitaillement, nous pouvions voir les mécanos travailler dans les garages des écuries du grand cirque. J'avais soudainement un surplus de salive dans la bouche. J'attendais patiemment mon tour. Les gradins étaient bondés. Une fois de plus, je fus étonné de constater que la très grande majorité des spectateurs décida de rester pour les qualifs de la Formule Atlantique. Ces gens-là avaient payé le gros prix pour voir en piste les Jacques Villeneuve, Michael Schumacher et les autres vedettes de la Formule Un, mais ils voulaient aussi voir les Tagliani, Godin, Camirand, Roy ou Soucy en découdre avec les Gidley, Barron et autres jeunes loups de l'Atlantique ! J'étais gonflé à bloc. Il n'était pas question de les décevoir. Il faut préciser que pour l'ego d'un pilote, la qualification est encore plus importante que la course. Je m'explique. Tu peux gagner une course sans être le plus rapide, tu peux profiter d'un concours de circonstances pour monter sur la plus haute marche du podium. En revanche, pour signer une position de tête, il faut savoir puiser dans toutes ses ressources. C'est, à mes yeux, le plus beau défi qui se présente à un pilote de course. En Formule Atlantique, avec une quarantaine de voitures en piste, la compétition serait aussi imprévisible que des plus féroces. Il fallait se méfier non seulement de ceux qui avaient raison de croire en leur chance d'être parmi les plus rapides, mais surtout de ceux qui représentaient ce que l'on appelle souvent des « chicanes mobiles », généralement des pilotes peu talentueux, mais assez fortunés pour s'offrir un loisir aussi onéreux.

Dès les premiers tours de la qualification, j'ai senti que j'étais plus que jamais en plein contrôle. Je me souviens d'avoir jeté au passage un coup d'œil sur les écrans géants, de m'y voir, mon nom en grosses lettres et la mention indiquant aux spectateurs que j'étais le plus rapide en piste. Je roulais alors une seconde plus rapidement que mon plus proche rival, ce qui était une éternité. Je continuais pourtant de pousser, d'essayer d'améliorer encore et encore ce temps de référence et ça fonctionnait, du moins jusqu'à ce que je franchisse la limite et me retrouve en léger tête-à-queue dans le virage Senna. Ce fut heureusement sans conséquence, je me suis retrouvé dans le gazon et suis aussitôt reparti avec le couteau entre les dents. C'était vraiment une journée où j'avais l'impression que tous les astres étaient bien alignés pour me favoriser. Je revois une voiture partir en tête-à-queue devant moi sous le pont de la Concorde, se placer en travers dans une position qui aurait pu être catastrophique tant pour le malheureux pilote que pour moi et réussir, avec sang-froid et un doigté qui me surprenait moi-même, une superbe manœuvre d'évitement. En arrivant à l'épingle, j'en étais encore plus ébahi en voyant, toujours sur les écrans géants, la reprise de cet incident de course que je venais de vivre quelques secondes plus tôt ! Je me suis dit : « Wow ! C'était beau ça ! » Je m'amusais comme un enfant. Lorsque mon ingénieur m'a confirmé, à l'issue du dernier tour, que je partirais de la position de tête et qu'il m'a félicité, j'étais l'homme le plus heureux sur la planète. La réaction de la foule fut électrisante. Je vivais l'un des plus formidables moments de ma vie et, en prime, je pouvais le partager avec tous ceux que j'aime et qui m'aiment. Je ne crois pas avoir vécu rien de comparable, d'une telle ampleur. C'est probablement pourquoi j'étais euphorique, presque hystérique, après avoir enlevé la position de tête avec un chrono de 1 min 38 s 687, six dixièmes de seconde devant Kenny Wilden. Je vous avouerai que j'ai probablement été plus démonstratif après la qualification qu'après la course du samedi. Je venais en prime de pulvériser le record établi l'année précédente par Patrick Carpentier. Montgomery Ave et Alex Barron devraient se contenter de la deuxième ligne sur la grille de départ. Mon coéquipier, Alex Tagliani, en raison des dommages subis le matin n'avait pu se faire justice et partirait de la 13e position. Lui et son entourage chez Forsythe-Player's n'avaient vraiment pas envie de célébrer. Certains d'entre eux ont même été choqués de me voir saluer la foule en rentrant aux puits à l'issue de la séance de qualifications et d'exploser de joie en sortant de ma voiture comme si je venais de gagner un championnat. J'ai vite ressenti qu'il y avait un malaise, mais je ne bouderais pas mon bonheur. Ils ne pouvaient comprendre tout le chemin, tous les détours souvent difficiles et déchirants qui m'avaient mené jusque-là. Je vivais un rêve, même si je n'avais pas encore remporté la course. J'avais dominé le peloton, incluant ceux qui aspiraient au championnat de la saison. Cette position de tête, j'en rêvais depuis ma plus tendre enfance. L'obtenir sur le circuit portant le nom de mon idole et devant des dizaines de milliers d'amateurs de courses endiablés me comblait plus que je ne l'aurais jamais imaginé. J'avais rêvé ce moment, je l'avais visualisé, mais, bien honnêtement, je ne m'attendais pas à réussir un tel exploit. J'étais reconnaissant envers toute mon équipe qui, même dans les moments difficiles, n'avait jamais cessé de m'encourager. Rarement avait-on vu autant de journalistes entourer l'auteur d'une position de tête de Formule Atlantique, et je me laissais griser par le moment. Je ne pouvais maintenant qu'essayer d'imaginer ce que je ressentirais si, le lendemain, je parvenais à remporter l'épreuve. La nuit serait agitée, le sommeil se ferait désirer, mais il me fallait y plonger. Le plus important restait à accomplir, mais j'étais en très bonne posture.

À mon réveil, quelques heures plus tard, j'ai cru m'étouffer dans ma tasse de café en ouvrant le *Journal de Montréal.* Le titre de l'article signé Pierre Lecours était lapidaire : *Godin s'est énervé en signant la pole comme s'il avait gagné la course !* L'article avançait que mon patron Nick Micklewright n'avait pas aimé de me voir aussi démonstratif. J'en étais vraiment déçu. J'ai toujours pensé qu'il était important d'exprimer, de partager son bonheur et la joie que nous procure ce que l'on réalise. Plus difficile à digérer, c'était le constat qu'au sein de ma propre écurie, tous ne se réjouissaient pas de notre succès. Je précise que ce mécontentement provenait de certains dirigeants, aucunement des mécanos, ni ceux d'Alex, ni les miens. En arrivant au circuit, l'un des premiers que j'ai croisé fut justement le journaliste Pierre Lecours qui, fidèle à son habitude, se baladait à bord de sa mobylette. Avec le franc-parler que tous lui connaissaient, il me lança d'une voix de stentor : « Câlisse, Godin, ça va être quoi le jour où tu vas gagner une course ou un championnat ? » Ce à quoi je n'ai pu m'empêcher de répliquer : « C'est quoi le problème, on a plus le droit d'être heureux quand on réussit une position de tête ? » Il m'a alors confirmé ce que j'avais compris à la lecture de son texte : « En tout cas, ton *boss*[95] est pas content de toi ! » La moutarde me montait au nez. « Fais ta *job*[96], Pierre, et laisse mon boss faire la sienne ! » Je savais que je venais de me rajouter de la pression sur les épaules. Je me suis immédiatement dirigé vers nos garages pour y confronter Neil Micklewright.

95. Patron.

96. Travail.

« Comme ça, tu n'es pas content que j'aie été aussi joyeux après avoir enlevé la position de tête ? » Il a confirmé. « Viens avec moi sur le bord du bassin, nous allons parler. » Il m'a alors expliqué sa philosophie. Pour lui, il ne fallait pas se montrer trop joyeux de réussir de telles performances. Il fallait au contraire que cela paraisse normal aux yeux des autres. Je ne voyais pas les choses de cet œil. Je n'entendais pas changer. « Je suis comme je suis, Neil. Quand je suis heureux, tu vas le savoir. Quand je ne le serai pas, ça paraîtra aussi. » Je réalisais toutefois que de partager ses émotions ne pouvait être interprété de la même manière par tous ceux qui nous entourent. L'honnêteté n'est pas toujours appréciée, et dans mon cas je venais, je le répète, de me rajouter une tonne de pression sur les épaules. Je n'essayais pas de jouer les rebelles, je ne voulais que demeurer authentique. C'est ainsi qu'au moment des présentations d'avant-course, je me suis retrouvé devant le micro que me tendait l'animateur Didier Schraenen, lui-même pilote automobile, pour une entrevue présentée sur les écrans géants partout autour du circuit.

Il y avait plus de 70 000 personnes dans les gradins. Je les regardais en me disant que jamais un seul joueur du Canadien, des Expos ou des Alouettes n'avait disputé un seul match devant un aussi vaste et puissant auditoire ! Il y avait de quoi frissonner. Une foule enjouée et animée qui ne demandait qu'à saluer la victoire d'un des leurs. Il faut dire que les partisans étaient restés sur leur appétit à l'issue de la séance de qualifications de la Formule Un, Jacques ayant été incapable, malgré ses plus vaillants efforts, de ravir la position de tête à la Ferrari de Michael Schumacher. Il partirait à ses côtés sur la première ligne, mais pour les amateurs ce n'était pas encore assez. Nous pouvions tous sentir qu'ils souhaitaient rentrer à la maison sur une note plus heureuse encore. Leurs espoirs se tournaient donc vers nous, les cinq p'tits Québécois en lice pour la finale de la Formule Atlantique. Il y avait, sur l'île Notre-Dame, une atmosphère de fête qui ne demandait que d'atteindre son paroxysme. Je les entendais me crier « Bonne chance ! » Notre course ne devait que servir de petite mignardise à ces amateurs de F1 repus et contentés par les exploits de Jacques Villeneuve. Or, ceux-ci venaient d'être éclipsés par l'intraitable Schumacher. Ils ne pouvaient vraiment être déçus de l'excellent chrono du fils du pays, mais voilà qu'ils en voulaient toujours plus. La pression de surpasser leurs attentes plus élevées que jamais reposait désormais, en ce petit samedi, sur nos épaules. Qui sait s'ils auraient été aussi nombreux à rester pour notre course si Jacques avait ravi la position de tête à Schumi ? La petite et la grande histoire de la course automobile sont parfois écrites d'une drôle de façon.

Je mentirais, si je prétendais que la nervosité ne me rongeait pas, assis à bord de ma voiture à quelques minutes du départ. Je regardais droit devant, m'efforçant d'oublier l'environnement extérieur. Je prenais conscience de la métamorphose qui s'opérait en moi dès que je baissais la visière de mon casque. Comme si le garçon gentil devenait un ogre insatiable, que mes dents poussaient, que mon corps se couvrait de poils comme une bête sauvage. Je me souviens encore du tour de chauffe. Mes pulsations cardiaques augmentaient avec l'intensité du crescendo d'un orchestre. J'étais pleinement concentré lorsque fut donné le départ, mais j'ai trop fait patiner mes roues. Je savais dès lors que je risquais d'être piégé, ce qui s'est produit. Il y a presque eu un contact. Tony Ave et Case Montgomery en ont profité pour passer devant. Il me fallait reprendre mon dû, j'avais le couteau entre les dents et j'entrepris de partir à leur poursuite. Une course de 27 tours, c'est un véritable sprint du début à la fin, surtout avec les possibilités d'accrochages et de neutralisations qui s'éternisent parfois. Avant la fin du 1er tour, j'ai pu dépasser Ave. Il ne me restait plus qu'à rattraper Montgomery, ce que je fis à l'épingle où je l'ai vu glisser au freinage, me permettant de prendre ma trajectoire normale. Comme j'étais plus rapide à la sortie, j'en ai profité, et c'est ainsi que j'ai pu repasser la ligne de départ et d'arrivée aux commandes de l'épreuve dès le 2e tour sous les acclamations des spectateurs. Jamais n'avais-je senti quelque chose de comparable. C'était comme si chacun d'entre eux était assis à mes côtés pour me prodiguer de chaleureux encouragements. Ils me transportaient. Je voyais des poings levés dans les estrades. Je flottais littéralement sur un nuage. Oui, c'était magique. Jamais n'avais-je vraiment compris ce que disent les commentateurs sportifs en affirmant qu'un athlète peut être soulevé par la foule. Là, je venais de tout comprendre en quelques secondes ! Je n'allais plus être inquiété jusqu'à la fin de l'épreuve, sinon par l'étrange comportement de mon tableau de bord qui, pour une raison que je ne m'expliquais pas, s'est illuminé comme un arbre de Noël. J'avais une voiture exceptionnelle, je m'étais bâti une bonne avance d'une dizaine de secondes sur mes plus proches rivaux, mais voilà que la mécanique m'envoyait, à 10 tours de la fin, des signes des plus inquiétants de surchauffe d'huile et d'eau, puis d'une terrifiante baisse de pression du niveau d'huile. Un vent de panique commençait à souffler dans mon cou en sueur. J'ai partagé mes préoccupations avec mon équipe par la radio, mais mon ingénieur s'est fait rassurant. Mon cœur battait la chamade, et je n'entendais plus les clameurs de la foule. J'étais si près du but, dans *ma* ville, devant les gens que j'aime, que je m'interdisais d'échouer, peu importe que cette fois mon destin n'était plus simplement entre mes mains, mais aussi à la merci de la voiture que je pilotais. J'avais des papillons dans l'estomac. Il était vraiment temps que ça finisse. Heureusement, mon calvaire s'achevait. Voir près de 70 000 personnes se lever dans les gradins sur les écrans géants alors que j'entrais pour la dernière fois dans l'épingle fut un autre moment magique. Je m'efforçais de gérer la fin de la course pour ne pas compromettre la victoire promise. J'étais tellement concentré que je n'ai pas vécu comme je l'aurais espéré les émotions du dernier tour de cette toute première victoire. Je voulais que le temps s'arrête. Les émotions se bousculaient dans ma tête. Je ne savais même pas que c'était le dernier tour lorsque le drapeau en damier fut déployé sous mes yeux. C'était trop beau pour être vrai. La foule était debout. Je devenais, après Marc-Antoine Camirand en F1600 la veille, le deuxième Québécois à triompher depuis le début de la fin de semaine. Lorsque les signaleurs se sont alignés sur la piste pour me féliciter, j'étais aux anges. Je les saluais de la main, un peu incrédule, me disant que s'ils étaient heureux de mon résultat, ils ne seraient véritablement contentés que par le triplé que pouvait leur offrir Jacques Villeneuve le lendemain pour le Grand Prix. En arrivant dans les puits, ma voiture était à l'agonie. Jean-Guy Courcelles est venu me donner le drapeau en damier pour que je retourne en piste pour le tour d'honneur, mais il n'y avait rien à faire, ma voiture refusait de repartir. Les mécanos sont venus pour la pousser dans l'espoir qu'elle redémarre sous la compression, mais ça semblait peine perdue. Puis, miraculeusement, le moteur a repris vie. Je suis reparti fièrement en tenant ce précieux drapeau au grand plaisir des amateurs. Je me revois dans le virage Senna avec en tête le souvenir de ce gamin de 10 ans que j'étais jadis et qui rêvait, qui souhaitait un jour vivre des sensations aussi exaltantes que celles qu'avait vécu un certain Gilles Villeneuve par une froide journée d'octobre 1978 sur cette même piste. Bien sûr que je n'étais ni en Formule Un, ni au volant d'une voiture d'une grande série internationale, mais c'était ma propre conquête de l'Everest. Pour ajouter à mon bonheur, lorsque je me suis arrêté pour de bon dans les puits, Jacques Villeneuve m'y attendait sans que je le sache. C'est d'ailleurs lui qui fut le premier à m'accueillir, sortant des garages de Williams-Renault pour me féliciter chaleureusement et me dire que j'avais fait une maudite[97] belle course ! Ce fut un moment inoubliable, mais ce ne fut pas le seul. Avant d'arriver sur le podium, j'avais eu le temps de recevoir les hommages bien sentis de mes patrons : Neil Micklewright, le directeur d'équipe, Jean-Paul Blais, le responsable de la filière Player's, et Richard Spénard, notre conseiller spécial du programme de développement. Même le promoteur Normand Legault semblait particulièrement ému de cette victoire, me rappelant que je l'avais pleinement mérité et se faisant un point d'honneur de dire aux journalistes combien j'avais mangé mon pain noir[98], combien j'ai surmonté d'épreuves pour me rendre jusque-là. Je me souviens d'avoir dit à ma chère Annie, ma compagne et l'amour de ma vie, avant de monter sur le podium : « Celle-là, c'est pour toi. Je te l'offre, mon amour. Je t'aime. » Notre avenir demeurait rempli d'incertitudes, mais après des années de pluie et d'orages menaçant ma carrière, il y

97. Une sacrée belle course !

98. Vivre des moments difficiles.

avait enfin un brillant rayon de soleil et un magnifique arc-en-ciel qui nous souriaient, nous auréolaient tendrement. Cette victoire me valait 25 000 dollars et je passais du 9e au 5e rang du classement de la série. Le titre devenait jouable. Un championnat qui, me disais-je, m'ouvrirait toute grande la porte à la Formule Indy. Les journalistes me regardaient, incrédules. « Tu veux dire l'Indy Lights ? » Je leur exhibais mon plus beau sourire en m'efforçant de leur expliquer que je me savais prêt à faire le saut. J'avais 29 ans. Je n'avais plus de temps à perdre. Ce soir-là, nous avons célébré au restaurant La Charade, dans le Vieux-Montréal. Le sympathique propriétaire, Fernando, un Portugais qui était lui-même un marathonien capable d'apprécier les exploits d'un athlète, en a même profité pour déboucher quelques bonnes bouteilles de champagne. L'équipe Forsythe-Player's au grand complet était au rendez-vous. Ce fut une soirée mémorable. Je ne me suis pas laisser emporter par le plaisir des bulles. Je célébrais ce qui me semblait être ma consécration, mon entrée tant attendue au niveau supérieur. Je venais d'abattre une première porte vers ma destinée. Ma victoire au Grand Prix du Canada avait jeté un baume sur des années de frustrations et de blessures, des années d'angoisses et d'incertitudes. J'étais plus que jamais Bertrand Godin, coureur automobile voué à un bel avenir. J'étais désormais en plein contrôle. Je pilotais plus que jamais mon avenir. Jamais ne vivrais-je plus un tel moment d'extase, de plénitude et de grande satisfaction jusqu'au jour de la naissance de mon fils Anthony plusieurs années plus tard. Ce soir-là, j'étais loin de me douter qu'un tel événement viendrait surpasser la fierté qui m'habitait d'avoir déjoué tous les calculs, toutes les projections en soulevant le drapeau en damier au Grand Prix du Canada. Après le souper d'équipe, Annie et moi sommes retournés à l'hôtel. J'avais mon trophée et le drapeau en damier. Je me suis endormi, puis au réveil je me suis demandé si je n'avais pas rêvé cette victoire. Heureusement qu'en ouvrant les yeux, il y avait, à côté du lit, ce trophée et ce drapeau qui confirmaient que cette victoire était bel et bien réelle. La suite de ma carrière n'a pas été celle que j'avais espéré, je n'ai pas couru en Formule Un, je n'ai pas gagné de grandes courses dans les ligues majeures, mais j'aurai été au bout de mon rêve malgré tout. Avec le recul, je n'ai aucun regret. Bien au contraire. J'ai acquis la conviction que pour réussir sa vie, pour piloter son avenir, il faut se montrer aussi tenace qu'ambitieux, qu'il faut savoir y mettre les efforts nécessaires et apprécier les obstacles et l'adversité pour mieux évoluer. À bien des égards, mon aventure aura été aussi improbable que celle de mon idole Gilles Villeneuve. Je remercie la vie de m'avoir donné cette chance de vivre pleinement de tels moments. Aujourd'hui, je transmets non seulement mon savoir et mes connaissances aux recrues de l'École Nationale de Police, à Nicolet, mais je me fais aussi un devoir de partager mon parcours avec les jeunes dans les écoles du Québec. J'ai aussi la chance de pouvoir continuer de commenter, dans les médias, l'actualité automobile sous toutes ses coutures. Je me considère privilégié. J'ai aussi la fierté d'avoir pleinement mérité, par mes efforts, mon obstination, et mon optimisme parfois déraisonnable, tout ce qui m'arrive.

Que nous soyons nés dans une famille fortunée ou non, dans une grande ville ou, comme moi, dans un petit village de campagne, importe peu. Inspirons nous de ceux qui réussissent et qui se dépassent. Visualisons ce que nous voulons devenir et apprécions les défis qui se présentent à nous avec détermination et persévérance. C'est ça piloter son avenir !

Waterloo, 1986

Une photo prise derrière le garage familial pour immortaliser une première victoire. J'avais choisi le n° 26, le même que le pilote de Formule 1 Jacques Laffite, un homme que j'appréciais beaucoup. Ce numéro me porta chance, car j'ai remporté la course à mon deuxième départ dans la catégorie 4 temps.

Photo : Mme Langevin

St-Hilaire, 1987

Je suis en sandwich entre deux Jacques Villeneuve. Jacques junior est dans le kart n° 73 et Jacques Senior est dans le n° 328. Malgré l'annulation de la course , causée par un très petit nombre de compétiteurs qui avaient des pneus de pluie, nous nous sommes livrés à une belle séance de dérapage en pneus lisses.

Photo : Charles Gauthier

St-Hilaire, 1987

Avec Jacques Villeneuve, où nous avions passé une nuit blanche à préparer nos bolides chez son oncle.

Photo : Charles Gauthier

St-Hilaire, 1988

Nouvelle catégorie : la Formule 100. Les karts sont beaucoup plus rapides et délicats à ajuster avec des vitesses de pointes de 130 km/h.

Photo : Charles Gauthier

St-Luc, 1988

Pour préparer le bolide n° 33, j'ai eu la chance d'avoir des amis comme Gilles Labrecque, qui me prêtait son garage et qui m'offrait son expérience de mécanicien.

Photo : Bruno Therrien

Sanair, été 1989

Une petite pause, avant le départ de la course de F125. C'est le calme avant la tempête.

Photo : François Fournier

Sanair, été 1989

Faire la *pole position* sous la pluie, sur le circuit ovale de Sanair, ça prenait un gros cœur et un brin d'inconscience pour filer à presque 160 km/h.

Photo : François Fournier

St-Eustache, 1989

De gauche à droite : l'espoir de l'année, Jean Gariépy ; le champion Ricardo Almeida ; Alexandre Tagliani, 2e, et moi, qui terminait 3e du championnat de Formule 125.

Photo : François Fournier

St-Eustache, 1991

C'était ma dernière course de karting en F125. Cette discipline a été une belle école de vie. J'ai rencontré la plupart de mes amis et j'ai développé mon pilotage grâce à des adversaires de talents.

Photo : François Fournier

Montlhéry, France, 1992

Cette photo représente un des plus beaux jours de ma vie, la victoire du volant Maxauto Mygale. Cela m'a permis de réaliser mon rêve de devenir pilote professionnel.

Photo : Archives Maxauto

Lédenon, France, 1992

Au volant de ma Formule Ford, j'ai un sourire qui en dit long sur la fierté d'être pilote d'usine de l'équipe Maxauto Mygale.

Photo : Alain Samson

Pau, France, 1992

Je suis en pleine séance de visualisation du circuit de Pau. Un tracé difficile où la moindre erreur nous fait embrasser les glissières qui ceinture le circuit.

Photo : Charles Gauthier

Pau, France, 1992

La Mygale MT02 était une superbe voiture dessinée par Michel Tétu, qui a conçu plusieurs Formules 1 chez Renault, Ligier, et Larousse.

Photo : Charles Gauthier

Nogaro, France, 1993

C'est ma première victoire en sport automobile. Il s'agit aussi de la première victoire pour la marque Mygale.

Photo : Daniel Delien

Magny-cours, France, 1994

Cette victoire face à Soheil Ayari a été superbe. Par contre, elle a été assombrie par la mort d'Ayrton Senna cette journée-là.

Portland, 1995

Pour ma deuxième course en Indy Light, j'ai une grande combinaison à remplir ; celle de Claude Bourbonnais. Claude est un grand pilote au sens propre comme au sens figuré.

Photo : Gerry Frechette

Détroit, 1995

Avec seulement trois heures d'essais à vie, je passe d'une Formule Ford qui offrait 110 chevaux sans appuis aérodynamiques à l'Indy Light qui offre 500 chevaux et des gros ailerons. Je me sentais comme un pianiste qui joue de la trompette.

Photo : Cheryl Day Anderson

Toronto, 1996

Bien que je participe seulement aux quatres dernières courses de la saison, mon ami Greg Moore me donne de très bons conseils. Dans cette première course, je vais dépasser mon coéquipier et meneur du championnat, David Empringham.

Photo : Daniel Cyr

Homestead, Floride, 1997

Je suis bien concentré avant le départ de la première course de la saison. J'avais la voiture que Jacques Villeneuve utilisait en 1993 et qui servait à faire des concours d'arrêt aux puits en 1996. L'équipe et Kelly Lowen ont fait des miracles pour m'offrir une voiture compétitive.

Photo : Alain Florent

Montréal, 1997

Je viens de mettre mon casque et d'être sanglé dans la voiture. Je vais enfin piloter sur le circuit Gilles-Villeneuve.

Photo : Daniel Cyr

Montréal, 1997

Nous étions 39 sur la grille de départ. Malgré avoir signé le record du tour en qualification, au départ j'ai perdu deux positions face à Case Montgomery et à Tony Ave.

Photo : Bruno Dorais

Montréal, 1997

Au deuxième tour, j'avais repris le dessus sur la course. Ce fut 27 tours de bonheur dans cette magnifique Ralt RT 40.

Photo : Charles Gauthier

Montréal, 1997

Jean-Guy Courcelles vient de me donner le drapeau à damier afin que je puisse faire le tour d'honneur. J'avais 10 ans lorsque Gilles Villeneuve m'a inspiré à vivre ce rêve.

Photo : Daniel Cyr

Montréal, 1997

Aller au bout de sa passion et la partager avec les gens qu'on aime, c'est le plus grand des privilèges.

Photo : Bernard Breault (La Presse)